왜 자본은
일하는 자보다
더 많이 버는가

왜 자본은 일하는 자보다 더 많이 버는가

피케티와 경제 전문가 9명이 말하는 불평등 그리고 한국 경제

초판 1쇄 | 2014년 11월 15일
초판 2쇄 | 2016년 11월 7일

기획·인터뷰·정리 | 류이근
원고 | 이준구·이유영
대담 | 토마 피케티·이강국
인터뷰 | 강병구·김낙년·신관호·이강국·이상헌·이정우·홍훈
사진 | 류우종
펴낸이 | 김성실
제작 | 한영문화사

펴낸곳 | 시대의창
출판등록 | 제10-1756호(1999. 5. 11)
주소 | 121-816 서울시 마포구 연희로 19-1 4층
전화 | (02)335-6121
팩스 | (02)325-5607
이메일 | sidaebooks@hanmail.net

ISBN 978-89-5940-300-4 (03300)

책값은 뒤표지에 있습니다.
잘못된 책은 바꾸어드립니다.

이 도서의 국립중앙도서관 출판예정도서목록(CIP)은
서지정보유통지원시스템 홈페이지(http://seoji.nl.go.kr)와
국가자료공동목록시스템(http://www.nl.go.kr/kolisnet)에서 이용하실 수 있습니다.
(CIP제어번호: CIP2014030670)

왜 자본은 일하는 자보다 더 많이 버는가

피케티와 경제 전문가 9명이 말하는
불평등 그리고 한국 경제

류이근 기획, 인터뷰, 정리

토마 피케티 · 강병구 · 김낙년 · 신관호 · 이강국 · 이상헌 · 이유영 · 이정우 · 이준구 · 홍훈

시대의창

"사회적 차별은 오직 공익에 바탕을 둘 때만 가능하다."

프랑스혁명 〈인간과 시민의 권리에 관한 선언〉 제1조

기획의 글

피케티 프리즘

토마 피케티의 《21세기 자본》이 '교과서'라면 이 책은 '참고서'라 할 수 있다. 교과서보다 참고서가 나을 순 없을 것이다. 시간이 허락한다면 《21세기 자본》을 읽는 게 낫다고 말하고 싶다. 영어가 크게 불편하지 않은 분들에겐 영어판을 권하고 싶다.

800쪽에 이르는 이 책의 분량은 읽기에 만만치 않다. 솔직히 다소 지루하고 어려운 부분이 없지 않다. 피케티의 책이 쉽다고 말하는 건 거의 '사기'에 가깝다고 본다. 책에 등장하는 경제학 용어와 개념, 법칙은 일반인에게 그리 간단치 않은 장애물들이다. 전공자에게도 어렵긴 마찬가지 아닐까 싶다. 발자크의 《고리오 영감》을 읽지 않았다면, '라스티냐크'란 인물이 불평등 동학의 어느 장면, 어떤 맥락에 등장하는지 정확히 와닿지 않을 수 있다. 이러한 문학적 소양은 책을 읽는 데 필요한 배경 지식의 겨우 한 부분이다. 전공자라 하더라도 철학, 역사, 경제사에 대한 이해가 풍부하지 못하다면 피케티의 책은 부분적인 이해만을 허락할 뿐이다. 그럼에도 불구하고 충분히 완독할 만한 가치가 있다. 강단에서 쓰이는 경제학원론 같은 숱한 '학원 교과서' 말고, 수십 년이 지난 뒤에도 읽어볼 만한 가치가 있는 책으로 남을 '교과서'를 만나기란 분명 드문 일이다.

교과서로 족할 법한데도 세상에 참고서가 있는 건, 누군가가 참고서를 필요로 하기 때문이다. 왜 참고서가 필요할까? 교과서를 '보다 쉽게' 이해할 수 있도록 돕는 게 최우선일 것이다. 인터뷰를 진행하거나 이를 정리하고, 기고를 받는 과정에서 제일 중시한 원칙이다. 가급적 쉽게 풀어 쓰려 애썼다. 물론 부족한 면이 많다. 이 부분에 독자의 너그러운 평가를 바랄 뿐이다. 참고서는 교과서에 없는 실전 문제 풀이와 응용 능력을 키워준다. 교과서에서 생략된 맥락을 보여줄 수도 있다. 이 또한 참고서가 필요한 이유라면 이유일 수 있다. 이 책이 지닌 세 가지 특징도 이와 관련이 있다. '교과서'는 많은 나라의 수백 년에 걸친 불평등의 역사를 다루지만, 그토록 두꺼운 책에서 '한국'이란 나라는 딱 두 번 등장한다. 그것도 스쳐 지나가듯 잠깐이다. 불평등 동학에 대한 설명은 대개 선진국들 얘기다. 우리나라도 예외가 아니겠지 싶지만 짐작만 할 뿐이다. 이 책은 《21세기 자본》을 한국적 상황과 맥락에서 어떻게 해석하고 적용하며 응용할 수 있는지 안내하는 참고서다. 이게 바로 이 책의 첫 번째 특징이기도 하다.

이 책은 '프리즘'이라 할 수 있다. 국내 내로라하는 학자와 전문가가 등장한다. 이들 아홉 명은 '교과서'를 아홉 가지 색깔로 보여준다. 이 책의 두 번째 특징이라 할 수 있다. 이 부분은 뒤에 좀 더 상세히 설명하겠다.

세 번째 특징은 '교과서'의 저자인 피케티가 '직접 등장'한다는 점이다.

교과서에서 너무 진지하고, 굉장히 멀고, 다소 무겁게 느껴지던 저자가 자신의 문제의식을 더욱 쉽고 간결하게 드러내는 인터뷰와 대담을 싣도록 허락해주었다. 그는 인터뷰에서 "민주주의가 사유재산과 자본주의의 노예가 되지 않고, 사유재산과 시장의 힘이 민주주의의 노예가 되도록 해야 합니다"라고 했다. 800쪽에 이르는 책에 담긴 토마 피케티의 철학과 가치관을 드러내는 가장 간결하면서도 명료한 말이다.

이러한 세 특징을 지닌 이 책의 관심은 교과서에만 머무르지 않는다. 수시로 교과서를 넘어선다. 물론 교과서와 경쟁할 순 없겠으나, 참고서 가운데 가장 낫거나, 최소한 좀 더 나은 책으로 평가받길 바란다.

출판사의 권유로 시작한 이 책의 기획을 필자가 맡게 된 것이 우연인지 필연인지 모르겠다. 불과 몇 달 전까지만 해도 '피케티'란 이름은 필자에게도 낯설었다. 이런 면에선 우연이라고 할 수 있겠다. 하지만 필자는 꽤 오랫동안 그의 이름 주위를 빙빙 돌고 있었다. 그 이름을 아는 데는 몇 년이 걸렸지만, 그의 화두인 불평등은 필자도 저널리스트로서 고민해온 주제였다. 이런 면에서 '억지로' 필연이라고 할 수 있을지 모르겠다.

달이 지구를 돌듯 '피케티 궤도' 운항을 처음 시작한 건 2011년 겨울이 막 시작될 무렵이었다. 필자는 '반복되는 위기'란 다소 거창한 제목의 기획기사를 준비하면서 2주간 유럽으로 출장을 떠났다. 2008년 미국에서 시작된 세계금융위기는 도무지 끝날 기미가 보이지 않았다. 대서양 건너편에선 그리스를 시작으로 새로운 위기가 번지고 있었다. 유럽발 재정위기였다. 두 위기는 이름만 달랐지 가계나 은행, 국가 등 경제주체들이 빚을 갚지 못해서 빚어진 일이라는 본질은 같았다. 사실 재정위기는 또 하나의 위기라기보다 금융위기의 연속이었다. 출장을 떠나면서 챙겨간 책들 가운데 로버트 라이시 미국 전 노동부장관이 쓴《위기는 왜 반복되는가》가 있었다. 무척 인상적이었다. 라이시는 금융위기의 원인을 불평등에서 찾았다. 그는 금융위기 직전에 소득 상위 1퍼센트가 전체 국민소득에서 차지하는 비중이, 1929년 터진 대공황 직전과 비슷한 수준으로 높아졌다고 밝혔다. 지금까지 자본주의 역사상 가장 큰 위기로 기록될 두 번의 위기를 앞두고 나타난 기막힌 우연의 일치였다. 당시 필자의 눈엔 라이시가 인용한 통계의 작성자인 피케티가 들어오지 않았다. 그가 앞서 쓴《슈퍼자본주의》155쪽에도 그 이름이 있었지만, 역시 필자의 기억에 남지 않았다.

이듬해 4월 23일 필자는 경제정책을 총괄하는 기획재정부에 출입하고 있었다. 여느 기자와 마찬가지로 기자실로 출근한 뒤 다른 조간신문에 어떤 기사가 나왔는지 확인하는 일이 첫 일과였다. 이날《중앙일보》1면에 〈대한민국 상위 1%〉란 제목의 기사가 큼지막하게 실렸다. 한국조세연구원(지금의 한국조세재정연구원)의 추정 자료를 이용해, 우리나라 소득 상위 1퍼센트가 전체 소득의 16퍼센트 이상을 차지한다는 내용이었다. 기획재정부는 펄쩍 뛰었지만, 출입 기자로서는 (기사를 놓쳐) 크게 물을 먹은 셈이었다. 돌이켜보면 다소 엉성한 추정이었지만, 김낙년 동국대 교수가 엄밀하게 추정한 수치(약 12퍼센트)와 커다란 차이를 보이지 않을 만큼 엉터리 결과는 아니었다. 불평등이나 소득분배 문제에 이전부터 관심이 있었지만, 상위 1퍼센트라는 소득 100분위 자료를 바탕으로 소득 집중도를 보여주는 지표가 있다는 것을 이때 처음으로 알았다.

이후 필자에게 소득 100분위는 풀어야 할 화두였다. 당시 같은 회사 경제부의 김영배 부장과 최우성 팀장도 옆에서 응원해줬다. 근로소득을 기준으로 했을 때 약 17만 명(성인 인구를 기준으로 하면 약 40만 명)에 해당하는 소득 상위 1퍼센트가 도대체 연간 얼마나 버는지, 이들이 전체 소득에서 가져가는 몫은 얼마인지 알고 싶었지만, 결코 쉽지 않았다. 비밀을 푸는 '열쇠'는 국세청이 쥐고 있었다. 안민석 의원실을 통해 국세청에 100분위 자료를 요청했고, 의원실의 김상일 보좌관의 끈질긴 요청 덕에 몇 달 만에 자료를 손에 쥘 수 있었다. 자료가 도착했다는 소식을 휴가 중에 전해 듣고 흥분했던 기억이 지금도 생생하다.

돌이켜보면 당시 자료는 불완전했다. 근로소득세와 종합소득세를 내는 납부자를 대상으로 한 100분위 자료였기 때문이다. 세금을 내지 않는 사람이 100분위 대상에서 빠져 있었고, 근로소득과 종합소득이 중복되는 문제도 있었다. 당시 국세청 자료를 바탕으로 2012년 9월 6일 〈'상위 1%' 소득, 월급쟁이 평균보다 26배 많다〉라는 제목으로 기사를 내보냈다. 때마침 홍종학 의원실에서도 국세청 자료를 받아 두 의원실을 모두 출처로 표기했다. 부족한 점이 많았지만, 과세 자료를 활용한 '첫' 소득 100분위 보도라 할 수 있었다.

바로 한 달 뒤 국내에서 제대로 된 첫 연구가 나왔다. 회사 선배인 강태호 기자를 통해 김낙년 동국대 교수가 쓴 〈한국의 소득불평등, 1963~2010: 근로소득을 중심으로〉란 제목의 논문을 발표되기 전에 미리 볼 수 있게 됐다. 소득 최상위층의 비중으로 본 소득불평등 추이를 추계한 김 교수가 쓴 방법은 다름 아닌 피케티와 그의 동료들이 써온 방식이었다. 필자는 같은 날 《중앙일보》와 함께 이를 크게 보도했다. 소득 100분위나 지니계수 등 소득불평등을 보여주는 지표에 관심을 갖고 후속 보도를 이어갔다. 하지만 피케티란 이름을 처음으로 또렷이 기억에 새긴 건 올해 상반기 박민희 국제부장이 쓴 칼럼 덕분이었다. 이후 영어로 된 《21세기 자본》을 빌려 서문 정도만을 읽고 책을 주인인 하수정 씨에게 돌려줬다. 피케티 열풍은 우리나라에서도 빠르게 퍼지고 있었다. 때맞춰 김낙년 교수가 업데이트한 연구를 《매일경제》가 다시 보도하면서 피케티에 대한 관심은 더욱 커졌다. 이런 분위기 속에서 필자도 지난 6월 〈피케티 열풍, 한국에 '피케티'는 없다〉는 기사를 쓰기도 했다.

시대의창 편집자를 만난 건 그즈음이다. 경제의 '경'자도 모른다는 그는 어렵고 두꺼운 피케티의 책을 자신처럼 읽을 엄두를 낼 수 없는 사람들을 위한 책의 수요가 있을 거라고 했다. 영어판을 완독한 필자는 가급적 그의 눈높이에 맞춰 책을 기획해나갔다. 그러던 중 예정에 없었던 피케티와의 인터뷰와 대담도 이뤄졌다. '헨젤'과 '그레텔'처럼 소득 100분위 자료를 따라가다가 결국 '피케티란 집'을 만난 것이다. 이 책에 인터뷰와 대담을 실을 수 있도록 선뜻 허락해준 토마 피케티와 이강국 리쓰메이칸 대학교 교수, 한겨레신문사에 감사의 뜻을 전한다.

이 책은 기본적으로 일반 독자들이 쉽게 읽을 수 있도록 쓰고 구성했지만, 전문가들도 읽을 만한 가치가 있도록 했다. 책은 앞서 말한 것처럼 기본적으로 아홉 명이 아홉 가지의 색깔을 내는 프리즘 형태로 구성돼 있다. 아홉 명은 각 분야 최고의 전문가이면서 동시에 피케티나 《21세기 자본》에 관한 한 국내 최고 전문가이기도 하다. 이들은 연구 분야도 다양하며 학문적, 정치적 성향도 제각각이다. 주류 경제학자에서부터 마르크스주의자에 가까운 성향의 전문가가 공동으로 작업한 결과물인 셈이다. 이들과 작업하는 게 큰 배움이자 즐거움이었다.

이 책은 《21세기 자본》의 '저자'뿐만 아니라 각각 한국어판의 '감수'와 '해제'를 맡은 이강국 교수와 이정우 경북대 교수가 참여했다는 사실 자체만으로도 의미가 크다고 할 수 있다. 이정우 교수는 '정의로운 소득분배'가 뭔지를, 이강국 교수는 '세계화와 신자유주의'의 관점에서 불평등 문제를 어떻게 보아야 하는지를 짚어줬다. 그리고 피케티와 동일한 연구 방법으로 한국의 불평등 수준과 추이를 처음으로 보여준 김낙년 교수도 동참했다.

홍훈 연세대 교수는 '경제사'란 큰 흐름에서 《21세기 자본》의 의미와 한계를 짚었고, 참여연대 조세재정개혁센터를 이끌고 있는 강병구 인하대 교수는 피케티가 대안으로 제시한 '조세체계의 누진성 강화와 글로벌 자본세 도입의 현실성' 등을 따졌다. '주류 경제학자'인 신관호 고려대 교수의 참여도 이 책의 특색이라 할 수 있다. 피케티는 책에서 주류 경제학에 대한 비판을 거침없이 쏟아냈기 때문이다. 신 교수는 이를 일부 수용하거나 반박하면서 건강한 토론의 지점들을 제시해줬다.

학자가 아닌 두 분도 등장한다. 이상헌 국제노동기구 부사무총장 정책특보와 이유영 조세정의네트워크 대표다. 모두 자신의 분야에서 최고 전문가로 꼽히는 분들이다. 스위스 제네바에 머물고 있는 이상헌 박사는 '소득주도성장론의 관점에서 불평등이 성장에 미치는 부정적인 영향'을 쉽게 이해할 수 있도록 설명해줬다. 이유영 대표는 '역외탈세와 관련하여 금융 세계화와 최고경영자의 보수가 불평등에 어떤 영향을 미쳤는지'를 상세히 보여줬다.

마지막으로 빼놓을 수 없는 분이 있다. 피케티의 책 서평을 이 책에 실을 수 있도록 허락한 이준구 서울대 교수다. 이 교수는 《21세기 자본》을 다 읽지 않아도 내용이 뭔지를 명확히 알 수 있을 만큼 '고갱이'만 추려서 '쉽게'

소개해줬다. 다시 한 번 이 교수께 감사의 뜻을 전한다.

이 책은 어쩌면 식재료 하나로 다양한 맛을 내려는 시도라고 할 수 있을지 모르겠다. 쇠고기를 주재료로 해서 설렁탕, 갈비탕, 육회, 소머리 국밥, 갈비찜 등을 만들어내는 식이랄까? 제대로 맛이 나지 않았다면 기획을 잘못한 필자의 탓이다. 이 '참고서'가 독자들이 '교과서'를 더 잘 이해하는 데 조금이나마 도움이 되기를 바란다. 더 나아가 우리가 맞닥뜨린 불평등 문제를 좀 더 넓고 깊게 바라보는 데 보탬이 됐으면 한다.

류이근_《한겨레신문》 탐사기획팀 탐장

차례

PART 1

피케티를 만나다

21세기 자본과 경제학

이준구_서울대학교 경제학부 교수

사회과학으로서 경제학이 우리 인간의 삶을 주요한 연구 대상으로 삼아야 한다는 것은 두말할 나위도 없다. 그러나 언제부터인가 경제학은 수학적 논리에 너무 집착한 나머지 현실로부터 점차 괴리되는 모습을 보이기 시작했다. 경제학이 엄밀한 방법론의 기초를 확립해 하나의 과학으로 인정받게 된 것이 좋은 일이기는 하다. 그러나 우리 인간의 삶은 너무나도 복잡하고 다양하기 때문에 과학적 접근 방식만으로는 이해할 수 없는 부분이 클 수밖에 없다.

경제학적 관점에서 볼 때, 우리가 사는 세상은 이것이 얼마나 효율적인지뿐 아니라 이것이 얼마나 공평한지도 중요한 평가 기준이 되어야 한다.

* 이 글은 이준구 교수의 서울대학교 블로그에 있는 "Thomas Piketty, Capital in the Twenty-First Century, Cambridge, Mass.: Harvard University Press, 2014."를 다듬어 수록한 것입니다.

그러나 효율성에 대해 말하는 경제학자는 많아도, 공평성에 대해 말하는 경제학자는 거의 찾아보기 힘들다. 이런 현상의 배후에 여러 이유가 있을 테지만, 공평성의 문제에 대한 과학적 접근이 어렵다는 것이 가장 핵심적인 이유임을 부정하기 힘들다. 그렇다면 과학적 접근 방식에 대한 집착을 과감하게 버리고 다른 접근 방식을 선택할 수도 있을 텐데, 불행히도 그런 용기를 갖고 있는 경제학자가 별로 없다.

경제학자가 인간의 삶을 진정으로 이해하기 원한다면 경제학만의 좁은 틀을 벗어나야 한다. 우리 삶을 경제학의 관점으로 보았을 때 이해할 수 있는 부분은 너무나도 제한되어 있기 때문이다. 정치학, 사회학, 심리학 같은 인접 사회과학은 물론, 역사학이나 철학 같은 인문학을 아우르는 포괄적 관점에서 볼 때 인간의 삶은 비로소 그 전모를 드러내게 된다. 그러나 우물 안 개구리에 불과한 경제학자들은 우물 위로 보이는 좁디좁은 하늘이 세상 전체인 줄로 안다.

《21세기 자본*Capital in the Twenty-First Century*》의 저자인 토마 피케티Thomas Piketty는 바로 이와 같은 경제학의 한계를 용감하게 뛰어넘고 있다는 점에서 우리의 관심을 끈다. 여느 경제학자가 쓴 책과 다르게, 이 책에는 단 세 개의 수식만이 등장할 뿐이다. 그것도 아주 복잡한 수식이 아니고 $\alpha = r \times \beta$ 혹은 $\beta = s/g$ 처럼 초등학교 수학책에나 등장할 정도로 단순한 수식들이다. 그 대신 풍부한 역사적 사례 심지어는 제인 오스틴Jane Austen이나 발자크Honoré de Balzac의 문학 작품도 자주 등장하고 있다. 분배의 공평성 문제를 이해하는 올바른 틀은 수학적 모형이 아니라 역사, 정치, 철학적 관점을 적절히 가미한 경제적 논리라는 점을 웅변으로 말해주고 있다.

이 책에서 피케티는 프랑스 역사에서 소위 '벨 에포크La belle époque'라고 불리는 시기를 자주 언급한다. 이 시기는 소득분배의 불평등이 극도로 심화된 세습자본주의patrimonial capitalism의 전성기였다는 점에서 그의 주목을 받고 있다. 1871년부터 제1차 세계대전이 시작된 1914년에 이르는 제3공화국 시절이 바로 벨 에포크인데, 평화와 번영, 신기술과 과학의 발전, 문화의 융성이 특히 돋보였던 데서 이런 이름이 붙었다. 말하자면 프랑스 역사의 황금기였다고 할 수 있는 시기였으나, 다른 한편으로는 세습된 자본을 소유한 소수의 사람들이 사회를 지배하는 암울한 측면이 함께 공존한 시기였다. 이 시기는 미국 역사의 도금시대Gilded Age와 상당 부분 겹치고 있는데, 화려한 외면의 뒤에 소득분배의 극심한 불평등이 도사리고 있었다는 점에서 서로 놀랍게 닮아 있다.

피케티는 이 두 나라의 소득분배의 극심한 불평등성이 1914년에서 1945년에 이르는 시기에 급격한 반전의 양상을 보이는 데 주목한다. 그는 비단 미국과 프랑스뿐 아니라 유럽의 다른 나라들도 대체로 이와 비슷한 양상을 보인다고 말한다. 소득분배 상황 변화의 장기 추이에 대한 고전적인 연구 결과로 경제학계에 널리 알려져 있는 사이먼 쿠즈네츠Simon Kuznets가 주목했던 것도 바로 이와 같은 반전의 추세였다. 그의 '역U자 가설inverted U hypothesis'에 따르면, 일반적으로 경제성장의 초기에는 소득분배 불평등이 심화되는 양상을 보이다가 성장이 어느 단계에 이르면서 평등화로 반전이 일어나기 시작한다. 그는 미국과 유럽 여러 나라 통계자료에 기초해 이와 같은 결론을 내렸는데, 이 가설의 형성에 결정적인 영향을 미친 것이 바로 평등화로 반전 추세라는 데 의심의 여지가 없다.

쿠즈네츠의 역U자 가설은 자본주의 경제의 발전 과정에서 공통적으로 발견할 수 있는 일종의 '법칙'이라는 의미를 갖는다. 성장의 초기 단계에서는 소득분배의 불평등화 요인이 많이 발생해 불평등도가 점차 높아지다가 성숙 단계에 이르면 평등화의 요인들이 상대적으로 더 강한 영향을 미치기 시작하는 것이 경제성장 과정의 일반적인 특징이라는 것이다. 그러나 피케티는 이와 같은 설명이 전혀 설득력 없다고 비판한다. 정점을 달리던 소득분배의 불평등성이 1914년을 전후해 갑자기 반전의 양상으로 돌아선 것은 쿠즈네츠가 말한 경제성장 과정의 동학dynamics 때문이 아니라 그 후 두 번에 걸쳐 발생한 세계대전과 이로 인한 제도적 변화 때문이었다는 것이 그의 주장이다.[1]

피케티가 보기에 분배의 불평등성을 가져오는 핵심적 요인은 바로 '자본capital'이다. 노동에서 나오는 소득과 달리 자본에서 나오는 소득은 (부유한) 소수의 수중에 집중되어 발생하는 것이 보통이다. 따라서 한 경제의 국민소득 가운데 자본소득이 차지하는 비중이 클수록 분배 상태는 더욱 불평등하기 마련이다. 그런데 부유한 사람일수록 저축 성향이 높기 때문에 이 자본소득 가운데 많은 부분이 저축되어 자본은 더 큰 규모로 늘어나게 된다. 그리고 이 자본을 상속받은 후속 세대는 자신의 능력이나 노력과는 관계없이 대를 이어 부유층에 편입되어 또다시 사회의 지배 계층이 된다.

이와 같은 자본의 끊임없는 축적 과정과 이로 인한 불평등 심화가 바로 자본주의의 본질이라는 것이 피케티 주장이다. 그는 자본이, 축적된 그 세대에만 불평등성을 만들어내는 요인으로 작용하는 것이 아니라, 대를 이어 영향을 미친다는 점에서 '세습자본주의'라는 말을 쓰고 있다. 그는 프랑스의 벨 에포크와 미국의 도금시대가 바로 세습자본주의가 최정점에 달했

1 그가 말하는 제도적 변화의 핵심은 전비戰費 조달을 위한 누진적 소득세제의 채택이다.

을 때라고 본다. 두 차례에 걸친 세계대전으로 인해 각국 자본이 결정적인 타격을 입지 않았다면, 그리고 각국 정부가 누진적 소득세제를 도입해 자본축적 속도를 늦추지 않았다면, 세습자본주의의 쇠바퀴는 아무 제동 없이 예정된 길로 돌진해 갔을 것이라고 말한다.

피케티가 예의 주시하고 있는 또 하나의 시기는 1980년 이후다. 미국을 비롯한 세계 여러 나라에서 이때 이후로 다시 소득분배의 불평등화로 급격한 반전이 일어나기 시작했기 때문이다. 경제학자들은 이 불평등화로 반전에 대한 많은 가설을 제시했지만, 피케티는 그 어느 것에도 별로 설득되지 않는 모습이다. 문제의 핵심은 자본과 그것의 축적 과정에 있는데, 지금까지 제시된 그 어떤 가설도 이러한 핵심을 제대로 파악하지 못한 한계가 있기 때문이다. 그가 보기에 1980년대 이후 진행된 불평등화의 근본 원인은 너무나도 단순하다. 세습자본주의가 세계대전의 충격을 이겨내고 원래의 궤도로 되돌아오게 된 데서 불평등화로 반전이 일어나게 되었다는 것이다.

그렇다면 자본주의 체제는 왜 외부적인 제약이 없는 한 끊임없이 불평등화의 길을 달릴 수밖에 없는 것일까? 피케티는 다음과 같은 두 자본주의의 기본법칙fundamental law of capitalism으로 이를 설명할 수 있다고 말한다. 우선 그가 말하는 자본주의의 제1기본법칙은 다음과 같다.[2]

$$\alpha = r \times \beta$$

◆ α는 국민소득 가운데 자본소득의 비율, r은 자본수익률, β는 자본/소득 비율을 뜻한다.

2 국민소득을 Y, 자본의 총량을 K라고 할 때, β는 K/Y로 표현할 수 있고 자본소득은 rK가 된다. 이 식의 우변은 $r \times \frac{K}{Y}$이 되어 좌변과 같아진다는 것을 알 수 있다.

이 법칙은 언제 어디서나 성립하는 보편적인 성격을 갖는데, 국민소득 가운데 자본소득이 차지하는 비율은 자본수익률과 자본/소득 비율capital/income ratio(자본의 총량이 국민소득의 몇 배 수준인가를 나타내는 값)의 곱과 같다는 내용이다. 예를 들어 한 경제에 존재하는 자본의 총량이 국민소득의 6배이고 (연간) 자본수익률이 5퍼센트라고 한다면 자본의 소유자가 얻는 소득은 국민소득의 30퍼센트라는 말이다.[3] 따라서 다른 조건이 동일하다고 할 때 자본수익률이 올라가거나 자본/소득 비율이 커지면 자본소득이 차지하는 비율은 따라서 커지게 되어 있다.

이어서 피케티가 말하는 자본주의의 제2기본법칙은 다음과 같다.[4]

$$\beta = s/g$$

◆ s는 저축률, g는 경제성장률을 뜻한다.

이 법칙 역시 보편적 성격을 갖는 법칙으로서, 한 경제의 자본/소득 비율은 저축률을 경제성장률로 나눈 값과 같다는 내용이다. 예를 들어 국민이 매년 소득의 12퍼센트를 저축하는 상황에서 그 경제의 성장률이 2퍼센트라면 자본의 총량은 국민소득의 6배 수준이 된다는 말이다. 이 식을 보면

---

3 경제학원론에서 가르치듯, 국민소득 Y는 노동과 자본 K가 생산과정에 투입되어 만들어낸 상품의 가치와 같다. 이렇게 국민소득 가운데 30퍼센트가 자본소득으로 분배되면 나머지 70퍼센트는 노동소득으로 분배된다.

4 저축이 된 것은 자본의 증가ΔK로 이어지기 때문에 저축률 s는 $\frac{\Delta K}{Y}$와 그 값이 같다고 말할 수 있다. 경제성장률 g는 $\frac{\Delta Y}{Y}$를 뜻하므로, 이 둘을 위 식의 우변에 대입하면 $\frac{\Delta K}{\Delta Y}$가 나온다. 엄밀하게 말해 β는 $\frac{K}{Y}$를 뜻하기 때문에 좌변과 우변이 완전히 똑같을 수는 없다. 그러나 우변의 s와 g의 값이 매년 똑같은 수준으로 유지된다면 장기에 걸쳐 자본/소득 비율이 양자 사이의 비율과 같아지는 결과가 나올 것이다. 자본주의의 제2기본법칙은 이와 같은 방식으로 이해해야 한다.

저축률이 높고 성장률이 낮은 경제에서는 자본이 빠른 속도로 축적되어 자본/소득 비율이 높은 수준으로 뛰어오를 것임을 알 수 있다.

이 두 식을 함께 생각해보면 자본주의 경제의 성장 과정에서 소득분배에 어떤 일이 벌어지게 될지 가늠할 수 있다. 논의를 단순화하기 위해 일단 저축률 s가 일정한 수준에 머물러 있다고 가정하자. 이 상황에서 경제성장률 g가 낮을수록 자본/소득 비율 β의 값이 커질 것이고, β의 값이 커지면 α, 즉 국민소득에서 자본소득의 점유 비율이 더 커질 것이다. 그런데 자본주의의 제1기본법칙을 나타내는 식을 보면 β의 값에 아무 변화가 없어도 r, 즉 자본수익률이 커지면 자본소득의 점유 비율이 더 커진다. 따라서 경제성장 과정에서 g와 r 사이의 관계가 어떤 것이냐에 따라 자본소득의 점유 비율이 커지기도 하고 작아지기도 한다는 것이 피케티의 설명이다.

예를 들어 $r > g$의 관계가 성립한다면, 즉 자본수익률이 경제성장률보다 더 높다면 자본소득이 차지하는 비중은 시간이 흐름에 따라 점차 더 커지게 된다.[5] 그리고 이렇게 자본소득의 비중이 커짐에 따라 소득분배는 더욱 불평등해지는 양상을 보일 것이다. 문제는 현실에서 관찰할 수 있는 r과 g의 값이 과연 어떤 크기일 것이냐에 있다. 피케티는 바로 이 대목에서 자본주의 경제의 성장 과정을 역사적 안목에서 관찰할 필요가 있음을 강조하고 있다. 즉 자본주의 경제가 발전해온 긴 역사에서 과연 두 변수의 값이 어떤 추이를 보여왔는지 예의 주시해볼 필요가 있다고 말한다.

피케티는 인류의 역사에서 경제성장률이 우리가 지금 보는 것과 같은 수

5 제2법칙을 나타내는 식을 제1법칙을 나타내는 식에 대입하면 $\alpha = r \times \frac{s}{g}$가 된다. s의 값이 일정한 수준에 머문다고 할 때 r이 g보다 더 크면 α의 값이 더 커진다는 것을 알 수 있다.

준을 이루게 된 것은 극히 최근의 일이라고 말한다. 그는 과거 1700년대까지 긴 시간 동안 세계경제의 평균 경제성장률은 고작 0.1퍼센트 정도에 지나지 않았다고 한다. 1700년에서 1820년 사이에는 약간 올라 0.5퍼센트대가 되었다가, 1820년에서 1913년에 이르는 기간에 다시 1.5퍼센트대로 올라갔다는 것이 그의 설명이다. 그리고 1913년부터 2013년에 이르는 기간에 평균 경제성장률이 3.0퍼센트대로 올라, 지금 수준의 경제성장률은 20세기에 들어와서야 비로소 가능해진 것이라고 한다. 어찌 보면 20세기 경제성장률만이 예외적인 것이고 장기적으로 본 평균 경제성장률은 이보다 훨씬 더 낮은 수준일지 모른다는 것이 피케티의 해석이다.

그렇다면 자본수익률의 장기 추이는 어떤 양상을 보여왔을까? 경제 이론에 따르면 한계생산체감의 법칙이 적용되기 때문에 자본이 축적됨에 따라 자본수익률은 낮은 수준으로 내려가게 된다. 카를 마르크스Karl Marx는 바로 이것이 자본주의 체제의 기본적 운행 원리 가운데 하나라고 말한 바 있다. 그러나 피케티가 수집한 장기 통계자료에 따르면 자본수익률은 거의 일정한 수준에서 유지되었고 이렇다 할 하락 현상을 관찰할 수 없었다. 그는 평균적인 자본수익률이 대체로 4~5퍼센트 수준으로 유지되어왔고, 이것이 2~3퍼센트 수준으로 떨어진 사례는 거의 없었다고 말한다. 이는 자본주의 경제 발전의 역사에서 줄곧 $r > g$의 관계가 유지되어왔으며, 이에 따라 불평등성은 점차 심화될 수밖에 없었다는 것을 뜻한다. 이것이 바로 거의 800쪽에 이르는 방대한 논의를 통해 그가 내린 결론이다.

피케티에 따르면, 다만 세계대전이라는 역사적인 우연이 개입된 나머지 1914년에서 1945년에 이르는 기간 동안에만 잠시 평등화로 일시적인 반전이 나타난 것일 뿐이다. 1970년대까지만 해도 자본은 세계대전으로 인한 타격에서 충분히 회복하지 못한 상태였다. 그러나 1980년대에 들어오면서 자본은 상당한 회복세를 보이고, 21세기 들어 19세기 말 벨 에포크 상태로 완전히 회복하기에 이르렀다.

피케티는 현재까지 분배 상태의 장기 추이를 분석하는 데에만 그치지 않고 앞으로 전망까지 내리고 있다. 만약 지금까지 보여온 장기 추이와 비슷하게 자본수익률이 4~5퍼센트 수준을 유지하고 경제성장률이 1~2퍼센트 수준을 유지한다면 자본/소득 비율 β는 걷잡을 수 없이 높은 수준으로 올라갈 것이며, 이에 따라 자본소득의 점유 비율 α도 계속 높아질 것이라고 전망한다. 결국 세습자본주의의 토대는 한층 더 확고해지고 전 세계적으로 불평등성의 정도는 역사상 최고 수준으로 올라가게 된다는 것이 자본주의 경제의 앞날에 대한 그의 우울한 전망이다.

우리를 더욱 우울하게 만드는 것은 세습자본의 역할이 커짐에 따라 어떤 가정에서 태어났느냐가 경제적 성패를 좌우하는 결정적 요인으로 작용하게 될 것이라는 사실이다. 사람들이 구태여 능력을 개발할 필요를 느끼지도 않고 열심히 노력할 이유도 찾을 수 없는 사회가 될 것이라는 말이다. 좋은 가정에서 태어나기만 하면 자신의 능력이나 노력과는 무관하게 성공을 거둘 수 있는 사회가 과연 바람직한 사회일 수 있을까? 전 세계의 많은 나라가 이미 이런 사회로 변해버렸고 앞으로 이러한 경향은 한층 더 심해질 것이라고 피케티는 전망한다. 필자는 독자들에게 지금 이 순간 우리 사회의 현실은 어떤지 곰곰이 생각해보기를 권한다. 피케티의 우울한 예언이 너무나도 잘 들어맞을 것 같은 불길한 예감이 들지 않는가?

현실적으로 경제성장률을 획기적으로 높이는 것은 불가능한 일이다. 그리고 현재의 상황을 관찰해보면 잘 알 수 있듯, 세계경제는 이미 장기적 저성장 단계에 진입해 있을 가능성이 크다. 따라서 경제성장률을 높이는 방식을 통해 r과 g 사이의 격차를 줄이는 것은 우리에게 불가능한 선택일 수밖에 없다. 그렇다면 남은 유일한 대안은 어떤 방법으로든 r을 떨어뜨리는 것이다. 자본소득에 충분히 높은 세율을 적용해 세후post-tax 수익률을 낮춘다면 둘 사이 격차를 해소할 길이 열릴 수 있을지 모른다. 사실 두 차례 세계대전을 거치면서 평등화의 길을 걷게 된 것은 전쟁이라는 비상 상황으로 인해 높은 소득에 대해 엄청나게 높은 세율을 적용할 수 있었기 때문이었다. 이 높은 세율을 통해 자본축적의 속도를 늦춤으로써 자본주의 경제의 내재적 불평등화 요인을 잠시 억누를 수 있었다.

그러나 레이거노믹스Reaganomics와 대처리즘Thatcherism으로 대표되는 보수 혁명 탓에 이제 과거만큼 높은 소득세율을 적용하는 것은 옛날 얘기가 되어버렸다. 이에 더해 세계경제가 글로벌화하면서 각국 정부가 경쟁적으로 세율을 낮춰가는 풍조까지 나타나기 시작했다. 소득세율을 전반적으로 낮추는 데 그치지 않고, 자본소득에 대해서는 특히 더 많은 혜택을 주는 경우가 많기 때문에 피케티가 우려하고 있는 범세계적 차원의 불평등화는 브레이크 없는 전동차처럼 예정된 길로 줄기차게 달려가고 있는 상황이다.

피케티는 이 거대한 힘을 막기 위한 유일한 방법은 강한 누진성을 가진 소득세, 상속증여세, 그리고 자본세가 합동작전을 벌이는 수밖에 없다고 말한다. 소득세와 상속증여세는 모든 나라에서 이미 광범하게 부과되고 있지만, 자본세는 본격적으로 채택하고 있는 나라가 그리 많지 않다. 지방정부의 주요한 조세수입원으로 재산세property tax가 부과되는 경우는 많지만, 모든 형태의 자본에 대해 광범하게 과세하는 사례는 거의 찾아보기 힘들다는 것이다. 피케티가 글로벌 자본세global tax on capital를 불평등화 추이에 대항하는 주요한 정책 수단으로 제시하고 있는 이유가 바로 여기에 있다.

피케티가 말하고 있는 글로벌한 차원의 자본세는 다음과 같은 세 가지 특징이 있다. 첫 번째는 모든 나라들이 공조 체제를 구축해 똑같은 세율을 적용한다는 것이고, 두 번째는 한 사람이 보유하고 있는 모든 형태의 자본을 합산한 금액이 세금 부과 대상이 된다는 것이며, 세 번째는 재산이 많을수록 더 높은 세율이 적용되는 누진적인 세율 구조를 갖는다는 점이다. 모든 나라들이 공조 체제를 구축해야 하는 이유는 그래야만 세금을 회피하기 위해 자본이 이동하는 것을 막을 수 있기 때문이다. 자본이 다른 나라로 빠져나가는 것을 막기 위해 각국 정부가 경쟁적으로 세율을 낮춰가는 '바닥을 향한 경주race to the bottom'가 일어나게 하지 않기 위해서는 모든 나라에서 똑같은 자본세를 실시해야만 한다.

사실 프랑스를 포함한 몇 나라는 피케티가 제안하고 있는 것과 비슷한 방식의 자본에 대한 과세를 이미 실시하고 있다. 예를 들어 프랑스에는 130만 유로 이상의 재산을 가진 사람에게 부과되는 과세 정책ISF, Impôt de Solidarité sur la Fortune이 시행되고 있는데, 그가 제안하고 있는 자본세는 이 정책과 많이 닮아 있는 것을 볼 수 있다. 이런 자본세를 세계의 주요 국가가 모두 채택함으로써 자본의 이동이라는 부작용 없이 자본축적의 속도를 늦출 수 있다는 것이 책에 제시된 그의 핵심 아이디어이다.

불평등성 심화에 대한 대항 수단으로서 조세제도 개혁은, 이미 존재하고 있는 소득세와 상속증여세의 누진성은 크게 높이고, 누진성을 가진 자본세를 도입하는 것으로 요약할 수 있다. 그러나 피케티 자신도 이와 같은 개혁이 결코 쉽지 않음을 인정하고 있다. 미국의 예를 보면 누진성을 강화하기는커녕 그 반대의 길을 줄곧 달려왔을 따름이다. 심지어 부시 대통령은 상속증여세의 영구 폐지까지 획책한 바 있다. 이런 분위기에서 자본세라는 새로운 조세를 도입한다는 것이 얼마나 어려운 일인지는 구태여 말할 필요조차 없다. 피케티가 말하고 있듯, 역사상 경제적 엘리트 계층이 자신의 이익에 반하는 개혁에 선뜻 동의한 적은 거의 없으니 말이다.

예상한 것처럼, 책이 나오자마자 피케티에 대한 보수 진영의 벌 떼 같은 공격이 시작됐다. 그를 아예 '마르크스주의자Marxist'로 몰아버리는 사람이 있는가 하면, 통계 처리상의 사소한 실수를 빌미로 그의 학문적 성과를 통째로 부정하려는 사람도 나왔다. 사실 피케티가 현재의 여러 변수 값이 앞으로도 그 수준에서 유지되리라는 가정 아래에서 미래의 분배 상태를 예측한 것이나, 혹은 불평등화 추세에 대한 대책으로 글로벌한 차원의 자본세를 제안한 것은 다른 사람들이 얼마든지 이의를 제기할 수 있는 소지가 있는 문제다. 피케티 자신도 이를 흔쾌히 인정하고 있으며, 따라서 건설적인 토론을 통해 만족스러운 문제 해법을 찾는 데 머리를 맞대자고 제안한다. 그러나 폴 크루그먼Paul Krugman이 《뉴욕타임스*The New York Times*》에 기고한 서평에서 지적하고 있듯, 보수 세력의 악의적인 공격은 건설적인 토론과는 거리가 먼 실정이다.

어떤 사람은 좀 더 본질적인 차원에서 '불평등이 왜 나쁘냐'라는 의문을 제기할 수도 있을지 모른다. 예를 들어 그레고리 맨큐Gregory Mankiw는 〈1퍼센트를 위한 변론Defending the One Percent〉이라는 글에서 바로 이와 같은 의문을 제기하고 있다. 이 의문에 대해 피케티는 다음과 같은 설득력 있는 대답을 제시한다. 우리가 살고 있는 민주 사회는 분배상의 불평등이 혈연이나 지대rent가 아닌 능력과 노력에 따라 결정된다는 믿음에 기초하고 있다. 그렇다면 사회적 불평등은 공정하며 모든 구성원에게 이득이 될 수 있는 한에서만 용인될 수 있다는 것이다. 존 롤스John Rawls의 '차등의 원칙difference principle'을 연상케 하는 이 말은 필자에게 깊은 공감을 불러일으켰다.

지금까지 소득분배 문제를 이렇게 본질적이며 체계적으로 분석한 연구 사례를 본 적이 없다. 자본축적의 동학이라는 관점에서 불평등 심화 현상을 설명한 그의 해석은 탁월한 혜안이 아닐 수 없다. 조세정책 등으로 적절한 대응을 하지 않는 한 자본주의 체제는 근본적으로 불평등화 경향을 보인다는 그의 분석 결과는 자본주의 그리고 불평등성에 대한 우리 인식 수준을 한 차원 더 높여주는 중요한 발견이다. 크루그먼이 말하듯, 피케티는 자신의 책을 통해 경제학의 담론 구조에 일대 변혁을 가져온 셈이다.

사실 《21세기 자본》은 피케티와 그의 동료들이 오랫동안 축적해온 치밀한 소득분배 관련 통계자료 정리 작업의 열매라고 말할 수 있다. 그는 미국의 이매뉴얼 사에즈Emmanuel Saez, 영국의 앤서니 앳킨슨Anthony Atkinson 같은 학자들과 힘을 합쳐 세계 여러 나라 최상위 계층의 소득점유비율 추이를 계속 추적해왔다. 이들이 최상위 계층 소득점유비율 장기 추이에 관심의 초점을 맞추게 된 배경에는 이를 통해 전반적인 분배 상황의 변화 추이를 효과적으로 파악할 수 있다는 믿음이 깔려 있다. 이들의 지적에 따르면, 가계조사household survey 결과에 기초하고 있는 기존의 분배 관련 통계자료는 불평등성의 정도를 체계적으로 과소평가하는 문제점이 있다.[6] 실제로 사람들이 납부한 소득세 자료에 기초해 분배 관련 통계를 작성하면 신빙성이 훨씬 더 커

6 그 주요한 이유 가운데 하나를, 설문조사survey 자료의 경우 소위 top-coding이란 기법이 적용된다는 데서 찾을 수 있다. 예를 들어 연 소득 10억 원 이상의 경우에는 개별적으로 소득 금액을 밝히지 않고, 금액에 상관없이 '10억 원 이상'이란 범주로 묶어서 처리하게 되는 것이다. 따라서 빌 게이츠Bill Gates나 워런 버핏Warren Buffet 같은 사람의 소득과 수입이 괜찮은 변호사가 똑같은 소득을 얻는 것으로 취급되는 결과가 빚어진다.

진다는 생각에서 이들은 100년 내외의 오랜 기간에 걸친 세계 각국의 소득세 납부 자료를 광범하게 수집했다. 이 작업에서 나온 성과가 바로 《21세기 자본》이 그 기초를 두고 있는 세계 최상위 소득 계층 데이터베이스WTID, World Top Incomes Database인데, 이 성과 하나만으로도 피케티와 그의 동료들은 경제학계의 박수갈채를 받아 마땅하다.[7]

이 책에서 또 한 가지 눈길을 끄는 것은 경제학자들에 대한 피케티의 직설적인 비판이다. 책의 서두에서 그는 경제학계가 수학과 순수 이론에 대한 유치한 집착에서 벗어나지 못했다고 비판한다. 경제학자들은 현실의 중요한 문제를 외면하고 자신들만 흥미 있다고 생각하는 사소한 수학적 문제에 정신을 팔고 있을 때가 많다는 것이다. 그 결과 역사적 관점의 연구나 인접 사회과학과의 생산적인 협동을 불가능하게 만들었다고 지적한다. 수학에 대한 집착이 경제학을 과학처럼 보이게 만드는 데 쓸모가 있을지 몰라도, 우리가 살고 있는 현실 세계에서 일어나는 수많은 문제들에 대해서는 아무런 답을 제공해주지 못한다는 것이 그의 주장이다. "유치한childish" 이라는 원색적인 표현까지 써가면서 비판하고 있는 것을 보면 평소 경제학계, 특히 미국 경제학계에 그가 얼마나 큰 불만을 가졌는지 능히 짐작할 수 있다.

피케티에 따르면 프랑스에서는 경제학자들이 미국에서만큼 존경의 대상이 되지 못한다고 한다. 흥미롭게도 그는 이 사실을 하나의 장점으로 보

---

7 이와 같은 공로를 인정받아 사에즈는 미국 소장 경제학자 최고의 명예인 존 베이츠 클락 메달John Bates Clark Medal을 받았다. 한편 피케티는 유럽 소장 경제학자 최고의 명예인 위리 얀손 상Yrjo Jahnsson Award을 수상했다. WTID를 만든 경제학자들은 누구든 자신의 사이트에 들어와 통계자료를 얻어갈 수 있도록 배려하고 있다(http://topincomes.g-mond.parisschoolofeconomics.eu/).

고 있다. 미국에서라면 경제학자들이 구태여 자신의 생각을 상대방에게 설득시키려고 노력하지 않을 테지만, 프랑스에서는 경제학자들의 말을 무조건 믿지 않으려 하기 때문에 열심히 노력해 설득해야만 하는 처지라는 것이다. 그 결과 다른 학문은 무시해도 된다는 근거 없는 오만에서 벗어날 수 있으니 좋은 일이라는 것이다. 오만한 태도를 가진 경제학자들이 실제로는 현실의 문제에 대해 아는 것이 거의 없다고 거침없이 비판한다.[8] 평소 이와 비슷한 생각을 갖고 있던 나로서는 통쾌하기 이를 데 없다.

불평등성의 심화를 막는 조세제도 개혁이 어려운 이유로 피케티는 앞에서 말한 것처럼 경제적 엘리트의 반발을 들고 있다. 그는 미국 경제학자들이 조세제도 개혁에 반대하는 세력의 한 축을 구성하고 있다고 지적한다. 최근 미국 대학은 민간 부문에 인재를 빼앗기지 않으려고 경제학 교수들의 급여를 크게 올리는 추세를 보였다. 피케티는 부유해진 경제학 교수들이 자신을 기득권층의 일원으로 인식하고 불평등성의 완화에 도움이 되는 조세제도 개혁에 반대하는 태도를 취하는 점을 비판한다. 그가 3년간의 짧은 미국 교수 생활을 청산하고 프랑스로 돌아가게 된 배경에 이와 같은 동료 경제학자들에 대한 환멸이 깔려 있었던 것이 아닌가 짐작해본다.

필자가 한 가지 흥미롭게 여기는 부분은 이와 같은 피케티의 비판이 미국 경제학자들을 겨냥하고 있는 것이 분명하지만, 한국 경제학자들에게도 그대로 들어맞는다는 사실이다. 수학이나 순수 이론에 대한 과도한 집착, 인접 학문과의 소통을 거부하는 지적 오만, 자신을 기득권 계층과 동일시

---

8 "They know almost nothing about anything". 토마 피케티, 《21세기 자본》, 장경덕 외 옮김, 글항아리, 2014, 46쪽 참조.

하는 보수 성향 등 이 모든 것들이 미국 경제학자들뿐 아니라 한국 경제학자들에게 그대로 들어맞는 지적이 아닐 수 없다. 필자 개인적으로는, 이런 점들에서는 한국 경제학자들이 확실하게 한술 더 뜨는 편이라고 생각한다. 경제학자에 대한 비판이 이 책의 중심 주제는 아니지만 우리가 반드시 눈여겨봐야 할 대목임에는 틀림없다.

피케티의 책이 경제학의 지평에 일대 변혁을 가져올 중요한 저작임에는 한 점 의문의 여지가 없다. 책을 읽으면서 저자의 명석한 분석 능력에 경탄을 금치 못할 때가 많았다. 이뿐만 아니라 경제학의 좁은 틀에 갇혀 있지 않고 역사와 문학에까지 서슴없이 발을 들여놓는 그의 용기에 박수를 보내고 싶기도 했다. 확실히 그의 책은 여느 경제학자의 책과는 달리 인문학적 취향을 짙게 풍기는 품격을 갖추고 있다. 이런 책을 쓸 수 있는 저자의 능력이 바로 프랑스 교육의 특성이자 감추어진 힘을 말해주고 있는 것은 아닌가라는 생각을 하게 된다.

그런데 저자의 박학다식함이 때로 독자의 집중력을 흩트리는 요인으로 작용한다는 것은 옥의 티라고 말할 수 있다. 일단 소득분배의 장기 추이라는 핵심 주제가 선택되었다면 책 전체가 이것을 중심으로 꽉 채워진 구성을 보이는 것이 바람직하다. 그러나 그리 많지는 않지만, 이 핵심 주제에서 상당히 거리가 있는 곳을 어슬렁거리고 있다는 느낌을 주는 부분이 간간히 눈에 띈다. 너무나 많은 것은 알고 있고 따라서 너무나 많은 것을 얘기하고 싶어서 그렇게 된 것으로 짐작하지만, 독자를 한 방향으로 치열하게 이끌어가지 못한다는 점에서는 분명 아쉬운 대목이다. 이 때문에 필자의 개인적 생각으로는 책의 분량을 크게 줄여 가독성을 높였으면 훨씬 더 좋았을 것 같다. 책 분량을 지금의 반으로 줄여 핵심 사항 위주로 논의를 전개해갔어도 중요한 메시지는 충분히 전달하고도 남았을 것이라고 생각한다. 솔직히 말해 만연체에 가까운 현재의 체제는 독자들을 조금 지루하게 만드는 것이 사실이다. 때로는 욕심을 과감하게 버림으로써 결과적으로 더 많은 것을 얻을 수 있는 것이 우리 인생의 한 진리가 아닐까?

원래 프랑스어로 출판된 이 책의 영어판이 나오자마자 50여 만 권이 순식간에 팔려 나갔다고 한다. 사회과학 서적으로서 이 정도의 대중적 인기를 끈 책은 전무후무한 일이 아닐까 한다. 그런데 나로서 흥미 있는 관찰 대상이 되는 것은 이 책을 실제로 완독한 사람이 과연 몇이나 될까라는 사실이다. 오래전에 영국 물리학자 스티븐 호킹Stephen Hawking이 쓴 《시간의 역사 *A Brief History of Time*》란 책이 베스트셀러가 된 적이 있다. 그러나 실제로 그 책을 읽은 사람의 수는 팔린 책의 10분의 1 정도밖에 안 되었다는 말을 들었다. 이 책의 경우에도 그와 비슷한 일이 일어나지 않을까라고 조심스레 전망해 본다.

이런 예측을 하는 이유는 경제학의 배경이 없는 사람들까지도 이 책을 쉽게 그리고 재미있게 읽기는 어려울 것이라고 보기 때문이다. 경제학자의 장난감이라 할 수 있는 수식이 단 세 개만 등장할 정도로 저자가 나름대로 일반 독자에게 다가서기 위해 노력을 아끼지 않은 것은 사실이다. 서술 방식도 경제학자 특유의 전문가인 척하는 난삽함을 버리고 대중적인 친근감을 선택했다는 느낌을 준다. 그러나 경제학 배경이 없는 사람이 이 책에 등장하는 경제학 논리를 제대로 소화하는 것은 지극히 어려운 일이다. 혼자만의 힘으로 책을 읽으면서 필자가 앞에서 설명한 소득분배 전개 과정의 기본 논리를 파악하기란 무척 어려울 것이 분명하다. 필자가 이 글에서 책의 주요 내용에 관한 해설에 치중한 이유는 일반 독자들의 이와 같은 어려움을 조금이나마 덜어주고 싶었기 때문이다.

실제로 얼마나 많은 사람들이 읽게 될지와 상관없이, 이 책은 이미 미국 사회뿐 아니라 우리 사회에도 '피케티 현상Piketty phenomenon'이라는 지적 풍토의 대혁명을 가져왔다. 많은 사람들이 자각하지도 못한 사이에 그동안 온 세계를 휩쓸어온 신자유주의 이념의 포로가 되어버린 것이 사실이다. 우리 사회에서도 신자유주의가 무엇인지도 잘 모르면서 그 이념의 노예가 되어 있는 사람을 숱하게 본다. 피케티 현상은 우리로 하여금 스스로를 돌아보고 자신이 헛된 이념의 노예로 살아온 것은 아닌가라는 반성을 촉구하고 있다는 점에서 중요한 의미를 갖는다.

지난 6월 한국은행 총재가 "소득불평등 해소는 유효수요를 높인다"며 "성장 잠재력 확충을 위해 내수 기반을 확충하려고 하면 불평등의 정도를 줄여야 한다"[9]라는 요지의 발언을 했다. 보수 정권 아래 있는 중앙은행 총재로서는 무척 과감하다고 할 수 있는 발언인데, 불과 얼마 전만 해도 우리 정부의 고위직 입에서 이런 발언이 나오기는 힘들었을 것이라고 생각한다. 정책 담당자든 지식인이든 "무엇보다 우선 성장을 해서 파이를 키워야만 가난한 사람에게 가는 몫도 커진다"라는 케케묵은 말만 앵무새처럼 되뇌고 다녔으니 말이다. 어떤 사람의 입에서 '공평한 분배'라는 말이 나오는 순간 그는 '좌빨'이 되어버리는 것이 우리 사회의 현실이다.

언제 어느 때를 불문하고 공평한 분배는 살기 좋은 사회를 만드는 핵심 요건이다. 그러나 인간의 삶을 연구 대상으로 삼는 경제학자들은 언제부터

---

9 〈이주열 한은 총재, "'인상' 언급 깜박이 넣은 것 아니었다"〉, 《머니투데이》 2014년 6월 15일 자 기사 참조 (http://www.mt.co.kr/view/mtview.php?type=1&no=2014061510102720258&outlink=1).

인가 공평한 분배라는 말을 잊어버린 채 살아왔다. 바로 이와 같은 분위기에 찬물을 끼얹고 경제학자 본연의 자세로 돌아갈 것을 촉구한 피케티에게 아낌없는 박수갈채를 보낸다. 피케티 현상은 분배 문제에 관한 발상의 대전환을 의미한다. 이와 같은 발상의 대전환을 목이 타게 고대해온 필자로서는 피케티 현상의 확산이 너무나도 반가울 수밖에 없다.

이준구
서울대학교 경제학과를 졸업하고 미국 프린스턴 대학교에서 경제학 석사, 박사 학위를 받았다. 뉴욕 주립대학교 올버니 캠퍼스 경제학과 조교수를 지냈으며, 현재 서울대학교 경제학부 교수로 있다.

자본주의와 민주주의

INTERVIEW

인터뷰이 **토마 피케티**
인터뷰·번역 **류이근**

필자는 피케티를 잘 알지 못한다. 인터뷰와 대담을 위해 잠시 그와 대면하고 그의 책과 논문을 읽었을 뿐이다. 그리고 짧은 이메일 왕래가 전부다. 하지만 그에게 받은 인상은 상당히 강렬했다.

지난 9월 18일부터 21일, 《21세기 자본》 한국어판 출간에 맞춰 한국을 방문한 그는 대중 강연을 하면서도 돈을 받지 않았다. 통상 피케티 같은 글로벌 스타 학자 반열에 오르면 몸값이 수천만 원을 넘는다. 자본의 축적으로 인한 불평등 확대를 고발하는 책과 실제 행동의 일치를 의식했기 때문일까? 그는 9월 20일 서울 플라자호텔에서 진행한 인터뷰 앞뒤로 잠시 틈도 없는 빡빡한 일정을 소화했다. 그러면서도 인터뷰와 대담 내내 진지하면서도 성의 있는 태도를 잃지 않았다. 누구나 그런 건 아니다. 필자는

---

* 이 인터뷰는 토마 피케티 교수와 한겨레신문사의 동의를 얻어 수록했습니다.

2011년 한국을 찾은 미국의 세계적인 경제학자의 성의 없는 기자회견에 무척 실망한 경험이 있다.

책에서 받은 인상은 더욱 강렬했다. 미국식 주류 경제학계에 과감히 던진 도전장, 경제학의 오만에 대한 성찰, '거인' 같은 학자들에 대한 거리낌 없는 비판, 프랑스 학문적 전통의 활용과 자부심 등 그가 풍기는 지적 분위기는 한국 경제학자들에게 쉽게 맛보기 힘든 것이었다. 평소 경제학적 문제에 대한 철학적, 역사적, 정치적 고민을 깊이 있게 하지 않았다면 나올 수 없는 '아우라'다. 그는 제도와 정치, 민주주의를 강조한다. 이에 걸맞게 그가 내린 결론도 '자본에 대한 민주적 통제의 강화'라 할 수 있다.

이 인터뷰에서는 주로 한국의 불평등 상태에 대한 진단과 대안을 다뤘다.

류이근__ 지난 2012년 기준 우리나라 소득 최상위 10퍼센트가 전체 소득에서 차지하는 비중이 약 45퍼센트에 이른다는 연구 결과(김낙년 동국대 교수)가 나왔습니다. 다른 나라와 비교했을 때 한국의 불평등 수준이 얼마나 심각한가요?

토마 피케티(이하 피케티)__ 한국은 아주 흥미로운 사례입니다. 세계에서 가장 빠르게 성장한, 가장 커다란 성공 신화를 지닌 나라 가운데 하나입니다. 하지만 한국 경제가 매년 5퍼센트씩 계속 성장할 순 없어요. 앞으로 분배와 불평등 문제가 점점 더 중요해질 겁니다. 류 기자가 언급한 것처럼, 한국의 소득불평등은 이미 상대적으로 높은 수준입니다.

국제적으로 봤을 때, 소득 최상위 10퍼센트나 20퍼센트가 전체 국민소득에서 차지하는 몫은 지난 20년 동안 크게 증가해왔어요. 물론 한국의 소득불평등은 미국보다는 덜합니다. 하지만 일본이나 유럽 대부분의 나라들보다 훨씬 높은 편이죠. 확실히 우려할 만한 사안입니다. 불평등을 낮출 해결책은 '세금의 누진성'을 강화하고 '교육에 대한 투자'를 늘리는 겁니다. 한국에서 소득 최상위의 몫은 지난 20년 동안 굉장히 커졌어요.

류이근 한국 소득 최상위 10퍼센트가 전체 소득에서 차지하는 비중이 외환위기 이전인 1997년엔 33퍼센트였지만 2012년엔 45퍼센트로 증가했습니다. 외환위기 당시 노동자 정리 해고를 포함한 기업의 구조 조정과 평생고용 중단, 금융시장 개방 등 다양한 조처가 취해졌어요. 교수님은 이러한 조처들이 한국에서 소득불평등 확대에 영향을 줬다고 보는지 궁금합니다. 책에서 언급한 것들과도 일맥상통하지 않나요?

피케티 그렇습니다. 국제통화기금IMF의 권고로 외환위기 이후 채택된 개혁 조처들의 일부는 한국에서 소득불평등 증가에 곧바로 영향을 줬어요. 특히 금융 규제 완화의 탓이 큽니다. 책에도 언급했지만, 금융 규제 완화는 한국을 포함한 많은 나라의 불평등 확대를 부채질했습니다. 금융 규제 완화 탓에 더욱더 복잡한 금융 상품이 등장했고, 소수의 금융 자산가들은 더 높은 수익률을 올릴 수 있는 기회를 잡았습니다. 그렇다고 IMF 탓만 해서는 안 됩니다. 불평등이 커진 것은 한국의 정책과도 관련이 깊습니다. IMF를 비난하는 건 너무 단순합니다. 외환위기 이전부터 한국 정부도 대규모 감세 정책을 펴왔잖아요.

류이근 교수님이 제안한 '누진세 강화'는 사실상 증세를 의미합니다. 그런데 한국에서 가난한 사람은 "먹고 살기 힘든데 왜 세금을 더 걷으려 하냐"

라고 말합니다. 또 부자들은 경제에 미치는 충격을 우려해 증세에 반대합니다. 이런 상황에 대한 교수님의 생각이 어떤지 궁금합니다.

피케티 먼저 제 책이 무엇을 다뤘는지 분명히 짚고 넘어갔으면 합니다. 저는 3세기에 걸쳐 20개국 이상 나라의 부와 소득의 불평등 역사를 다뤘습니다. 이러한 모든 역사적 통계를 제공해 사람들이 '누진세' 아니면 '다른 정책적 수단'을 강구할 수 있도록 하는 게 저의 주된 목적이었습니다.

책 마지막 장에 저 나름대로 결론을 이끌어내긴 했습니다. 하지만 사람들이 다른 결론을 도출해도 문제가 되진 않습니다. 궁극적으로 제 책은 한국이 이렇게 해야만 한다거나, 한국 사람들이 뭘 생각해야 하는지를 말하려는 게 아닙니다. 먼저 불평등 역사에 대한 정보를 대중에게 제공하고자 했습니다. 불평등 이슈는 너무나 중요해서 경제학자나 통계학자에게만 내맡겨서는 안 되기 때문입니다.

세금의 누진성과 관련해서 말해볼까요? 전체 세수를 늘려야 하나요? 아니면 같게 유지해야 하나요? 가난한 사람들에겐 세금을 낮추고 부자들 세금을 더 높여 조세체계의 누진성을 강화해야 하나요? 답은 나라마다 다 다릅니다. 저는 많은 나라(선진국)에서 이미 전체 세수는 무척 많거나 최소한 충분하다고 생각합니다. 그러면 전체 세입을 늘리지 않기를 원할 수도 있겠죠. 아니면 오히려 노동소득을 올리는 사람들에게 부과되는 근로소득세는 낮추고, 막대한 부를 상속받는 사람들이 내야 하는 상속세를 올릴 수도 있습니다. 꼭 전체 세수를 늘리는 문제만이 아닙니다.

이제 한국의 경우를 보죠. 어떤 사람들은 전체 세금이 국내총생산GDP에서 차지하는 비중(국민부담률)이 30퍼센트도 채 안 된다고 얘기할 수 있습니다. 스웨덴이나 덴마크 같은 나라들은 국민부담률이 50퍼센트에 이릅니다.

이들 나라는 세계에서 생산성도 가장 높습니다. 저는 이런 문제가 세금으로 뭘 하느냐에 따라 달라진다고 봅니다. 만약 세금을 더 걷어 교육이나 사회 공공서비스에 쓴다면 최소한 일부 나라만이라도 경제성장과 생산성 향상에 보탬이 될 겁니다.

일반적으로 높은 생산성을 자랑하는 많은 나라가 한국보다 세금이 훨씬 더 많습니다. 하지만 해법은 하나만이 아닙니다. 말씀드렸지만, 세금으로 뭘 하느냐에 따라 다릅니다.

류이근 시민이나 정책 결정권자나 마찬가지이겠지만, 우리가 '왜' 불평등 문제에 신경을 써야 하나요?

피케티 글쎄요. 불평등 자체는 문제가 아닙니다. 저는 어느 수준의 불평등은 성장과 혁신에 유용하다고 생각합니다. 문제는 불평등이 더 이상 성장에 도움이 되지 않는 '어떤 지점'을 넘어설 때입니다. 지나친 불평등은 성장에도 좋지 않으며 사회적 계층 이동성도 떨어뜨릴 수 있습니다. 게다가 여러 세대를 거치면서 불평등을 영속화할 수 있습니다. 가난한 부모 밑에서 자란 사람도 교육에 대한 접근권이 있어 회사의 중역이 되거나 회사를 설립할 수 있어야 합니다. 성장하려면 사회적 계층 이동성이 필요한데, 극단적 불평등은 이를 떨어뜨립니다. 또 다른 문제는 정치적 영향력과 힘의 불평등으로 이어져 결국 민주적 제도를 위협할 수 있다는 사실입니다. 이는 세계 모든 지역과 나라에서 우려해야 할 사안입니다.

류이근 점점 커지는 불평등 확대를 해결할 최고의 방법은 뭘까요?

피케티 저는 모든 사람이 번영을 고루 누리고, 성장을 극대화하고, 불평등을 억제하려면 여러 해결책이 함께 취해져야 한다고 생각합니다. 가장 중요한 해결책 둘을 꼽으라면 '교육'과 '조세체계의 누진성 강화'입니다. 둘 가운데 하나를 택하는 식의 대체 관계가 아니라, 이 둘을 동시에 적용하는 것이 중요하다고 생각합니다. 교육에 대한 투자는 한국과 중국 등이 생산성을 증가시켜 선진국을 따라잡고 불평등을 축소시키는 데 주요한 기제였습니다. 하지만 이것만으로는 충분치 않습니다. 한국과 미국, 일본, 중국, 유럽 등을 막론하고 '최고경영진'과 '임원' 들 같은 소수에게만 부가 집중될 수 있습니다. 거대하게 집중된 부가 영구화할 수도 있습니다. 저는 누진세 체계만이 이 문제를 평화롭게 해결할 수 있다고 봅니다. 어떤 나라에서는 권력의 편에 서지 않는 부자들을 감옥에 가두고 재산을 몰수하기도 하지만, 이는 좋은 해결책이 아닙니다. 누진세제는 가장 시장 친화적인 해결책으로 부와 권력의 집중을 막을 수 있는 방법입니다.

류이근__ 끝으로 한국의 독자들에게 한마디 부탁드립니다.

피케티__ 이제 성장과 개발에 대해 새롭게 진전된 관점과 의제 설정이 필요한 때입니다. 1990~2000년대엔 '시장의 자기 규제'에 대한 무한한 믿음이 있었습니다. 2008년 세계금융위기와 아시아 외환위기를 겪은 우리는 자본주의를 공익 아래 두는 민주적인 장치에 대해 다시 생각해야만 합니다. 민주주의가 사유재산과 자본주의의 노예가 되지 않고, 사유재산과 시장의 힘이 민주주의의 노예가 되도록 해야 합니다. 지금은 이런 논쟁을 다시 해야 할 때입니다. 자본주의에 대한 역사적, 비교적 관점을 보려주려 노력한 제 책이 이러한 쟁점을 다시 생각하는 데 도움되기를 바랍니다.

토마 피케티에게 묻다

CONVERSATION

대담 **토마 피케티, 이강국**
번역 **류이근**

토마 피케티와 이강국 교수는 닮은 점이 많다. 둘 다 젊은 소장 학자라 할 수 있다. 이강국 교수는 피케티의 《21세기 자본》의 한국어판을 감수했다. 이 교수 또한 불평등과 소득분배에 관심이 많다. 관련 논문과 서적도 계속 내고 있다. 두 사람 다 분배 문제를 다룰 때 제도와 정책의 중요성을 강조한다. 시장에 내맡기지 말아야 한다는 것이다.

또 둘 다 '좌파' 경제학자라 할 수 있다. 주류 경제학에 비판적이며, 경제학이 정치경제학적 접근 태도를 강화해야 한다고 본다. 이런 공통점 덕에 이 교수는 피케티를 대담할 가장 적합한 학자라 할 수 있다. 방법론과 일부 주장에 대해선 피케티와 생각이 다른 부분들도 눈에 띈다.

이 대담은 9월 20일 서울 플라자호텔에서 진행되었다.

---

* 이 대담은 토마 피케티 교수와 이강국 교수, 한겨레신문사의 동의를 얻어 수록했습니다. 신문 지면이나 인터넷상에 싣지 못한 내용을 모두 담았습니다.

이강국 준비한 질문은 크게 세 가지입니다. 책을 둘러싼 궁금증과 책에서 제시된 정책 대안을 둘러싼 논란, 그리고 한국 상황입니다. 교수님은 책이 이렇게 유명해지리라 예측했나요? 왜 이렇게 큰 반향을 일으키고 있다고 보는지 궁금합니다.

토마 피케티(이하 피케티) 한국뿐만 아니라 미국과 유럽에서도 점점 커지고 있는 불평등에 대한 우려를 방증한다고 봅니다. 책이 성공적이어서 기쁩니다. (웃음) 책을 쓰면서 사람들이 소득과 부의 불평등, 그리고 돈(자본)에 얽힌 이야기를 쉽게 이해할 수 있도록 애썼습니다. 《21세기 자본》은 너무 경제학적이거나 기술적인 책이 아닙니다. 통계 뒤편에 다양한 사람들의 '삶'이 있다는 걸 생동감 있게 보여주고 싶었습니다. 불평등의 동학을 쉽게 이해하고, 문학 작품에서 불평등이 어떻게 묘사됐는지도 보여주고 싶었죠. 자본의 역사는 경제적이면서도 정치적, 사회적입니다. 많은 사람들이 이 책을 통해서 불평등에 대한 더 많은 정보를 얻기를 바랍니다.

나라마다 불평등을 보는 방식이 다 달라요. 한국뿐만 아니라 다른 여러 나라들을 방문하면서 불평등에 대한 논쟁이 어떻게 다른지 지켜보는 것도 흥미롭습니다.

이강국 교수님 책이 나온 시점이 절묘합니다. 많은 나라가 불평등 확대로 고통을 겪고 있습니다. 저 또한 책 몇 권을 썼는데, 학자들이 경제학적인 주제를 쉽게 쓰기란 참으로 어렵죠.

교수님은 불평등을 자본주의의 법칙들과 관련된 동학으로 설명하면서, 동시에 정치의 중요성을 강조합니다. 이 둘 사이에는 약간의 긴장이 있는데 어떻게 생각하세요?

피케티_ 맞습니다. 저는 순전히 경제성장만으로 불평등의 동학을 설명할 수 있을 거라곤 생각지 않습니다. 경제적 힘뿐만 아니라 불평등을 확대 또는 감소시킬 수 있는 다른 힘들이 있다고 봐요. 불평등의 역사를 봐도 그렇습니다. 실제 불평등이 어떤 방향으로 나아갈지를 결정하는 것은 '정책'과 '제도'입니다. 특히 제 책의 중요한 발견 가운데 하나는, 두 차례 세계대전과 대공황의 충격이 20세기 불평등의 역사에서 결정적이었다는 사실입니다. 이런 요인들이 불평등의 수준을 결정하는 데 중요했습니다. 특히 선진국에서 그랬죠. 20세기에 채택된 누진과세 체제와 교육제도, 복지 자본주의, 새로운 제도와 정책 등은 불평등이 더 악화되지 않고 개선될 수 있도록 커다란 역할을 했습니다. 불평등 동학은 이러한 변화들에 의해 크게 좌우됐습니다.

마찬가지로 1980년대 이후 레이거노믹스 등은 불평등을 확대하는 데 커다란 영향을 끼쳤습니다. 특히 금융 규제 완화는 강력한 충격이었죠.

이렇듯 미래는 우리가 선택하는 정책과 제도에 따라 얼마든지 달라질 수 있어요. 최선의 선택을 하기 위해선 역사를 살펴보는 게 매우 유용합니다.

이강국_ 불평등 동학이 '필연적'이라는 말은 아닌 건가요?

피케티_ 경제 동학에서 불가피한 것은 없습니다. 경제사는 우리가 선택하는 제도와 정책의 역사입니다.

이강국_ 책을 둘러싼 논란으로 화제를 돌려볼까요? 비판은 크게 두 가지입니다. 하나는 교수님이 제시한 자본과 노동 간 대체탄력성이 너무 크다는 것이고, 다른 하나는 부동산의 역할과 관련된 내용입니다. 이 점에 대해 어떻게 생각하세요?

피케티__ 제 책에서 부동산은 무척 중요한 부분입니다. 책에 실린 통계에서 보듯 부동산은 (불평등 동학에서) 매우 중요한 역할을 했습니다. 지난 수십 년 동안 많은 나라에서 전체 국민소득에 비해 자본(또는 부)의 비율이 크게 증가했습니다. 통상적으로 많은 선진국에서 국민소득에 견준 자본의 총 가치는 1970년대 2~3배에서, 지금은 4~7배로 커졌어요. 아직 한국 자료는 없지만, 한국에서도 지난 몇 십 년 사이 국민소득에 비해 자본의 총 가치가 7배 이상으로 크게 증가했을 겁니다. 동시에 전체 국민소득에서 법인의 이익과 배당, 이자, 임대소득 등 자본소득의 비중도 커졌습니다.

어떻게 이런 일이 동시에 벌어졌는지 설명하는 최선의 방법은 뭘까요? 자본은 어디서나 똑같은 형태를 띠지 않습니다. 자본은 때론 부동산, 때론 장비, 때론 에너지 분야의 자본재 등 다양한 형태를 취합니다. 자산(자본)의 상대가격도 크게 변합니다. 부동산이 전체 국민소득에서 차지하는 자본소득 비중의 증가나 전체 자본 총 가치의 증가에 커다란 역할을 한 건 분명합니다.

미래에 우리는 로봇과 같은 새로운 형태의 자본을 가질 수 있습니다. 지난해 말 미국 온라인 서점 아마존은 택배를 사람 대신 무인 항공기로 대체하겠다는 아주 흥미로운 발표를 했습니다. 이걸 경제 언어나 경제모델로 표현한다면, 자본과 노동 간 대체탄력성이 무척 높다는 것을 의미합니다.[1] 극단적인 상황을 가정해 노동자를 모두 드론drone으로 대체하면, 대체탄력성은 무한대가 되는 거죠. 이런 일이 반드시 일어난다거나 진행돼왔다는

---

1 완전 자동화라면 무한대, 모두 사람의 손으로 해야 한다면 0에 가깝다.

걸 말하려는 게 아닙니다. 대체탄력성을 둘러싼 혼란은, 어떤 일이 일어날 지 알 수 없는 미래에 택배를 사람 대신 무인 항공기가 대체하는 것과 같은 일이 가능할지와 관련돼 있습니다. 분명한 건 앞으로도 꽤 오랫동안 부동산과 에너지 분야의 자본재가 로봇보다 더 중요한 자본으로 남을 겁니다. 언젠가 부동산보다 로봇이 더 중요한 자본으로 대체될지 모르지만, 오랜 시간이 걸릴 겁니다.

따라서 '한동안' 우리가 자본/소득 비율과 전체 소득에서 자본의 몫이 왜 증가하는지를 제대로 이해하려면, 로봇보다 부동산과 에너지 자본재 등이 더 중요한 역할을 한다는 것을 알아야 합니다.

이강국 더 자세히 이야기하면, 로런스 서머스Lawrence Summers나 매튜 롱리Matthew Rognlie 같은 학자들은 교수님의 데이터에 기초한 대체탄력성이 다른 연구들과 비교해 너무 높아서 이상하다고 비판했습니다. 즉 자본과 노동이 너무 쉽게 대체된다는 것인데, 이는 비현실적이라는 것이었죠. 저는 이러한 주류 경제학의 비판에 대해 경제모델에 정치나 권력의 요소를 고려해야 한다고 생각합니다. 예를 들어, 1980년대 이후 자본/소득 비율이 상승했는데도 자본수익률이 많이 떨어지지 않고, 따라서 대체탄력성이 높게 나온 것은 세계화와 신자유주의를 배경으로 한 자본가의 권력 강화를 반영한 것이죠. 브래드포드 드롱J. Bradford DeLong 교수도 강조하듯이, 권력의 문제를 경제모델에 본격적으로 도입해야 진정한 21세기의 정치경제학을 발전시킬 수 있을 것 같습니다.

로봇과 기술혁신의 한계에 대해서는 저도 교수님의 의견에 동의합니다.

피케티 저도 하나의 자본재와 재화만 있고 상대가격을 고려하지 않는 표준적 경제모델은 한계가 있다고 생각합니다. 최근 선진국에서 나타났듯이 자본/소득 비율과 전체 소득에서 자본 몫이 동시에 상승하려면 대체탄력성이 1보다 큰 경우밖에 없습니다. 이는 기계(로봇)와 인간 노동의 대체가 매우 쉬운 경우인데, 미래에 이런 일이 일어난다면 반가운 일일지도 모릅니다. 그러나 책에서 밝혔듯이, 현재까지 주된 자본 집약적 부문은 부동산이나 에너지와 같은 전통적인 부문입니다. 이를 분석하는 올바른 모델은 기존의 것이 아니라 상대가격(특히 부동산의 가격)이 매우 중요한 역할을 하는 다차원적multi-dimensional 모델이라고 생각합니다.

이강국__ 자본의 다차원성에 대한 교수님의 지적은 매우 흥미롭습니다. 결국 현재까지는 자본/소득 비율 상승과 자본 몫의 동시 상승에 기술의 역할보다는 부동산 등의 영향이 더 크다는 것이군요. 신고전파 경제모델을 넘어 자본의 다차원성을 고려하는 최근의 경제학 연구가 있다면 소개해주시기 바랍니다.

피케티__ 최근 저는 가브리엘 주크먼Gabriel Zucman 교수와 함께 쓴 〈자본의 귀환: 1700~2010년 선진국에서 부와 소득 배율Capital is Back: Wealth-Income Ratios in Rich Countries 1700-2010〉[2]이란 논문에서, 자본의 축적을 물량효과(저축)와 상대가격효과(특히 부동산가격의 변화)로 분해하여 자본의 다차원성을 분석하려고 했습니다. 결론을 요약하면 최근의 자본축적의 동학에서는 저축의 축적(장기 공식 $\beta = s/g$를 통해) 그리고 부동산의 상대가격 상승, 둘 모두가 자본/소득 비율의 상승을 상당 부분 설명한다는 것입니다.

---

2 http://qje.oxfordjournals.org/content/129/3/1255.full?sid=a22130ba-6019-470a-80ee-03deefff0755

© 류우종 《한겨레21》 기자

이강국 네, 저도 그 논문을 인상 깊게 읽었습니다. 부동산 등 자산 가격의 변화의 원인과 그것이 자본/소득 비율의 변화에 미치는 영향에 대한 자세한 분석을 더욱 발전시켜야 할 것 같습니다. 예를 들어, 최근의 변화가 일본의 경우처럼 '버블'의 영향이라면 미래에는 버블 붕괴로 자본/소득 비율이 하락할 수도 있으니까요. 금융화 등의 변화가 자산 가격의 변화에 어떤 영향을 미쳤는지도 고민해야 하겠습니다.

이제 방법론에 관해서 이야기해보죠. 저도 경제학자로서 교수님의 방법론에 크게 감명받았습니다. 교수님은 좀 더 정치경제학적인 관점을 지향한다고 하면서, 항상 주류 학자들을 비판적으로 보려 하고 있습니다. 다만 어떤 부분에선 주류 방법론에 매우 비판적이면서도 다른 한편으로는 대체탄력성 개념 등 주류적 방법론을 사용하고 있습니다. 방법론에서 약간 혼란스럽다는 느낌이 듭니다.

피케티 저는 그게 혼란이라고 보지 않습니다. 선택의 문제에 불과합니다.

제가 맞게 선택했다고 봐요. 우리가 신중하게 사용한다면 경제모델과 이론은 아주 유용합니다. 만약 경제적 역사나 사실과 함께 사용한다면 경제 이론과 모델은 더 유용할 수 있습니다. 약간이면 족합니다.

문제는 가끔 경제학자들이 그 반대로 한다는 겁니다. 설명할 수 있는 사실은 거의 없는데, 아주 복잡한 이론을 사용하는 거죠. 이런 건 전혀 사실과 거리가 먼, 그야말로 순수하게 이론적인 것에 불과합니다. 그리 바람직하지 않다고 봐요. 단순한 수학모델이 결코 세상을 만족스럽게 설명할 수 없다는 걸 알아야 합니다. 그럴 때에만 약간의 이론적 모델은 유용할 수 있습니다.

재화 하나를 놓고 경제학자들이 즐겨 쓰는 생산함수를 구하면 노동과 자본의 대체탄력성을 얻을 수 있습니다. 하지만 이렇게 했을 때, 중요한 측면을 많이 놓칠 수 있습니다. 왜냐하면 현실은 아주 다층적이기 때문입니다. 자산은 종류도 다양하고, 서로 다른 자산 간 상대가격도 매우 중요하기 때문이지요. 이런 것이 결과를 크게 바꿀 수 있습니다. 세상이 어떻게 돌아가고 있는지 알려면 이처럼 다층적이고, 사회적이며, 정치적인 관점을 갖는 게 중요합니다.

물론 단순 모델의 장점도 있어요. 한 가정에서 어떤 결론이 나오는지 논리적 관계를 따져보는 데 보탬이 될 수 있어요. 저는 이런 작업을 할 때에도 정치경제학적인 새로운 접근을 하려고 애쓰고 있습니다. 책 마지막 부분에 정치경제학에 훨씬 더 토대를 두고 연구할 것을 촉구했습니다. 이론은 더도 말고 덜도 말고 딱 필요한 만큼 갖다 쓰면 된다고 봅니다.

이강국 동의합니다. 저도 경제학이 더 역사적이면서 정치경제학적으로 가는 방향을 선호합니다. 경제학은 지금부터 바뀌어야 합니다. 이제 화제를 민주주의와 정치로 돌려보죠. 교수님은 책에서 정치가 중요하다, 민주주의가 자본주의를 다시 통제해야 한다고 거듭 강조했습니다. 그런데 한국이나 미국에서 현실 정치와 민주주의가 돌아가는 꼴을 보면, 여전히 잘 굴러가지 않는 것처럼 보입니다. 정치 시스템에서 시민들의 요구가 대표되기 매우 어려운 것 같습니다. 혹시 시청 앞에 매달린 '노란 리본'들을 봤나요? 그게 뭘 의미하는지 아세요?

피케티 세월호 때문이라고 들었습니다.

이강국 세월호 참사 이후 많은 사람들이 법과 민주주의, 사고에 대한 성역 없는 조사를 요구했습니다. 하지만 아무것도 달라진 게 없습니다. 갈등은 여전히 진행 중입니다. 교수님이 민주주의를 비중 있게 언급한 것에 강한 인상을 받았는데, 불평등과 정치, 민주주의를 둘러싼 논쟁을 어떻게 생각하는지 궁금합니다.

피케티 저도 다른 사람들처럼 때론 낙천적이고 때론 비관적입니다. 저는 불평등의 역사와 민주주의, 세금 문제가 항상 순조롭게 풀리지 않는다는 점에 동의합니다. 때론 정책을 올바로 개혁하기 위해 폭력적 충돌이나 사건이 동반되기도 합니다. 지난 세기의 역사를 보세요. 이전에 지배층이 거부했던 많은 개혁들이 두 차례 세계대전과 대공황을 겪으면서 채택됐습니다. 예를 들면 프랑스 의회는 1914년 여름에 제1차 세계대전 전비를 마련하기 위해서 누진소득세를 채택했습니다. 평화롭던 시기에는 통과가 계속 보류됐습니다. 전시 충격이 없었다면 누진소득세가 만들어졌을지 알 수 없는 노릇입니다. 그전까지 프랑스 지배층이 원치 않았던 일이었으니까요.

제1차 세계대전 이전까지 누진소득세가 의회를 통과하지 못한 배경에는 당시 매우 컸던 불평등도 있었다고 봅니다. 불평등이 너무 심해 부자들이 상대적으로 정치 시스템에 큰 영향력을 행사했던 거죠.

이는 오늘날 미국 같은 나라에서 벌어지는 상황입니다. 미국을 비롯한 많은 나라에서 불평등이 매우 커졌지만, 정치 시스템은 상당 부분 엘리트들이 장악했을 겁니다. 그렇다고 비관적으로만 보지는 않습니다. 저는 역사적 교훈으로부터 우리가 배울 수 있다고 생각하기 때문에 미래를 약간 낙관적으로 보고 싶어요. 역사를 되돌아보면 같은 실수를 되풀이하지 않을 방법을 찾을 수 있습니다.

새로운 기술과 혁신은 정보의 확산과 함께 대규모 계층 이동과 정치적 진전을 가져올 수 있습니다. 이러한 진전을 통해 민주적 제도가 더욱더 효과적으로 작동할 수 있을 겁니다. 하지만 이것은 자연스럽게 얻어지는 게 아닙니다. 투쟁을 통해서 얻을 수 있습니다.

이강국__ 교수님이 말한 것처럼 자연적인 과정이 아니라 '투쟁'이 중요하다는 것이 역사의 교훈이라는 데 공감합니다. 그런데 우리는 투쟁의 주체 문제를 생각해봐야 합니다. 과거에 노동조합은 매우 강력했습니다. 고도성장을 이루고 불평등을 낮추는 데 노동자와 노동조합이 했던 역할을 잊어선 안 된다고 생각합니다. 그런데 교수님은 책에서 노동조합에 대한 언급을 그다지 비중 있게 하지 않는 것 같습니다.

피케티__ 언급은 했지만, 충분치 않았다는 이 교수님의 지적에 동의합니다. 저는 불평등 감소에 노동조합이나 최저임금 정책 등이 역할을 했다고 언급했습니다. 제가 책의 1장에 2012년 남아프리카공화국 요하네스버그 근방

마리카나 백금 광산에서 있었던 파업과 광부 34명이 경찰의 총탄에 사망한 사건을 다룬 것도 그런 맥락에서입니다. 노동운동이나 볼셰비키 혁명 등을 포함한 일련의 정치적 사건이 서구의 많은 나라에서 사회, 경제적 개혁을 채택하는 데 큰 영향을 끼쳤다고 보고 있습니다.

지금은 노조가 과거보다 훨씬 약해졌습니다. 이데올로기와 정치적 이유 탓이기도 합니다. 또 제조업에서 서비스업으로 전환하는 등 산업구조가 변한 탓이기도 합니다. 노조는 과거에 중요한 역할을 했고 앞으로도 그래야겠지만, 꼭 과거와 같은 형태일 필요는 없습니다. 선거가 민주주의의 한 부분인 것처럼, 우리가 억제할 필요가 있는 도전, 즉 불평등에 대응할 민주주의 방법엔 여러 형태가 있다고 생각합니다.

이강국 이제 한국에서 이슈가 되고 있는 사안으로 주제를 돌려보겠습니다. 한국의 독자들에게 가장 중요한 부분이기도 할 겁니다. 한국에서는《21세기 자본》때문에 호들갑을 떠는 사람들이 있습니다. 많은 비평가가 책을 다 읽지도 않았거나 제대로 이해하지 못한 채 비생산적으로 논쟁하고 있습니다.

피케티 논쟁이 생산적이지 않다니 조금 아쉽습니다. (웃음) 제가 한국어를 몰라 사람들이 뭐라고 하는지 맥락을 이해할 순 없습니다. 하지만 상상이 되는 면이 있긴 합니다.

보수주의자들이 우려해야 할 것은 제 책이 아니라, 불평등 자체여야 한다고 생각합니다. 제가 불평등을 확대시킨 건 아니잖아요? 거기에 제 책임은 없습니다. (웃음) 보수주의자들은 부인否認 전략만 쓸 게 아니라, 눈을 떠 현실을 직시해야 합니다.

저는 (핵심 메시지를 전하기 위해 책에) 많은 데이터를 제시하려고 노력했습니다. 핵심 메시지는 우리가 경제와 소득 그리고 부에 대해서 보다 투명하게 이해할 필요가 있다는 겁니다. 한국의 빈곤층과 중산층 등 서로 다른 계층이 어떻게 사는지에 대해 보다 많은 통계 데이터를 통해 명확하게 이해했을 때, 비로소 세금의 누진성 강화 등을 놓고서 제대로 된 논쟁과 정책 대안을 얘기할 수 있을 겁니다. 불평등 문제를 부정하는 건 조금 어리석은 짓이라고 봅니다.

저는 탈냉전 세대입니다. 18살이던 1989년에 베를린장벽이 무너졌어요. 그런데 아직도 냉전 시대에 살고 있는 사람들이 있습니다. 아마 한국에선 그럴 수도 있겠습니다. 누구를 비난하고 싶지 않아요. 다만, 우리는 앞으로 좀 더 나아갈 필요가 있어요. 저는 사유재산과 시장의 힘을 믿지만, 민주적 제도의 통제를 받아야만 한다고 생각합니다. 또한 공익common utility을 훼손해선 안 돼요. 그렇다고 공산주의나 북한을 옹호하자는 건 아닙니다. (웃음)

이강국 말씀드린 것처럼, 교수님을 비판하는 사람들의 논지는 말이 되지 않는 부분이 많습니다. 하지만 일부에선 우리가 불평등을 줄이려면 자본수익률을 낮출 게 아니라, 경제성장률을 끌어올리는 게 더 효과적이라고 주장합니다. 이를 어떻게 생각하는지 궁금합니다.

피케티 저에 대해 혼동하는 것 같습니다. 저는 할 수 있는 한 최대한 성장해야 한다는 데 찬성합니다. 교육에 대한 투자는 성장률을 끌어올리는 최선의 방법이라고 생각합니다. 또 다른 방법은 인구가 줄지 않도록 하는 겁니다. 어떻게 하면 이렇게 할 수 있을까요? 그러려면 성 평등을 증진시켜야 합니다. 또 경력 단절 없이 남녀가 자녀를 키울 수 있도록 더 나은 제도를 만들고 보육 지원을 늘려야 합니다. 생산성 향상만큼 인구도 증가할 거라고 믿습니다.

제로성장을 지지하지는 않습니다. 자본수익률이 떨어지기를 원하는 것도 아닙니다. 다만 '부'에 대한 '누진세 부과'를 바랍니다. 그래야 새로운 사람이 부를 쌓고 부의 이동성도 더 커질 수 있습니다. 부의 집중을 억제하기 위해서 매우 큰 부[3]에 대한 수익률이 줄어들기를 원하는 겁니다.

이강국 경제가 훨씬 더 역동적으로 돌아가게 하기 위해서란 말씀이죠?

피케티 맞습니다. 부의 총량이 줄어들기를 원하는 게 아닙니다. 자본축적은 좋다고 봐요. 자본은 필요해요. 건물과 설비는 매우 유용한 것들입니다. 하지만 모든 사람이 국가의 부에서 어느 정도 자신의 몫을 가졌으면 해요. '중산층'이 늘어나 국부에서 '중간만큼 몫'을 가졌으면 좋겠어요.

국부가 증가하기를 원합니다. 하지만, 성장하기 위한 유일한 방법이 '국부의 더욱더 큰 몫을 소수 지배층이 차지하는 것'이라는 보수적 관점은 제가 제시한 경험적, 이론적 증거와 부합하지 않습니다.

이강국 한국의 현실과 밀접한 관계가 있는 말입니다. 말씀하신 것처럼, 한국 경제가 좀 더 역동적으로 되려면, 불평등을 완화하기 위해 누진세를 강화하고 복지를 확충해야 합니다. 그래야 경제성장률도 끌어올릴 수 있을 겁니다.

1990년대 불평등이 심화된 이후 진행된 많은 연구를 보면, 심각한 불평등은 성장률에도 나쁜 영향을 미치는 것으로 나옵니다. 서글프게도

---

3 《21세기 자본》에는 "100만 유로 이상"의 경우를 예로 들었다.

1997년 외환위기 이후 한국에선 높은 불평등과 낮은 성장률이 악순환을 하고 있습니다. 왜 많은 한국인이 사회복지와 증세 등을 포함한 경제민주화를 요구하는지, 그 이유도 여기에 있다고 봐요. 하지만 제대로 이뤄진 게 없습니다. 현 정부는 '증세 없는 복지 확대'를 약속했지만, 이 자체가 말이 되지 않습니다. 결국 정부는 최근에 간접세인 담뱃세 인상을 발표했습니다. 이는 조세 형평성에도 맞지 않습니다. 한국의 조세정책에 대한 조언을 부탁드립니다.

피케티 저는 한국에서 소득세[4]의 누진성을 더 강화할 수 있다고 생각합니다. 늘어난 재원을 교육에 더 투자할 수도 있습니다. '단계적'으로 할 필요가 있어요. 한국은 여전히 높은 성장률로 선진국을 뒤쫓고 있습니다.[5] 이 상황이 언제까지 계속될 순 없습니다. 어느 지점에서 '선진국 따라잡기'가 끝나겠죠. 그때 성장률은 지금보다 훨씬 더 낮아질 겁니다. 한국이 앞으로 성장률을 끌어올리고 번창한 국가가 되기 위한 최선의 방법은 세수를 늘려 교육 등에 투자하는 거라고 봐요.

이강국 교수님 말씀이 옳다고 봅니다. 사람들이 증세의 필요성을 이해 못한다고 할 게 아니라, 공평하게 과세하고 세금을 효율적으로 쓸 수 있다는 것을 보여주는 게 중요합니다.

화제를 중국으로 돌려보겠습니다. 중국은 매우 빠르게 성장하고 있습니다. 여전히 자본수익률보다 경제성장률이 높은 것 같습니다. 동시에 불

4 법인소득에 붙는 법인세와 근로소득 및 종합소득에 붙는 소득세 등을 다 포함시켜 말하는 것으로 보인다.
5 《21세기 자본》에는 '성장률이 높을 때 조세 누진성을 강화하기 좋다'고 말한다.

평등이 빠르게 증가하고 있어요. 교수님의 작업이 중국을 포함한 동아시아 국가들에 어떤 함의가 있는지 궁금합니다. 특히 한국은 이른바 '평등한 성장'을 해온 나라였습니다. 하지만 한국 등 동아시아 모델의 패러다임이 1997년 이후 깨진 것 같습니다. 중국의 모델은 또 다른 특징들이 있는데, 특히 중국의 현 상태와 미래를 어떻게 보는지 궁금합니다.

피케티_ 중국에서 불평등 이슈는 더욱 커질 겁니다. 현 시점에서 중국은 높은 성장률을 유지하는 게 중요합니다. 많은 중국인이 빈곤에서 벗어나고 있습니다. 중국이 이룬 성과는 실로 대단합니다.

동시에 소득과 부에 대한 투명성도 부족하고 불평등도 크게 증가하고 있습니다. 중국도 조만간 과세 체계의 누진성을 강화할 것으로 봐요. 소득과 부에 대한 투명성도 높이겠죠. 지금 중국이 대대적인 부패 척결에 집중하는 건 바람직합니다. 부패는 부를 획득하는, 불평등의 가장 나쁜 형태 가운데 하나입니다. 하지만 부패 척결만으로는 충분치 않습니다. 부패 척결 조치로 부와 자본의 축적을 규제하거나 다룰 순 없습니다.

중국이 러시아의 전철을 밟지 않으려면 불평등 문제를 신중하게 다뤄야 합니다. 러시아에선 소수 올리가르히[6]가 천연자원 등 거의 모든 부를 독차지하고 있어요. 러시아 정치인들은 그들이 정치를 하려고 하면 감옥에 보내지만, 그러지 않으면 좋은 관계를 유지합니다. 이는 불평등을 억제하는 좋은 방법이 아닙니다. 잘못된 방법입니다. 경제 발전에도 좋지 않을뿐더러 법에 토대를 두고 있지 않아서 예측 가능하지도 않습니다. 정치체제도 매우 불안정하잖아요.

---

6 러시아의 산업 및 금융 재벌을 의미한다. '과두정치'를 뜻하는 '올리가키Oligarch'의 러시아어이다.

중국은 국가자본public capital이 러시아보다 훨씬 크고, 지금까지 러시아와는 다른 발전 경로를 밟아왔어요. 국유 자산을 하나의 획일화된 방식으로 사유화하지 않았습니다. 이런 면에서 러시아는 극단적인 사례였습니다. 하지만 중국에서도 점점 더 많은 '올리가르히'가 출현하고 있어요. 이들 일부는 부패 스캔들을 일으키고, 또 일부는 재산을 몰수당한 채 투옥되고 있습니다. 이런 방식은 불평등 문제를 다루는 데 지속 가능하지 않습니다. 말씀드렸지만, 앞으로 중국에 재산에 대한 과세property tax가 도입되면 더욱 중요한 역할을 할 거라고 봐요. 부자들이 일으키는 문제를 억제하고 저소득층과 중산층의 불평등 간극을 줄여나갈 수 있을 겁니다.

중국은 특히 부동산 가격이 크게 올랐어요. 이 때문에 부모에게 재산을 물려받지 못한, 노동소득만 있는 사람들은 더 힘들어질 겁니다. 특히 시골에서 올라온 농민공들은 부동산 갖기가 더욱 어려울 겁니다. 반대편엔 대도시에서 대규모 부동산을 물려받는 소수의 상속자들이 있겠죠.

하나 더 말씀드리고 싶은 게 있습니다. 인구 증가율의 감소와 민주적인 힘이 불평등 동학에 매우 중요하다는 사실입니다. 중국과 한국에서 인구 증가율의 감소는 상속 재산이 앞으로 점점 더 중요해진다는 것을 암시합니다. 이 때문에 재산에 대한 과세는 상속할 때는 물론이고, 그 이전에도 무척 중요해집니다. 법에 기초한 부와 재산에 대한 현대적인 조세제도를 발전시키는 게 중국을 포함한 모든 아시아 국가에 앞으로 중요할 거라고 봅니다.

이강국＿ 교수님의 정책 대안인 글로벌 자본세는 비현실적이라는 비판도 많습니다. 하지만 최근 경제협력개발기구OECD의 가이드라인에도 나오듯 조세회피에 대한 국제적인 규제 노력이나, 국가 간 자본의 이동에 대한 정보

교환의 확대 움직임 등 국제사회에서도 변화가 느껴지고 있습니다. 교수님이 보기엔 어떤가요?

피케티 우리가 그런 방향으로 좀 더 나아갈 수 있다고 생각해요. 먼저 재산에 대한 과세나 조세체계의 누진성은 한국과 중국, 일본, 프랑스 등 한 국가 차원에서는 더 강화될 수 있습니다. 한국도 재산에 대한 과세 제도를 언제든지 변화시킬 수 있습니다. 아무것도 못 했다고 해서 국제 협력의 문제를 탓할 건 아닙니다. 한국은 부채가 많은 사람에게 가볍게, 그렇지 않고 자산을 많이 가진 사람에게 무거운 세금을 매길 수 있어요. 마음만 먹으면 한국 스스로 얼마든지 할 수 있는 개혁입니다. 부동산을 갖고 다른 나라로 도망갈 순 없지 않겠어요? 재산에 대한 과세는 하나의 국가 차원에서는 얼마든지 할 수 있는 문제입니다.

그런데 만약 엄청난 규모의 금융자산에 과세하려면 국제 협조가 필요한 게 사실입니다. 국제사회도 지금 이런 방향으로 가고 있습니다. 조세회피처tax heaven에 대한 주요 20개국G20의 어젠다나 경제협력개발기구의 새로운 가이드라인이 그런 예라 할 수 있죠. 국제적인 차원에서 은행 간 자동 정보 교환 등에 우호적인 내용을 담고 있어요.

협력에 동참하지 않는 나라나 조세회피처에 대한 명확한 제재를 포함한 국제 협력 틀을 구축하는 게 중요합니다. 세금 문제는 공손하게 요구한다고 될 일이 아닙니다. '혜택'에 비례해 '제재'를 가해야 합니다. 혜택을 크게 주되, 제재도 크게 해야 합니다. 때론 무역 제재도 필요합니다. 자본의 자유로운 이동을 추구하면서 국경을 넘는 재산에 대한 정보를 교환하기를 원치 않거나 협력하지 않는 나라는 자유로운 무역도 할 수 없어야 합니다. 물론 우리가 실제 이런 방향으로 나아간다면, 훨씬 더 현실적이면서도 실용적인 접근법을 채택해야겠지요.

다행히 조세회피처나 국제 협력 틀 구축에 비협력적인 나라들은 상대적으로 작은 나라라는 사실입니다. 이 말은, 필요할 경우 이들 나라에 대한 무역 제재와 같은 수단을 동원하기 쉽다는 뜻입니다. 저는 이 나라들이 국제사회에서 협력하지 않고 사는 길을 선택하지는 않을 거라고 봐요.

이강국_ 꼭 유토피아적인 것만은 아니라는 거군요.

피케티_ 그렇습니다. 시간이 걸리겠지만 언젠가 실현될 수 있다고 봐요.

이강국_ 끝으로 '불평등이 왜 문제'라고 보는지 짧게 언급해주시면 고맙겠습니다.

피케티_ 어느 지점부터 불평등이 나쁜지 알 수 있는 수학 공식은 없습니다. 용인될 수 없는 불평등의 수준이 어느 정도tipping point인지 정할 때는 적절한 민주적인 토론이 필요합니다. 그러기 위해서 우리는 불평등에 대한 보다 많은 정보에서, 그리고 역사적 경험으로부터 '감각'을 이끌어내야 합니다. 과거에서 어떤 수준의 불평등이 나쁜지 배울 수 있을 겁니다. 제가 책에서 말하려는 것은 우리가 21세기에도 19세기와 같은 높은 불평등을 유지할 필요는 없다는 겁니다. 예를 들어서, 누구도 제1차 세계대전 이전의 유럽 국가들같이 극단적으로 부가 집중된 사회로 돌아가기를 원치 않을 겁니다. 극단적인 불평등은 성장에도 좋지 않습니다. 이것이 과거로 돌아가기를 아무도 원치 않는 이유이기도 합니다. 우리는 역사적 교훈을 수용해야 합니다. 아울러 민주적인 숙고만이 우리를 올바른 곳으로 이끌어갈 것이라고 생각합니다.

PART 2

21세기 자본 깊이 읽기

피케티와 분배 정의

INTERVIEW

인터뷰이 **이정우**_경북대학교 경제통상학부 교수

이정우 경북대학교 교수를 따라다니는 대표적인 경력 하나가 청와대 정책실장이다. 참여정부가 출범했을 때 잠시 붙이고 다녔던 직책이지만 아직까지도 완전히 떨어지지 않는 꼬리표이다. 지난 대선 때는 문재인 후보 대선캠프의 경제민주화위원회 위원장이란 딱지가 하나 더 붙었다. 이런 경력을 중심에 놓고 봤다간 이정우 교수를 '오해'하기 십상이다. 그는 사실 정치와 어울리지 않는 '선비'이자 학자다. 그는 이데올로기적인 학자를 무척 싫어한다. 다만 그가 두 번에 걸쳐 정치권에 가까이 다가선 건 학문이 상아탑에만 머물러선 안 된다고 보기 때문이다. 자신의 연구와 가치, 사상을 정책으로 연결시켜 보다 나은 세상을 만들겠다는 신념이 없다면, 조용한 선비 같은 그가 여의도 근처에 갔을 리 만무하다.

그는 참여정부에서 부동산 부자에게 세금을 매기는 종합부동산세(종부세) 도입에 중요한 역할을 했다. 종부세는 소득이 아닌 금융과 부동 (순)자산에 세금을 매기자는 피케티의 자본세와 본질적으로 유사하다.

그가 《21세기 자본》의 한국어판 '해제'를 쓴 것도 우연이 아니다. 소득분배를 오랫동안 연구해온 최고의 원로 학자이기 때문이다. 그가 쓴 《불평등의 경제학》(후마니타스, 2003)은 소득분배를 둘러싼 경제 이론과 철학, 실태, 방법론, 논쟁을 다룬 '교과서'이다. 불평등을 주제로 한 국내 책 가운데 최고라 할 수 있다. 꼭 읽어볼 만한 가치가 있다.

오랜 연구와 고민에서 나오는 그의 말은 늘 간결하면서도 명료하다. 정의로운 분배가 무엇인지 궁금한 독자들은 그의 명쾌한 언어에서 적지 않은 통찰을 얻을 수 있다. 그는 불평등한 소득분배를 정당화하는 주류 경제학의 '부실한' 이론적 토대와 이를 둘러싼 역사적 논쟁을 소개해준다. 아울러 피케티의 한계도 꼬집는다. 이 교수는 피케티와 헨리 조지Henry George 그리고 마르크스의 유사성을 불로소득에 대한 분노에서 찾았다. 부동산을 통한 부의 집중과 거기서 파생되는 불로소득에 대한 문제의식의 끈을 놓지 않은 그는 사실 이들 셋과도 공통분모를 지녔다고 할 수 있다.

이 인터뷰는 8월 29일 대구 경북대학교에서 진행했다. 이후 이메일 등을 통해 부족한 내용을 보충했다.

류이근 교수님께서 강단에서 이런 말을 하셨다고 들었습니다. "이과생이 수학을 모르면 안 되듯 문과생이 역사를 모르면 안 된다."

이정우 (웃음) 네, 제가 만든 말입니다.

제2의 쿠즈네츠

류이근 토마 피케티도 비슷한 말을 하던데요. 교수님이나 피케티나 어떤 맥락에서 한 말인지요?

이정우 맞아요. 피케티도 저와 비슷한 말을 하죠. 자기 책이 "경제학자에게는 너무 역사적이고, 역사학자들에게는 너무 경제적"[1]으로 읽힐 수 있다고 얘기합니다. 《21세기 자본》은 경제학자가 쓴 책치고는 무척 역사적인 책입니다. 300년치 사료를 동원해 쓴 책이기 때문이지요. 이런 점에서 대단히 잘 쓴 책이기도 합니다. 책을 읽으면서 사이먼 쿠즈네츠의 책을 읽는 느낌을 받았습니다.

쿠즈네츠의 《근대경제성장론*Modern Economic Growth*》 축약판이 우리나라에도 번역됐습니다.[2] 원서는 더 두텁습니다. 젊은 시절 읽었는데 대단히 감명받았습니다. 그때까지 제가 봐왔던 경제학 책들과 너무 달랐죠. 사람들이 쿠즈네츠를 잘 모릅니다. (학자들조차) 그 책을 안 읽은 사람들이 많죠. 쿠즈네츠는 수학모델을 가지고 경제학 하는 사람들과 다릅니다. 저는 그에게 많이 배웠습니다. 그의 연구 방법론을 높이 평가합니다. 그 뒤로도 그런 책을 못 봤죠. 그러다가 반세기 만에 '제2의 쿠즈네츠'가 나타난 겁니다.

류이근 학문적 성과를 좀 더 구체적으로 짚어주시면 쿠즈네츠란 인물을

---

1 토마 피케티, 앞의 책, 27쪽.

2 쿠즈네츠의 《근대경제성장론》은 1966년 출판되었다. 한국어판은 1971년 《근대경제성장론》(을유문고 72, 조승환 옮김)으로 을유문화사에서 출간했다. 이후 1987년 《근대경제성장론》(노벨경제학상수상작선집 3, 박승 외 옮김)으로 한국경제신문사에서 다시 출간했다.

이해하는 데 도움이 될 것 같습니다.

이정우 쿠즈네츠는 하버드 대학교에서 경제학 교수였습니다. 실증적, 통계적 분석에 능했습니다. 제2차 세계대전 이전 각 나라들이 아직 국민소득 통계를 정비하지 못했던 때부터 쿠즈네츠는 온갖 자료를 끌어 모아 시계열 자료[3]를 만들었습니다. 또 국제 비교를 하면서 놀랄 만한 경향이나 법칙을 발견하곤 했습니다. 그의 분석 방법은 경제학자들 대부분이 즐겨하는 연역적, 추상적 방법과는 반대였습니다. 이런 점에서 쿠즈네츠는 피케티와 아주 비슷합니다.

경제성장과 소득불평등의 관계에서 쿠즈네츠는 유명한 '역U자 가설'을 주장했습니다. 그런데 이번에 피케티가 거꾸로 'U자 가설'을 내놨습니다. 얼핏 보면 반대로 보이지만 실제로 두 사람은 차이보다 공통점이 훨씬 많아 보입니다.

쿠즈네츠는 1971년 제3회 노벨 경제학상을 수상했습니다. 세계 각국의 경제성장 과정에서 일어나는 온갖 변동을 추적한 《근대경제성장론》을 펴낸 공로였죠. 저는 피케티의 책을 읽으면서 마치 쿠즈네츠가 살아 돌아온 것 같은 느낌을 받았습니다. 그런데 피케티는 쿠즈네츠를 필요 이상으로 공격합니다. 그 점은 잘못됐다고 봅니다.

류이근 저에게 쿠즈네츠는 고등학교 때 경기변동론을 배우면서 알게 된 인물 정도입니다.

이정우 《근대경제성장론》 책이 지금은 절판이 됐어요. 문고판으로 나왔었

3 시간 흐름에 따라 일정한 간격을 두고 대상을 관찰하여 기록한 자료를 말한다.

죠. 그 책 한번 읽어보세요, 재밌습니다.

피케티의 두 가지 업적

류이근 피케티의 책을 좋은 책이라고 평가까지 해주셨습니다. 어떤 의미에서 좋습니까? 역사적 사료를 장기 시계열적인 분석을 통해서 불평등 동학을 밝혀내려고 했던 것에 의미가 크다고 보세요?

이정우 그겁니다. 긴 역사적 통계를 분석해서 자본주의의 장기적인 법칙을 발견해냈고, 미래까지 예측합니다. 그 미래는 대단히 위험하고 우울합니다. 그걸 막으려면 어떻게 할 것인지, 정책까지 제시했습니다. 대단히 큰 업적입니다.

류이근 교수님도 《불평등의 경제학》에서 주류 경제학이 불평등이나 분배 문제를 사실상 소홀히 취급하고 있다고 말씀하셨습니다. 피케티의 책을 관통하는 열쇳말이 불평등 문제입니다. 피케티가 분배 문제를 다시 무대 위에 세웠다는 것에 큰 의미를 두시나요?

이정우 그렇습니다. 그건 피케티 책의 두 번째 큰 의미라 할 수 있습니다. 창고 속에 먼지를 덮어쓰고 잠자고 있는 장기 역사적 통계를 끄집어내 생명을 불어넣었습니다. 대단한 의미입니다. 수학모델 가지고 장난쳐 나온 결론과는 차원이 다릅니다. 어느 것이 옳으냐고요? 물론 피케티 접근이 옳다고 봅니다. 《21세기 자본》은 수학모델로 장난치는 대부분의 경제학자에 대한 준엄한 경고라고 봅니다.

하나 더 말씀드리면, 불평등을 무시하거나 외면하고 연구 주제로 생각하지 않는 경제학계 풍토에 경종을 울리고 있는 겁니다. 데이비드 리카도David Ricardo 등 200여 년 전 고전파 경제학자들에게는 분배 문제가 제일 중요했습니다. 그때는 분배를 연구하는 게 곧 경제학이라고 했을 정도입니다. 이게 리카도 시대 경제학이었죠. 피케티는 다시 그때로 되돌아간 셈입니다. 이런 면에서 그는 이중으로 현실 경제학계에 준엄한 비판을 하고 있다고 봅니다.

류이근_ 200여 년 전 자본주의 태동 초기 극심했던 불평등 문제가 제1차 세계대전 이후 경제가 빠르게 성장하면서 많이 나아졌지 않나요? 경제학계가 불평등 문제를 크게 다루지 않은 배경엔 이처럼 불평등이 많이 완화됐다고 보았기 때문이 아닐까요?

이정우_ 그렇죠. 그런 면도 있을 수 있습니다. 불평등이 점점 개선되어 꽤 낮은 상태였습니다. 1980년대까지는 그랬습니다. 그래서 그 말이 맞을 수 있습니다. 하지만 이후 30년 동안은 맞지 않습니다. 1980년대 이후 불평등이 빠르게 증가했습니다. 거의 모든 나라에서 그랬습니다. 불평등이 대단히 심각한데도 불구하고 주류 경제학자들은 이를 외면해왔습니다. 그런데 조지프 스티글리츠Joseph Stiglitz의 책 《불평등의 대가*The Price of Inequality*》나 로버트 라이시Robert Reich의 책 《위기는 왜 반복되는가*After Shock*》나, 마이클 샌델Michael Sandel의 책 《정의란 무엇인가*Justice: what's the right thing to do*》 등 요즘 나온 불평등을 다루는 책들 가운데 베스트셀러가 된 것이 많습니다. 최근 자본주의에 불평등 문제가 심각해졌다는 증거가 될 수 있죠.

류이근_ 더군다나 한국에서 더욱 그렇다는 얘기겠죠.

이정우 한국은 어떤 면에서 이 문제에 더 예민하게 반응하는 나라입니다. 미국은 의외로 둔감합니다. 미국은 대단히 불평등한 나라인데도 여론조사를 해보면 불평등 문제에 굉장히 둔감한 걸로 나타나요. 그러나 우리 국민은 이 문제에 무척 예민하게 반응합니다. 마이클 샌델의 책이 베스트셀러가 되었듯이 피케티의 책도 한국어판이 나오면 폭발적인 반응이 나타나지 않을까 생각합니다.[4](웃음)

경제성장과 불평등 문제

류이근 아직까지도 일반인뿐만 아니라 전문가조차 불평등 문제를 이야기할 때 주로 성장을 통한 해결을 말하고 있습니다. 이런 생각이 지난 수십 년 동안 학계를 지배해온 이데올로기로 자리 잡은 것 같습니다. 경제성장과 불평등 관계에서, 성장하면 불평등 문제는 자연스럽게 해결되나요?

이정우 주류 경제학자는 그렇게 생각하겠죠. 그러나 그런 생각도 최근에 오면서 지배적 위치가 흔들리고 있습니다.

성장과 불평등 관계에 대한 최근의 이론적, 실증적 연구가 많이 나오는데, 대부분 불평등할수록 성장에 마이너스 효과가 있다는 겁니다. 물론 성장을 싫어하는 사람은 없습니다. 누구나 좋아합니다. 하지만 성장을 잘하기 위해서라도 너무 지나친 불평등은 해롭습니다. 그렇기 때문에 불평등 문제에 좀 더 관심을 가져야 한다는 겁니다.

피케티의 책을 보면 독특한 점이 하나 있습니다. 불평등을 해결하는 데

---

4 이 인터뷰는 《21세기 자본》 한국어판이 출간되기 전에 진행되었다.

성장이 필요하다는 것을 상당히 강조합니다. 자본수익률과 경제성장률의 상관관계에서, 성장률이 높아지면 문제가 상당 부분 해소됩니다. 이런 결론은 주류 경제학자들이 환영할 만하죠. "봐라, 성장하면 불평등이 해소된다고 하지 않냐"고 아전인수식으로 해석하려 들 수도 있습니다.

류이근 피케티가 그 부분을 지적했지만, 한때 '성장이 모든 것을 띄운다'는 낙수효과trickle-down effect[5]론을 비판하지 않습니까. 교수님도 《불평등의 경제학》에서 성장 만능론자들의 '선성장 후분배'를 비판하셨고요. 피케티는 성장이 분명 불평등 해소에 도움이 된다고도 했지만, 성장 지상주의에 가려진 불평등 문제를 동시에 얘기하고 있다고 봐야 하지 않을까요?

이정우 피케티는 성장 지상주의자나 보수적 주류 경제학자와는 다르죠. 피케티가 보건대 자본수익률과 경제성장률 관계가 워낙 중요하니까, 성장이 잘되는 것이 불평등 해소에 도움이 된다는 얘기를 하는 겁니다. 피케티에게 불평등을 해소하는 정책을 어떻게 생각하냐고 물어보면 아마 적극 찬성한다고 할 겁니다. 틀림없이 그렇게 답변할 겁니다.

류이근 피케티와 함께 작업했던 이매뉴얼 사에즈 같은 경제학자들이 그런 주장을 뒷받침하는 경험적 연구도 내놓고 있죠.

이정우 요사이 그런 연구가 많이 나와요. 불평등을 줄이면 성장에 도움이 된다는 연구가요. 거기에 대해서 주류 경제학자들은 할 말이 없을 겁니다.

---

5 피라미드 모양으로 쌓은 컵에 물을 부으면, 맨 위의 컵에 물이 다 찬 뒤에야 아래쪽 컵에도 물이 찬다. 즉 대기업과 고소득층의 소득이 늘면, 투자가 활발히 이루어져 경기가 부양되고, 곧 저소득층에게도 혜택이 돌아간다는 논리이다. 분배보다는 성장을, 형평성보다는 효율성을 우선한다.

류이근 불평등이 심해지면 성장에 도움이 안 된다는 주장과 성장을 통해서 불평등을 줄일 수 있다는 주장이 평행선을 그릴 수 있지 않을까요? 이를 테면 성장에 초점을 맞추고 계속해서 성장을 중시해야 한다고 끊임없이 얘기하는 것이죠.

이정우 그럴 수 있죠. 주류 경제학자들은 그렇게 생각할 수 있죠. 저는 성장과 분배, 둘 다 중요하다고 봅니다. 상호 촉진적이라고 봅니다. 그게 정답이라고 생각합니다. 과거에 주류 경제학자들이 분배를 무시하고 성장만 강조했던 접근이 틀렸다는 얘기입니다. 분배만 강조해서도 안 됩니다. 성장만 강조해서도 안 되는 것처럼요. 성장과 분배, 둘 사이 '앤드and'가 매우 중요합니다.

한계생산력설

류이근 과거 주류 경제학자들이 왜 그렇게 성장을 중시했다고 보세요? 성장을 중시했던 근거가 뭐였죠? 피케티가 한계생산성이론을 일정 부분 수용하면서도 집요할 정도로 비판하고 있습니다. 《21세기 자본》을 읽는 독자에게 이 부분이 상당히 인상적으로 다가오는데, 그는 이런 것들을 주류 경제학의 강력한 이론적 토대로 보는 것 같습니다. 그는 주류 경제학이 이런 이론을 토대로 불평등 문제를 정당화하려 한다고 말하는 것 같습니다. 그래서 노동을 한 단위 더 투입해 생산에 기여한 만큼 소득을 얻는다는 식으로 보는 한계생산성이론을 비판하고 있다고 봐야겠죠?

이정우 저는 피케티가 그 부분에 대해선 조금 미진하게 썼다고 봅니다. 한계생산력설은 19세기 후반부터 주류 경제학의 대표적 분배 이론입니다. 그걸 확립한 사람은 존 베이츠 클라크John Bates Clark입니다. 미국 경제학회가 2년마다 한 번씩 그를 기념해 40세 미만 미국 경제학자에게 존 베이츠 클라크 메달을 주는데요. 얼마 전엔 사에즈가 받았습니다. 그런데 클라크는 대단히 보수적인 학자입니다. 한계생산력설은 당시 노동운동이나 마르크스주의로부터 자본주의를 지키기 위해서 고심 끝에 만든 이론입니다. 클라크가 독자적으로 만든 게 아닙니다. 그가 이전부터 내려온 것을 종합해서 집대성했죠. 이게 이후 100여 년 동안 주류 경제학의 대표적 분배 이론이 됐습니다. 경제학원론 교과서에도 다 실렸죠.

그런데 비판 이론이 많습니다. 한계생산력설에 맞선 대표적 비판이 '동어반복'을 한다거나, '순환론법'에 빠졌다는 겁니다. 이미 조앤 로빈슨Joan Robinson 영국 케임브리지 대학 교수가 1970년대에 제기한 겁니다. 존 케네스 갤브레이스John Kenneth Galbraith가 미국 경제학회 회장을 맡았던 1971년 로빈슨을 초청했습니다. 로빈슨은 기념 강연을 하면서 한계생산력설을 순환론법이라고 비판합니다. '케임브리지 자본 논쟁'에도 등장하는 내용입니다.

류이근 순환론법이라니요?

이정우 자본 K의 한계생산력이 얼마인지 모릅니다. 이를 알려면 자본의 가치를 알아야 합니다. 자본의 가치를 알려면 이자 r을 알아야 합니다. 자본의 한계생산성이 유도돼 나오는 게 이자이니까요. 이자를 가지고 매년 나오는 (자본의) 순수익을 할인해주면, 이것을 자본화된 가치라고 부릅니다. 그러면 K를 알 수 있습니다. 즉, K를 알아야 r을 알 수 있고, r을 알아야 K를 알 수 있습니다. 이게 동어반복이자 순환론법이라는 겁이다. 이는 1950, 60년대 케임브리지 자본 논쟁에서도 나옵니다. 당시 로빈슨이 영국

쪽 핵심 주장자였습니다. 그래서 그녀가 한계생산력설의 문제를 잘 아는 겁니다. 로빈슨이 1971년 미국 경제학자들을 앞에 놓고 아주 세게 공격한 겁니다. 피케티가 책에 이 얘기를 충분히 써놓지 않았어요.

류이근 피케티가 살짝 케임브리지 자본 논쟁을 언급은 하던데요?

이정우 꽤 길게 언급합니다. 그런데 갤브레이스는 한계생산력설이 틀렸다고 분명히 지적합니다. 미국 케임브리지에 있는 매사추세츠 공과대학MIT이 영국의 케임브리지 대학에 졌다는 겁니다. 로빈슨한테 졌다는 거죠. 사실 폴 새뮤얼슨Paul Samuelson이 1965년 오류를 인정했습니다. 이런 내용을 피케티가 제대로 안 썼어요. 왜 그랬을까 저도 생각해봤습니다. 아마 피케티가 3년 동안 미국 MIT 조교수로 있었기 때문이지 않을까 싶어요. 새뮤얼슨이나 로버트 솔로Robert Solow를 다 잘 알고 친하다 보니 우호적으로 쓴 게 아닌가, 다소 객관성을 잃은 게 아닌가 싶습니다.

순환론법은 한계생산력설의 유명한 약점입니다. 철학자 버트런드 러셀Bertrand Russell도 옛날에 그런 얘기를 한 적이 있습니다. 철도 전철수shunter 얘기입니다. 이 사람은 기차가 들어올 때 여러 철로 가운데 기차가 어디로 갈지 정하는 쇠막대기를 당기는 일을 합니다. 역무원 직종 가운데 하나죠. 하루에 몇 번씩 쇠막대기를 당깁니다. 어떻게 당기냐에 따라 기차가 이 선로로 혹은 저 선로로 달릴 수 있습니다. 이 전철수의 한계생산성은 어떻게 보면 0입니다. 그러나 한 번 잘못하면 기차가 충돌 사고를 일으켜 화물 가치가 0이 될 수 있기 때문에 어찌 보면 화물 가치 총액 100이라고도 볼 수 있습니다. 0에서부터 100까지 왔다 갔다 할 수 있기 때문에 전철수의 한계생산성이 얼마냐고 러셀이 질문합니다. 전통파 경제학자가 답을 못합니다. 0일 수도 100일 수도 50일 수도 있죠. 누가 알겠어요? 그래서 러셀은 이건 엉터리라고 말하지요. 피케티는 책에서 이런 부분을 약하게 다뤘습니다.

류이근 '슈퍼경영자'의 연봉을 얘기하면서 한계생산성을 강하게 비판하지 않나요?

이정우 물론 피케티가 슈퍼경영자 이야기를 하면서 몇 가지 비판하긴 하는데, 역사적 한계생산력설 비판을 좀 누락했다고 봅니다.

피케티의 자본과 불평등 문제

류이근 제 상식으로 기존에는 불평등을 주로 성장과의 관계에 대비시켜 얘기해온 것으로 아는데요, 피케티는 자본과 불평등의 관계에 집중합니다. 성장과 불평등의 문제를 자본과 불평등의 문제로 논의를 옮겨온 건 아닌가요?

이정우 이 사람의 핵심 개념이 자본입니다. 두 번째 핵심 개념은 불평등일 겁니다. 자본으로 인한 불평등을 말하는 거죠. 자본의 집중과 거기서 발생하는 불로소득, 이것이 가져오는 불평등이 피케티 책의 키워드입니다. 이런 면에서 저는 《21세기 자본》을 읽기 전 카를 마르크스의 《자본론Das Kapital》을 떠올렸어요. 우리나라 말로 옮길 때 책 제목을 21세기 '자본론'으로 해야 하는 게 아닐까 생각했는데, 읽다 보니 그러면 안 되겠다는 생각이 들더라고요.

류이근 '론'자를 붙이지 않는 게 맞다고 보는 이유는 뭔가요?

이정우 (마르크스가 《자본론》에서 쓴) 자본의 개념과 너무 달라요. 분석 방법도 다릅니다. 피케티의 자본은 '총체적인 자본'입니다. 마르크스는 '생산자본'을 얘기합니다. 차이가 너무 큽니다. 자본으로 인한 불평등, 거기서 발생하는 불로소득에 대한 분노가 피케티 책의 핵심이라고 보는데요. 이런 점에선 분명 자본에서 발생하는 불로소득에 분노한 마르크스를 연상시키기도 하고 헨리 조지도 연상시킵니다. 헨리 조지의 핵심이 불로소득에 대한 분노입니다. 마르크스도 불로소득에 분노했습니다. 세 명의 공통분모는 불로소득에 대한 분노입니다. 다만 셋의 불로소득 개념이 다 달라요. 마르크스는 그걸 '잉여가치'라고 봤습니다. '노동자 대 착취계급의 구조'로 봤죠. 헨리 조지는 '토지를 소유한 지주라는 기생계급 대 다른 생산적 계급'이라고 봤습니다.

피케티에게 토지 소유자는 자본 소유자 가운데 일부입니다. 마르크스는 생산자본, 헨리 조지는 토지, 그리고 피케티는 광의의 자본입니다. 제일 넓은 것은 피케티입니다.

류이근 교수님께서 피케티 책의 핵심을 불로소득에 대한 분노라고 명확히 제시해주셨네요. 그런데 피케티가 "불평등의 크기 자체라기보다는 불평등을 정당화할 수 있는가"[6]가 핵심 문제라고 했잖아요. 이 지점이 분배 정의로 이어진다고 할 수 있을 텐데, 솔직히 저는 책에서 피케티가 무엇에 '분노'한 건지 잘 모르겠습니다.

이정우 불로소득에 대한 분노죠.

6 토마 피케티, 앞의 책, 317~318쪽.

류이근 그 부분이 너무 무미건조하게 소개된 건 아닌가 싶습니다만.

이정우 책을 통틀어서 본문은 정말 무미건조합니다. 피케티의 철학이 책에 등장하는 부분은 첫 페이지와 끝 페이지입니다. 첫 페이지에 프랑스혁명의 인권선언(인간과 시민의 권리에 관한 선언)이 나옵니다. 그게 제일 마지막 결론에 또 나옵니다. 피케티는 1789년 프랑스혁명 인권선언 제1조를 인용합니다. "사회적 차별은 오직 공익에 바탕을 둘 때만 가능하다"[7]고 돼 있죠. 공익이 아니고서는 사회적 차별을 인정하지 못한다는 겁니다. 뒤집어 말하면 공익을 해치지 않는 경우에 한해 차별이나 불평등이 용인될 수 있다는 얘기죠.

하버드 대학교 철학과 교수를 지낸 존 롤스의 '차등의 원리'와 아주 닮아 있어요. 롤스는 1971년에 쓴 《정의론*A Theory of Justice*》이란 책으로 세계적으로 유명해진 학자입니다. 학계에서 '20세기 최고의 철학자', '칸트의 후계자' 등으로 높이 평가받았습니다. 요사이 피케티를 모르면 창피하듯이 1970년대에는 존 롤스를 모르면 인문, 사회과학계에서 낯을 들기 어려웠습니다.

롤스의 《정의론》은 간단한 두 원칙으로 이루어져 있어요. 그 가운데 두 번째인 차등의 원칙이 특이하고 독창적입니다. 즉, 한 사회에서 차등은 그 사회의 '가장 열등한 위치에 있는 사람the most disadvantaged'에게 이익이 될 때에만 용인될 수 있다는 원칙입니다. 한 사회의 가장 불우한 위치에 있는 사람의 처지를 개선하는 것이 정의의 기본 원칙이므로 이를 가리켜 '최소치 최대화'의 원칙이라고 부르기도 합니다. 이런 점에서 롤스의 원칙은 대단히 평등 지향적입니다.

---

7 토마 피케티, 앞의 책, 7쪽.

저는 피케티의 책을 읽으면서, 롤스가 《정의론》의 아이디어를 프랑스대혁명의 인권선언에서 얻은 게 아닐까 하는 생각이 들었습니다.

류이근_ 피케티는 민주주의나 능력주의meritocracy가 자본의 끊임없는 증식을 제어할 수단처럼 말하잖아요. 물론 아주 직접적인 제어 수단으로 자본에 대한 과세를 제시합니다만. 나라마다 사회적 합의에 따라 다 다를 수 있지만, 도대체 어느 수준의 불평등을 정당화할 수 있을까요?

이정우_ 피케티는 존 롤스나 마이클 샌델과 다릅니다. 이들은 순전히 철학적으로 접근합니다. 그래서 '어디까지 불평등을 용인할 것이냐'고 묻죠. 반면 피케티는 철학자가 아닙니다. 인권선언이나 독립선언, 존 롤스를 인용하되 더 깊이 들어가지는 않는 거죠. 슬쩍 언급하고 맙니다. 자신도 그런 생각에 동조하는 듯이 얘기하면서 지나가는 거죠. 마치 "나는 경제학자라 철학은 어려워서 잘 모르겠다. 대신 나는 숫자로 얘기하겠다. 그런데 봐라. 숫자가 이렇게 심각하다. 자본/소득 비율 β가 7이 될 수도 있다. 자본이 전체 소득에서 차지하는 비중 α가 점점 더 커지지 않겠냐. 이건 누가 봐도 심각하지 않냐"고 말하는 거죠. 철학자는 논리로 말하고 경제학자는 숫자로 말한다는 차이가 있습니다.

류이근_ 피케티는 수학에 빠진 경제학에 대해서 비판하지 않습니까?

이정우_ 제가 말한 것은 '숫자'입니다. '수학'이 아닙니다. 피케티는 추상적인 수학모델을 너무 과신하지 말라는 거죠. 거기에 사활을 걸고 있으니 잘못됐다는 겁니다. 하지만 숫자는 중요합니다. 앞서 쿠즈네츠를 얘기한 것도 그런 맥락입니다.

불평등, 그리고 능력주의 혹은 실력주의

류이근_ 우리가 불평등하다고 말할 때 불평등은, 소득을 분배하면서 누구는 많이 갖고 누구는 적게 갖는 상태를 넘어서는 뜻으로 쓰이는 것 같습니다. 불평등이란 말은 이미 바람직하지 않다거나 공정하지 못하다는 가치를 담고 있는 말처럼 들립니다.

이정우_ '불평등'과 '불공평'은 좀 다른 의미입니다. 전자는 객관적 사실을 말하고, 후자는 주관적 가치판단이 들어 있습니다. 피케티는 전자를 이야기하고 있습니다. 후자를 이야기하려면 가치판단을 해야 하는데, 사람마다 달라 설득하기가 쉽지 않죠. 피케티는 상위 집단의 소득 몫, 또는 자본에 돌아가는 소득 몫이 너무 커지는 것은 명백히 '불평등'하고, 암묵적으로 '불공평'하다고 가정하는 것으로 보입니다. 여기에 엄밀한 과학적 기준은 없습니다. 하지만 이런 접근은 충분히 상식에 맞는 가치판단이라고 생각합니다.

류이근_ 피케티가 불평등을 정당화시킬 수 있는 하나의 척도로 능력주의를 제시했다고 봅니다. 피케티는 '능력주의에 따라서 소득이 분배되고 있지 않다'는 문제점을 지적하면서 상속주의를 비판합니다.

하지만 또 다른 한편에선 능력이란 말은 현대인(특히 부자)들에게 지금 자기가 누리는 것을 정당화하는 표현으로 비칠 때가 많은 것 같습니다. 국민경제 차원에서 창출된 부가가치가 능력에 따라 소득으로 흘러간다는 거 아닙니까? 사실 능력주의란 단어가 일반인이나 주류 경제학자에겐 한계생산성이론에 따라 요소를 투입해 생산한 만큼 가져가는 것을 정당화하는 논리로 쓰이지 않나 싶은데요?

이정우 '메리토크라시'라는 말이 이 책에선 상속주의나 세습주의의 반대말로 쓰이고 있습니다. 피케티는 세습자본주의는 안 된다고 보고 있습니다. 능력주의로 가는 것은 좋다고 생각합니다. 불평등 요인 가운데 가장 강력하고 도전받지 않는 것은 능력주의입니다. '메리트merit'로 차별이 발생하는 것은 거의 시비를 걸 수 없겠죠. '메리토크라시'를 어떻게 번역하면 좋을지 고민했는데 저도 답을 얻지 못했죠. 그러다가 이번에 좋은 말을 찾아냈는데, '실력주의'라고 번역하면 적절할 것 같습니다. 능력주의론 뭔가 조금 부족합니다. 메리트는 능력을 포함해 자기 노력, 실력이 다 종합된 겁니다. 능력은 좀 '선천적'이라는 뉘앙스가 있는데, '후천적'이라는 뉘앙스를 담기엔 실력이 좀 나은 말 같습니다. 실력에 따라 소득에 차별이 생겼다면 이의를 제기하기 어려울 겁니다.

문제는 실력주의가 현대 자본주의에서 자꾸 위협받는 거죠. 피케티는 세습의 힘이 자꾸 커진다고 보고 있습니다. 실력주의를 지켜낼 수 있는 게 교육인데, 교육마저 부모의 경제적 배경이 점점 중요해지고 있다고 얘기합니다. 피케티는 미국 하버드 대학생 부모의 연평균 소득이 45만 달러(약 4억 6,500만 원)라는 사례를 보여줍니다. 한국에서도 소위 일류대 입학생 가족의 경제적 배경이 점점 더 부자로 옮겨가고 있습니다. 실력주의 자체도 위협받고 흔들리고 있습니다.

류이근 '인적자본human capital' 아니, 교수님은 '인간자본'이라고 표현하시잖아요. 우리나라에서도 인적자본조차 세습되고 있는 현실 탓에 사람들의 관심과 우려가 조금씩 커지고 있습니다.

이정우 인적자본이 그나마 덜 세습되는 거라 할 수 있죠. 그런데 점점 갈수록 일류 대학을 부자들이 차지합니다. 실력주의에 반한다고 볼 수 있습니다.

불평등의 원인

류이근 피케티가 불평등 정당화 여부를 프랑스 인권선언에 뿌리를 두고 있다고 얘기하셨는데, 궁극적으로 아리스토텔레스Aristotle의 정의론과도 닿아 있다고 보시나요?

이정우 아리스토텔레스가 비례적 정의론을 얘기했죠. 피케티가 한 가장 먼 이야기가 프랑스 인권선언입니다. 사실 그는 책에서 철학적 배경은 많이 얘기하지 않고 수량적으로 접근했습니다.

류이근 과거에 주로 불평등 원인이 노동소득에서 비롯됐다고 봐왔지 않습니까. 그런데 피키티는 불평등이 심화하는 구조에서 자본이 차지하는 역할과 그 중요성을 강조하고 있는데요.

이정우 그게 놀라운 점이자 피케티가 기여한 점이라고 할 수 있습니다. 과거에는 불평등에 대해 설명할 때에도 노동소득으로 인한 것이 전체 불평등의 대략 80퍼센트에 이른다고 얘기해왔습니다. 이게 통설이었죠. 노동소득이 전체 국민소득의 80퍼센트 정도 되거든요. 그런데 피케티는 '자본소득'이 앞으로는 점점 더 중요해질 거라고 얘기합니다. 통념을 뒤엎은 거라고 봐야죠.

류이근 우리 사회도 자본 소유나 그 자본에서 나오는 소득으로 불평등이 점점 심해지고 있다고 할 수 있겠죠. 하지만 우리나라의 경우엔 비정규직 문제가 심각하다고 하는 분들이 많습니다. 피케티는 노동시장 구조나 노동조합 문제를 다루긴 하는데 크게 비중을 두지는 않습니다. 교수님께서는 한국의 불평등 문제를 다루면서 이 부분을 비중 있게 다뤄오셨습니다. 이런 차이는 피케티가 비정규직 등 노동시장 구조의 문제가 상대적으로 덜한 나라에 살고 있기 때문이 아닐까요? 그래서 우리와 문제의 우선순위를 보는 관점이 다른 것 같습니다. 어쨌든 피케티는 이런 부분을 소홀히 취급하는 것 같습니다.

이정우 그렇습니다. 그 부분은 피케티의 전공이 아닌 것 같습니다. 노동 쪽 언급이 아주 적어요. 노동소득 불평등 얘기는 슈퍼경영자를 언급하는 정도입니다. 슈퍼경영자를 다루지 파트타이머(시간제 일자리)나 '하루살이 인생'에 대해서는 언급이 너무 없어요. 비정규직 언급도 거의 없어요. 노동시장 유연화는 거의 다루지 않죠. 자본에 관심이 있다 보니 아무래도 노동을 소홀히 하는 것 같습니다.

또 《21세기 자본》이 아쉬운 점은 800쪽에 이를 만큼 너무 두껍습니다. 반으로 줄였으면 나았을 겁니다. 통계나 그림도 대폭 줄이고요. 너무 지루해요. 대신에 노동의 불평등 같은 부분을 보충하면 좋겠습니다.

류이근 아무래도 프랑스라는 나라가 상대적으로 노동시장의 구조와 관련된 문제의 심각성이 덜해서 그렇지 않나 싶습니다.

이정우 피케티가 한국에 방문한다고 하니 한번 질문해보세요. "당신 책엔 노동 문제가 거의 없는데, 프랑스에서 비정규직 문제가 그리 심각하지 않기 때문이냐"고요.

자본/소득 비율과 두 개의 곡선

류이근 교수님, 불평등이 어느 수준으로 넘어가면 심각하다고 봐야 하죠? 자본/소득 비율이 7을 넘어가거나, 전체 소득에서 자본소득이 차지하는 비중이 30퍼센트를 넘어가면 위험한가요? 불평등이 왜 문제죠? 피케티가 공익을 훼손하지 않는 선에서 불평등이 용인될 수 있다는 식으로 얘기하는데, "왜 불평등이 문제냐"고 묻는 보통 사람들을 납득시키기엔 설명이 부족한 것 같습니다.

이정우 철학적인 논의는 존 롤스나 마이클 샌델이 얘기합니다. 다만 피케티의 책에 파레토 계수가 나옵니다. 빌프레도 파레토Vilfredo Pareto는 계수를 측정하는 걸로 끝났는데, 후계자 한 명이 계수가 얼마를 넘어서면 위험하다고 얘기한 적이 있습니다. 그 예언은 나중에 틀린 걸로 드러났습니다.

미국의 경우를 보면 위험 수위가 있는 게 아닌가 싶습니다. 1930년대 대공황 닥쳤을 때 미국의 불평등 정도를 보면, 최상위 부자 10퍼센트가 전체 소득의 약 50퍼센트를 가져갔습니다. 제2차 세계대전 뒤 미국의 '자본주의 황금기'나 프랑스의 '영광의 30년Trente Glorieuses'때 그 비율이 33퍼센트로 떨어졌습니다. 최고 부자의 몫이 3분의 1 수준으로 줄어든 거죠. 전후 30년은 굉장히 성과가 좋았습니다. 최고였습니다. 자본주의 300년 역사에서 최고의 30년이었습니다. 최고의 성장, 완전고용, 가장 양호한 소득분포를 보였습니다. 그때 소득분포를 보면, 최상위 10퍼센트가 전체 소득의 3분의 1을 가져갔습니다.

그러나 2008년 조지 부시 미국 대통령 때 세계금융위기가 왔죠. 상위 10퍼센트의 소득 비율이 다시 50퍼센트로 올라갔을 때 위기가 또 터진 겁니다. 우연치고는 아주 기묘한 우연이죠.

상위 10퍼센트의 소득 비율이 50퍼센트로 올라갔을 때는 위험하고, 33퍼센트 수준일 때 제일 양호하다고 볼 수 있습니다. 상위 10퍼센트가 전체 소득에서 가져가는 몫이 2분의 1에 이르면 위험한 정도가 아니라 대공황을 일으키고, 3분의 1일 때 황금시대를 연다고 할 수 있겠네요.

류이근 피케티도 불평등이 위기의 한 원인이라고 서술하고 있습니다.

이정우 이매뉴얼 사에즈도 그렇게 보고 있죠.

류이근 존 갤브레이스나 로버트 라이시도 그런 얘기를 했지 않나요?

이정우 네. 다만 갤브레이스가 그런 얘기를 할 때는 자료가 부족했습니다. 그러나 지금은 자료가 상당히 축적됐습니다. 훨씬 더 설득력이 높아졌죠. 갤브레이스는 대학자였습니다. 그의 책 《불확실성의 시대*The Age of Uncertainty*》도 많이 팔렸고요. 라이시도 굉장히 실용적이면서 통찰력 있는 학자입니다. 그의 책을 많이 읽었는데, 굉장히 훌륭한 학자입니다.

류이근 교수님께서는 피케티가 쿠즈네츠를 너무 비판한 거 아니냐고 하셨잖아요?

이정우 네. 너무 심하게 비판한 거 아닌가 싶습니다.

류이근 소득불평등 추이가 쿠즈네츠가 말한 역U자가 아니라, U자형이라고 피케티가 뒤집었습니다. 그런 결론을 도출한 피케티로서는 쿠즈네츠 입장에 충분히 비판적일 수밖에 없을 텐데요.

이정우 비판하긴 하는데 좀 과도하다는 느낌을 받았습니다. 심지어는 쿠즈네츠의 연구 결과를 이데올로기로까지 해석하잖아요. 저는 쿠즈네츠를 읽으면서 중립적이고 학자적이고 철저히 숫자로 말한다는 느낌을 받았습니다. 경제학자 가운데 이데올로기적인 사람이 있습니다. 미국의 월트 로스토Walt Rostow 같은 사람이 그렇습니다. 그런데 쿠즈네츠는 책을 읽어보면 전혀 그런 사람이 아닌 걸 알 수 있습니다. 그런데도 그렇게 공격하는 것은 심합니다. 그때까지 통계가 그랬지 쿠즈네츠가 틀린 게 아닙니다. (쿠즈네츠 연구 당시 역U자였다가) 그 뒤 다시 U자가 됐습니다. 그렇게 때문에 쿠즈네츠가 틀렸다고 해선 안 됩니다. 쿠즈네츠는 그 당시 그렇게 봤지만 뒤에 달라

미국 국민소득 중 상위 10퍼센트의 몫은 1910년대와 1920년대에 40~50퍼센트에서 1950년대에 35퍼센트 미만으로 줄었다(이는 쿠즈네츠가 기록한 것이다). 그 후 1970년대에 35퍼센트 미만에서 2000년대와 2010년대에 45~50퍼센트로 늘어났다.

출처 및 통계: piketty.pse.ens.fr/capital21c

졌다고 얘기해야죠. 왜곡된 결론을 도출한 것으로까지 해석하는데 그건 공정하다고 볼 수 없습니다.

류이근 로스토가 이데올로기적인 학자라고 말씀하셨는데 어떤 점 때문에 그렇게 평가하시는지 궁금합니다.

이정우 로스토는 매사추세츠 공과대학 경제학과 교수로 있으면서 1960년에 유명한 책을 썼습니다. 제목이 《경제성장 단계론*The Stages of Economic Growth*》입니다. 마르크스처럼 역사 발전을 5단계로 나누었죠. 그 내용은 마르크스와 아주 다른데, 그 가운데 2단계인 '이륙 준비 단계'와 3단계인 '이륙 단계'가 가장 핵심입니다. 누구는 로스토가 비행기 여행을 자주 했는데, 공항에서 비행기가 이륙하는 광경을 보고 그 아이디어를 얻었을 것이라고 추측합니다. 그 책의 부제가 '비공산당 선언A non-communist manifesto'이었습니다. 마르크스, 엥겔스의 《공산당 선언*Manifest der Kommunistischen Partei*》을 의식한 제목입니다.

그런데 로스토의 책을 읽어보면 깊이와 스케일이 마르크스와는 비교가 되지 않기 때문에 웃음이 나옵니다. 이 책은 아주 간단한 이론과 몇 나라의 약간의 실증자료로 되어 있어요. 별로 설득력이 없고, 대단히 피상적이란 느낌을 받습니다. 그럼에도 불구하고 로스토는 《경제성장 단계론》으로 일약 세계적인 인사가 되었습니다. 여러 후진국에 초청받아 강연을 해주고 많은 수입을 올렸죠. 한국에도 세 차례나 와서 강연을 하고 갔어요. 1960년대에 와서는 박정희 대통령을 만나 한국 경제가 "곧 이륙할 것"이라고 말했고, 1980년대 전두환 정권 때 와서는 한국은 "이미 이륙했다"고 듣기 좋은 이야기를 하고 갔습니다.

로스토는 베트남전쟁 때 백악관에서 고위직으로 일할 당시 대표적인 북

폭론자였습니다. 즉 호찌민胡志明의 영도 아래 있던 북베트남에 폭탄을 많이 퍼부으면 전쟁을 이긴다는 생각이었는데, 실제로 그 생각에 따라 미국은 하루 평균 1억 달러어치 폭탄을 북베트남에 퍼부었으나(이때 폭탄 투하량이 제2차 세계대전 전체의 양보다 더 많았다), 미국은 전쟁에 지고 말았죠. 로스토는 백악관 일이 끝난 뒤 MIT로 돌아가려고 했으나 학생들이 전범이라고 규탄하는 바람에 돌아가지 못했습니다. 결국 자신의 상관이었던 존슨 대통령의 영향 아래 있던 텍사스 대학교로 자리를 옮겼죠. 로스토의 일생을 보면 그는 이론에서나 실천에서나 대단히 이데올로기적인 사람입니다. 즉 공평하고 객관적인 눈으로 세상을 보지 못했다고 생각합니다.

죽은 경제학자의 살아 있는 목소리

류이근 피케티의 마르크스에 대한 비판은 어떻습니까?

이정우 마르크스에 대해선 비판하지도 않습니다. 중요한 책이 아니라고 (마르크스의 《자본론》을) 치워버립니다. 통계가 없어서 무시해버립니다. 그래서 피케티를 상대할 사람은 쿠즈네츠밖에 없죠.

류이근 피케티를 어느 사상적 계보에 둘 것인지도 궁금합니다. 홍훈 연세대 교수는 리카도-스라파 학파로 분류하더라고요. 교수님의 《불평등의 경제학》을 보면서도 피케티를 리카도 학파로 넣는 게 맞다는 생각이 들었습니다. 200년 전이긴 하지만 리카도처럼 분배 문제를 중요하게 다루고 있기 때문에 그렇게 평가하는 것 같습니다만, 어떤가요?

이정우 리카도 학파라고 하면 제일 가까울 것 같습니다. 다만 그것만으로는 조금 부족합니다. 또 영향을 준 사람들 가운데 프랑스의 중농학파나 정치산술가political arithmetician, 그레고리 킹Gregory King, 윌리엄 페티William Petty 등 18세기 학자들이 많습니다.

류이근 중농학자는 국민경제체계 때문입니까?

이정우 프랑스 중농주의 학자들이 국민경제 통계표나 사회표 등 수량적 분석을 시도했습니다. 피케티는 그 영향을 받았죠. 또 그레고리 킹과 윌리엄 페티 등 영국과 프랑스의 정치산술가에게 영향도 받았습니다. 그다음에 카를 마르크스가 있습니다. 헨리 조지의 영향도 받았죠.

빼놓을 수 없는 게 토머스 맬서스Thomas Malthus입니다. 피케티가 맬서스의 영향도 받았다고 봅니다. 맬서스는 역사를 인구로 해석했습니다. 전무후무한 관점이에요. 인구로 인류의 흥망성쇠를 얘기한 사람입니다. 피케티는 자본으로 인류의 흥망성쇠를 얘기하고 있어요. 맬서스의 인구를 빼고 거기에 자본을 대입하면 피케티가 됩니다. 미래를 꽤나 우울하게 내다보는 게 똑같아요. 피케티에게 상당히 맬서스적인 게 있습니다. 물론 쿠즈네츠 같은 면도 있죠. 피케티는 여러 선각자의 종합판이자 후예입니다.

류이근 교수님의 말씀을 듣다보니 존 메이너드 케인스John Maynard Keynes의 "죽은 경제학자의 살아 있는 아이디어"란 말이 떠오릅니다.

이정우 저도 《21세기 자본》의 한국어판 해제에 그렇게 썼습니다. "죽은 경제학자의 살아 있는 목소리"라고.

피케티의 자본과 한국의 땅값

류이근_ 피케티가 헨리 조지의 사상적 유산도 많이 받았다고 말씀하셨잖아요. 피케티는 자본 개념에 토지나 산업자본을 다 집어넣습니다. 또 부유세를 얘기하죠. 불로소득은 불공정하기 때문에, 불로소득에 왕창 세금을 물려야 한다는 부분에서 조지와 피케티의 유사성이 있는 듯합니다.

이정우_ 둘 다 불로소득에 대한 분노가 있어요. 열심히 일하는 사람들이 불로소득 탓에 고생하고 있다는 문제의식은 똑같습니다. 아까 말씀드렸지만, 불로소득의 원천을 마르크스는 산업자본, 헨리 조지는 토지로 봅니다. 피케티는 가장 넓은 의미의 자본 개념을 씁니다. 원래 이렇게는 잘 안 씁니다. 불로소득은 헨리 조지와 피케티의 공통점이지만, 차이점은 그 범위입니다. 조지는 토지에만 집중하고 피케티는 토지를 자본의 일부로 봅니다. 피케티는 책에서 토지 문제를 그리 심각하게 생각하지 않습니다. 옛날엔 중요했지만 현대에 와서는 그리 중요하다고 보지 않는 거죠. 하지만 피케티가 한국에 와서 보면 놀랄 겁니다. 토지가 자본에서 이렇게 큰 비중을 차지하는 나라가 있다는 것을 알면 분명히 그럴 겁니다.

말하자면, 피케티는 '맨땅'의 가치는 얼마 안 된다고 봅니다. 물론 부동산은 중요하게 봅니다. 19세기에 와서는 (자본의 핵심이) 금융자본과 부동산이라고 보는 거죠. 옛날엔 농사짓는 땅이었지만요. 그런데 결국 부동산이란 것도 맨땅의 가치가 대부분이잖아요. 강남의 수십억 원대 아파트의 가치가 높은 이유는 땅 가치가 수십억 원이기 때문입니다. 아파트에 들어가는 시멘트와 건축자재 값은 (한 채당) 1억 원도 안 될 겁니다. 그러니 한국에선 땅 문제가 중요하죠. 또 헨리 조지는 나라 하나를 놓고서 생각했고 피케티는 세계화 시대를 사는 사람인 만큼 세계적 차원에서 자본세 과세를 주장하는 차이가 있습니다.

류이근 어떤 사람은 피케티가 자본에 부동산을 포함시켰는데 그걸 빼고 나면 피케티 주장이 설득력 떨어진다고 얘기합니다.

이정우 그건 말이 안 되는 게, (토지는) 광의의 불로소득 원천입니다. 자본 개념에서 뺄 이유가 없다고 봅니다. 포함시키는 게 맞다고 봅니다.

상속세와 주류 경제학계의 패러다임

류이근 피케티가 얘기하는 자본세는 우리나라로 치면 부유세라고 할 수 있는데, 교수님의 책에서도 언급했지만 현재 도입하고 있는 나라가 있죠?

이정우 있지만, 점점 줄어들고 있습니다.

류이근 우리나라의 경우엔 종합부동산세가 있는데, 재산세와는 또 구분해서 봐야겠죠?

이정우 부유세와 재산세, 상속세가 다 장단점이 있습니다. 부유세의 장점은 자산의 종류를 구분하지 않습니다. 종부세는 토지와 주택을 더한 부동산에 과세합니다. 재산세는 토지와 주택이 구분되죠. 이게 부유세로 가면 구분이 없어집니다. 상속세는 자기 노력이 안 들어간 데 대한 '벌칙'이잖아요. 그런데 부유세는 자기 노력이 들어갔는지 아닌지 구분하지 않습니다. 그래서 이론적으로 보면 상속세가 더 우월합니다. 피케티는, 앞으로 부유세가 맞는지 아니면 상속세로 가는 게 맞는지 더 생각해봐야 합니다. 사실

상속세도 모든 나라가 도입하고 있지만, 유명무실화 돼 (많은 사람들이) 거의 빠져나가고 있죠.

류이근 우리나라 부자들은 "상속세, 증여세 때문에 죽겠다"고 말합니다. 상속세도 점점 과세 인프라가 잘 갖춰지면서 빠져나가기 힘들어지지 않나요? 유명무실하다고 얘기할 때 사람들이 어떻게 받아들일지 모르겠습니다.

이정우 (상속세 강화가) 중소기업의 가업 승계를 방해한다는 단점이 있습니다. 이 문제를 잘 해결하면 괜찮겠습니다. 이건 숙제라고 봅니다.

류이근 이명박 정부 말기 그 부분을 많이 완화해줬지 않나요? 중소기업 가업 승계가 좀 더 용이하도록 상속세를 많이 감면해주고 있는 것으로 압니다.

이정우 그건 필요하긴 한데, 좀 더 면밀하게 틀을 갖춰야 합니다. 보호할 만한 가치가 있는 것은 보호하고 그럴 만한 가치가 없는 것은 무겁게 과세해야 합니다. 우리나라엔 아직 그런 틀이 잘 갖춰져 있지 않습니다. 우리나라뿐만 아니라 많은 나라가 그렇죠.

류이근 우문이지만, 오랫동안 주류 경제학계에서 불평등과 분배 문제에 왜 관심을 갖지 않았는지 잘 모르겠습니다?

이정우 좋은 질문이에요. 여러 이유가 있겠지요. 19세기 후반부터 노동운동과 사회주의에 크게 위협을 느낀 경제학자들은 의도적으로 자본주의 체제를 수호하려고 하는 이데올로기적 태도가 대단히 강했습니다. 이 사람들에겐 '불평등', '분배'를 연구 주제로 삼는 게 용납이 안 됐을 겁니다. 의도적으로 연구 주제에서 배제했습니다. 이 점이 제일 큰 이유인 것 같습니다.

또 패러다임이란 게 한 번 형성되면 잘 안 바뀝니다. 나중엔 거기에 도전하기가 대단히 어려워집니다. 사람들 모두 이게 중요하다고 하는데, 혼자서 다른 걸 연구하고 있으면 '왕따'가 되잖아요.

류이근 교수님께서도 말씀하셨는데, 저 같은 기자도 취재 현장에서 느끼는 게 많습니다. 불평등 문제는 정권의 성과performance를 평가하는 중요한 잣대잖아요. 그래서 정권은 달라도 매 정부마다 불평등 관련 수치에 방어적으로 의미를 부여합니다. 정부가 먼저 나서서 불평등을 잘 보여주는 지표를 내놓으려 하지 않는 거죠.

이정우 정권도 대체로 그런 것을 자신의 약점으로 생각하고 노출되지 않기를 바랍니다. 학자들만 그런 게 아니죠. 정치권도 그렇습니다. 그런데 언론계는 달라야 합니다. 밝혀내고 고발해야 합니다.

지니계수

류이근 저희는 역량이 안 돼서 어렵습니다. (웃음) 교수님을 만나면 꼭 여쭤보고 싶은 게 있었습니다. 피케티는 과세 자료와 국민계정체계SNA를 가지고 불평등을 설명합니다. 우리나라의 많은 불평등 연구는 지금껏 '지니계수'[8]라는 조사 자료를 바탕으로 해왔잖습니까. 지니계수가 사람들한테 직접적으로 와닿지 않습니다. 연구 방법론으로 보면 지니계수 그 자체가 큰

8 이탈리아 통계학자인 지니Corrado Gini가 소득 분포에 대한 통계 법칙으로 제시한 '지니의 법칙'에서 나온 개념으로 소득 분포 불균형 정도를 나타내는 수치이다. 0과 1 사이의 값을 가지는데, 0에 가까울수록 소득 분배 불평등 정도가 낮다.

의미가 있는지 모르겠으나, 그 결과를 갖고서 사람들한테 설명할 때 난점이 있는 것 같습니다. 조사 자료를 바탕으로 한 연구가 갖는 문제도 있을 텐데요?

이정우 피케티가 지니계수를 상당히 비판적으로 얘기하죠. 그는 지니계수를 거의 쓰지 않고 최고 소득 100분위 또는 비슷한 최상위 집단이 가져가는 몫으로 불평등을 측정합니다. 양쪽 다 장단점이 있습니다. 불평등을 측정할 때 가장 많이 쓰는 게 지니계수입니다. 지니계수는 간단한 숫자 하나로 표시됩니다. 편리한 대신 우리에게 주는 정보량은 부족합니다. 100분위는 숫자가 여러 개 있습니다. 번거로운 대신에 더 많은 얘기를 할 수 있습니다. 이제까지 지니계수는 편리하고 간편해서 많이 쓰였습니다.

좀 불편해도 100분위 분배율로 좀 더 얘기를 풍부하게 할 수 있을 겁니다. 100분위 분배율이 더 많은 정보를 주는 만큼 의미가 더 직관적으로 다가오는 점도 있습니다. 다만 저는 지니계수와 100분위 분배율의 차이로 인한 문제가 그렇게 큰지는 잘 모르겠습니다. 지니계수로 산출해도 피케티와 똑같은 결론에 이를 겁니다. 중요한 건 피케티가 조사(서베이) 자료만이 아니라 조세 자료를 많이 활용했다는 겁니다.

류이근 피케티는 조사 자료에 고소득층의 소득 누락 및 과소 보고 문제가 심각하다고 보는 것 같습니다.

이정우 "그러면 조세 자료는 믿을 수 있나?"란 질문이 나올 텐데요. 그것도 못 믿거든요. 조세 자료도 그 사람들(고소득층) 소득이 빠져나가 있거든요. 미국이나 프랑스 같으면 좀 더 신뢰할 수 있겠지만, 우리나라 조세 자료를 얼마나 신뢰할 수 있을지 모르겠습니다. (아무튼) 김낙년 동국대 교수가 그 자료로 연구에 많이 활용했는데 좋은 일이라고 봅니다.

세습자본주의와 한국 경제학계의 과제

류이근 피케티는 불평등 완화를 위해서는 시장의 작동 원리에 내맡길 게 아니라 사회규범social norm과 제도의 중요성을 강조합니다.
이정우 그건 아주 바람직합니다. '사회적 국가social state'란 용어를 피케티의 책에서 처음 봤는데, 읽어보니까 사회적 국가란 게 복지국가와 차이가 거의 없더라고요.

류이근 피케티가 불평등 해결의 접근법뿐만 아니라 불평등 감소나 증가의 원인을 제도와 사회규범에서 찾는데, 이를 어떻게 보셨는지요?
이정우 그건 아주 좋은 방향입니다. 그가 시장 만능주의자가 아니란 걸 알 수 있습니다. 제도학파에 가깝습니다. 사회적 국가론은 아주 좋은 접근법입니다. 내용을 보면 복지국가 옹호론입니다. 그런데 막상 정책(대안)에 가서는 세금 위주로 다뤘습니다. 소득세 누진성 강화와 자본세 도입 정도밖에 없어요. 그래서 최저임금제나 기본소득 등 노동이나 복지, 사회정책에 관한 논의가 조금 부족하다는 생각이 들었습니다. 피케티가 나중에 보충해야 할 점입니다.

류이근 피케티가 현대 자본주의를 상속 자본주의, 세습자본주의로 규정하고 있는데, 설득력이 있다고 보시는지요?
이정우 꽤 있다고 봅니다. 19세기는 세습자본주의 시대였고 20세기는 아니었습니다. 피케티는 20세기가 예외였다고 말합니다. 그런데 21세기에 다시 세습자본주의로 간다고 얘기합니다. 자본수익률이 성장률보다 크기 때문에 그쪽으로 가고 있다는 겁니다.

류이근 그런 주장이 한국에서도 설득력을 갖는다고 보세요?

이정우 한국도 점점 그쪽으로 가는 느낌을 주잖아요. 특히 한국은 땅 문제가 워낙 심각하니까요. 저는 한국이 세습자본주의 국가 가운데에서도 선두주자라고 봅니다. 왜냐하면 한국에서는 토지의 집중이 너무 심각합니다. 땅값이 세계에서 제일 비싼 나라 가운데 하나입니다.

류이근 그런데 정부 정책은 거꾸로 가는 것 아닌가 싶네요?

이정우 그렇죠. 최경환 경제부총리가 이끄는 경제팀이 자꾸 (규제를) 풀어서 땅값을 더 올리려고 합니다. 최 장관이 피케티 책을 빨리 읽어봤으면 합니다. 아니면 류 기자가 기획한 이 책이라도 빨리 읽어봤으면 합니다.

류이근 우리나라 경제학계가 피케티에게 배울 점이 어떤 건지 짚어주시면 고맙겠습니다.

이정우 두 가지라고 봅니다. 하나는 불평등 문제를 무시하지 말고 경제학의 중요한 연구 과제로 다루라는 겁니다. 이것은 18세기 전반기 고전파 경제학 때의 사고방식입니다. 그 뒤 오랫동안 잊혀져온 겁니다. 피케티는 잊힌 분배 문제의 중요성을 다시 꺼냈습니다. 둘째는 약간의 통계만 보더라도 한국의 불평등이 피케티가 발견한 선진국의 불평등을 능가하는 게 아닌가 하는 점입니다. 최근 한국은행이 발표한 국민 대차대조표를 갖고서 정

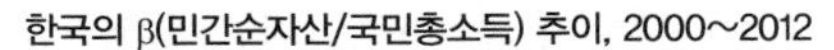

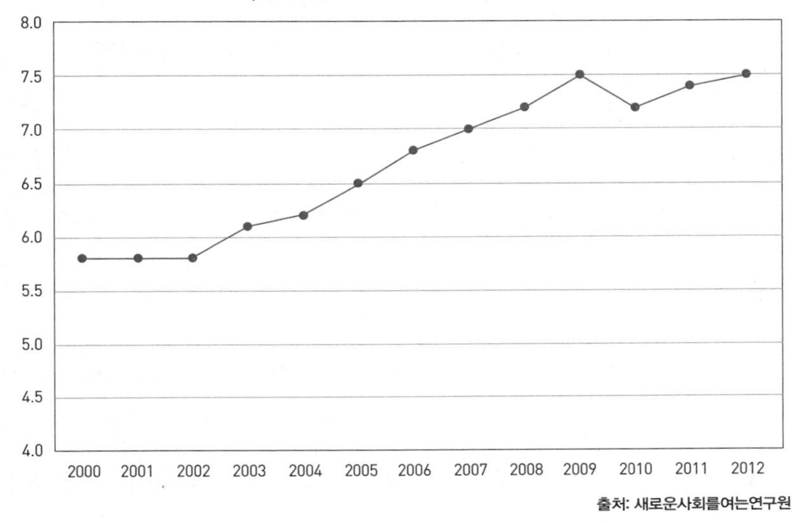

출처: 새로운사회를여는연구원

태인 새로운사회를여는연구원(새사연) 원장과 주상영 건국대 교수가 조사한 결과를 보면 한국의 자본/소득 비율은 어느 선진국보다 높습니다.

류이근__ 피케티가 《21세기 자본》에서 얘기하는 소득불평등의 특징과 우리나라 소득불평등의 특징이 약간 다르다면, 그 결정적 차이는 뭐라고 보시는지 궁금합니다.

이정우__ 서구의 자본 구성과 한국의 자본 구성이 결정적으로 차이가 난다고 봅니다. 서구는 가계자산에서 '금융자산'이 주종입니다. 반면에 한국 가계에서는 '부동산'이 압도적인 비중을 차지합니다. 이것은 우리나라에서 반세기가 넘도록 지속된 부동산 투기 열풍이 낳은 결과입니다. 우리는 부동산 투기가 과거 일이고 이미 끝난 것이라고 생각하는데, 피케티에 의하면 그게 아닙니다. 비싼 땅값은 높은 β값으로 나타나고 있습니다. 앞으로 오랫동안 우리나라의 불평등을 높이는 쪽으로 작용할 게 틀림없습니다. 과거 독재정권, 그중에서도 박정희 정권 때 땅값이 천정부지로 올랐던 것이 앞으로 두고두고 우리나라의 불평등을 높이고, 우리 경제의 발목을 잡을 것을 생각하면, 독재의 악폐가 얼마나 심각한가를 다시 생각하지 않을 수 없습니다.

류이근 피케티를 놓고 비판하려는 사람들과 불씨를 지피려는 사람들이 벌써부터 갈리는 것 같습니다. 이런 현상을 어떻게 보시는지 궁금합니다.

이정우 지금 세계적으로 '피케티 논쟁'이 벌어지고 있습니다. 대개 개념적, 이론적, 실증적 수준에서 이뤄지고 있죠. 옳고 그르고를 떠나 상당히 합리적으로 토론이 되고 있다는 말입니다. 반면에 한국에서는 피케티 책이 번역되기도 전에 비판서가 먼저 출판되는 등 보수 쪽에서 대단히 민감하게 반응하고 있습니다. 학문 발전을 위해 비판은 필수적이고 환영할 만한 일입니다. 하지만 비판은 어디까지나 확실한 근거가 있어야 합니다. 근거 없는 비판이나 견강부회는 곤란할뿐더러 전혀 도움이 되지 않습니다. 지금 피케티에 대한 한국 보수 쪽의 반응은 다분히 감정적이고 이데올로기적이어서 걱정스럽습니다.

류이근 끝으로 피케티의 연구 결과나 이를 압축한 《21세기 자본》이 한국에 주는 시사점은 어떤 것이라고 보는지 궁금합니다.

이정우 불평등이 세계적으로 중요한 문제로 떠오르고 있는데 한국도 예외가 될 수 없습니다. 한국은 한국적 특징을 지닌 불평등이 있습니다. 앞으로 이를 분석하는 것은 우리의 몫입니다. 피케티는 세계적으로 불평등 문제의 중요성을 일깨웠습니다. 그의 책은 300년치 주요 선진국 자료를 모아놓고 씨름을 해서 내놓은 일대 역작입니다. 앞으로 한국의 불평등 문제를 분석하는 것은 우리의 숙제입니다.

이정우
서울대학교 경제학과와 동 대학원을 졸업하고 하버드 대학교에서 박사 학위를 받았다. 한국경제발전학회 회장을 역임했고, 참여정부 시절 대통령 정책실장, 대통령 자문 정책기획위원장 겸 정책특보를 지냈다. 현재 경북대학교 경제통상학부 교수로 있다.

노동소득과 경제성장: 피케티가 말한 것, 말하지 않은 것

INTERVIEW

인터뷰이 **이상헌**_국제노동기구 부사무총장 정책특보

이상헌 박사는 국제기구에 있지만 사실 경제학자라 할 수 있다. 강단에 서지는 않지만 오랫동안 외국에서 경제학을 연구해왔다. 우리나라 경제학자 대다수는 '노동'에 견줘 '자본'을 더 중요하게 취급한다. 이에 반해 이 박사는 '노동'을 중시한다. 그가 국제노동기구[ILO]에 있다는 사실이 이를 어느 정도 설명한다.

그는 이병희 한국노동연구원 연구위원, 홍장표 부경대학교 교수, 은수미 의원 등과 함께 국내에서 소득주도성장론에 대한 관심을 불러일으킨 전문가이다. 소득주도성장론은 쉽게 말해 임금을 기반으로 한 가계소득이 늘어나야 내수를 중심으로 경제가 살아난다는 것이다.

스위스 제네바에 있는 그는 소득주도성장론을 둘러싼 국제기구의 논의

* 인터뷰에서 개진된 내용은 개인의 견해일 뿐, 국제노동기구의 공식적 입장이 아님을 밝혀둡니다.

나 선진국의 사례에 가장 정통한 전문가다. 그가 비교적 일찍 피케티의 《21세기 자본》을 접할 수 있었던 것은 유럽에서 생활하고 있기 때문이기도 하지만, 학문적 친화성도 중요한 이유다. 피케티와 이 박사의 작업은 아주 밀접한 관계가 있다. 피케티는 한 나라가 한 해 동안 생산 활동을 통해 벌어들인 소득 가운데 자본소득이 차지하는 비중 α가 계속 커질 수 있다고 경고한다. 한 해 동안 얻어진 국민소득에 견줘 총 자본의 크기(자본/소득 비율)도 계속 늘어나는 경향이 있다는 것이다.

이 박사의 소득주도성장론의 바탕에도 이런 진단이 깔려 있다. 전체 국민소득에서 임금의 몫은 갈수록 줄고, 이자, 배당, 임대소득 등 자본소득이 상대적으로 더 큰 몫을 차지한다는 것이다. 이는 임금소득을 주요한 소득원천으로 하는 가계의 소비 여력을 떨어뜨려, 결국 경제성장에도 걸림돌이 된다는 견해로 이어진다. 불과 얼마 전까지만 해도 울림이 크지 않았던 이 주장은 이제 공감하지 않는 사람을 찾기 힘들게 됐다.

이 박사는 1980년대 이후 불평등이 확대된 것은 '임금 압박을 통한 성장'을 추구해왔기 때문으로 본다. 이를 뒷받침해온 주류 경제학의 '오래된 편견'도 분쇄한다. 그가 얘기하는 소득주도성장론은 결국 피케티가 얘기하는 불평등한 현실에 대한 하나의 해법이기도 하다.

이 인터뷰는 9월, 이메일로 진행되었다.

류이근 피케티의 《21세기 자본》에서 어느 부분이 가장 인상적이었는지 궁금합니다.

이상헌 누가 뭐라 해도 피케티의 책은 대작입니다. 그만큼 인상적인 면이 많다는 얘기입니다. 방대한 역사적 자료를 꼼꼼히 챙기고 정리한 점은 경제학자들이 공통적으로 인정합니다. 물론 피케티의 해석 방식과 정책 결론에는 선뜻 동의하지 않는 경제학자들이 적지 않습니다. 지난 수십 년 동안 '분배는 별로 중요하지 않고, 사회·정치적인 문제일 뿐'이라는 생각에 익숙한 경제학자들에게는 아주 부담스러울 수밖에 없는 책입니다.

저도 오랫동안 경제학을 공부해왔던 연구자이긴 하지만, 개인적으로 이 책의 '비경제학적' 면모가 좋습니다. 가장 인상적인 점을 꼽으라고 한다면, 〈서장〉에 인용된 프랑스 인권선언 제1조입니다. 보통 인권선언 제1조는 "인간은 자유롭게 태어나 살며 동등한 권리를 누린다"는 것으로 알려져 있는데, 사실은 그 뒤에 중요한 문장이 하나 더 있습니다. 바로 "사회적 차별은 오직 공익에 바탕을 둘 때만 가능하다"라는 구절입니다.[1] 피케티는 이 구절에 기초해서 '지금 우리가 살고 있는 사회는 프랑스 인권선언 1조가 인정한 사회적 차별을 훨씬 넘는 차별과 불평등이 생겨나고 있음에도 침묵하고 있는 건 아닌가?'라고 묻고 있습니다. 그리고 이런 "침묵"의 저변에는 자본주의 시장경제에 대한 특정한 이해 방식, 즉 특정 경제학적 사고가 자리하고 있다고 본 겁니다.

단적으로 말하자면, 기존 경제학이 끊임없이 '자본'을 논하고 그 중요성을 부각시켜왔지만, 정작 경제학자들은 이를 잘못 이해해왔고, 그 결과로 오늘날과 같은 불평등 사회가 왔다는 겁니다. 이런 논증을 통해 피케티는 소득불평등 문제를 인권 차원으로 격상시켰다고 봐요. 이제까지 경제학이 모든 사회·정치적 현상을 경제학이라는 협애한 틀에 가둬 분석하려고 했

1 토마 피케티, 앞의 책, 7쪽.

다면, 피케티는 경제를 사회의 일부분으로 다시 돌려주려 했습니다. 현재 경제학계 분위기에서 생존하기 위해서는 하기 힘든 주장입니다. 피케티의 책이 프랑스에서 나온 이유이기도 합니다. 물론 이것이 상당수 경제학자들을 불편하게 하는 점입니다.

하지만, (동시에) 이게 약점이기도 합니다. 피케티는 불평등 문제를 거의 인권 수준으로 올려놓은 뒤, 왜 불평등이 문제인지를 경제학적으로 설명하려 하지 않습니다. 이 질문 자체를 우문이라고 생각하는 게 아닌가라는 의심이 들 정도입니다.

포스트케인지언

류이근_ 박사님은 경제사상적 조류 가운데 어디에 가깝죠? 포스트케인지언post-Keynesian이라고 볼 수 있나요? 그리고 박사님이 학자로서 중시하는 건 무엇인지요?

이상헌_ 엄밀히 말하면 저는 지금 경제학을 가르치는 학자는 아닙니다. 정책 연구자입니다. 국제기구에서 정책을 연구하고 개발을 하는 게 제 임무입니다. '실사구시實事求是'를 중시하지요. 현안 문제가 무엇이냐에 따라서 이론을 '편의적'으로 택하고 재구성하려고 합니다. 다만, '시장이 모든 것을 해결한다'는 시장근본주의market fundamentalism적 시각에는 동의하지 않습니다. 이런 대전제 아래에서 저는 이론적으로 '절충적'입니다. 최근에 제가 포스트케인지언적 접근에 관심을 가지게 된 것도 그런 맥락입니다.

지난 20여 년 동안 우리가 우려스럽게 본 건 이른바 '임금 압박'과 '불평등의 증가'였습니다. 지금의 경제 위기 이전에는 경제성장이 꽤 괜찮은 편이었습니다. 하지만 아주 분열적인 성장이었습니다. 한쪽에서는 풍요를 노래하고 백만 달러가 넘는 연봉을 말하는데, 다른 한쪽에서는 저임금이 늘고 살림살이가 힘들다는 목소리가 커졌습니다. 게다가 전체적으로는 임금 성장이 현격히 둔화되었죠. 여기서 '둔화'라는 것은 도덕적이거나 사회적인 잣대를 두고 하는 얘기가 아닙니다. 임금의 일반 법칙이라는 게 만일 있다면, 그건 아마도 '노동생산성이 느는 만큼 임금도 늘어야 한다'는 겁니다. 지극히 상식적인 말입니다. 임금이란 노동자가 생산에 기여한 몫에 대한 보상입니다. 그런데, 그 '법칙'이 깨지고 임금이 노동생산성을 따라가지 못하는 일이 빈번해졌습니다. 일시적인 현상도 아니고, 몇 국가에 한정된 문제도 아닙니다. 구조적이고 세계적인 문제죠. 물론 우려의 소리가 있었습니다. 하지만, 많은 경제학자들은 이른바 낙수효과란 용어를 만들어서, 언젠가 경제성장의 혜택이 모두에게 돌아갈 거라고 주장했습니다. 물론 소설 같은 주장이었습니다. 그런 일이 생기지도 않았습니다. 우리에게 생긴 일이라곤, 1930년대 세계 대공황 이래 가장 심각한 세계 경제 위기였습니다. 경제학은 '예측의 과학'이라고도 하지만 이를 예측한 경제학자는 드물었죠.

왜 이런 일이 생기게 됐는지를 따져야 하는데, 경제학자들이 통상적으로 다루는 노동시장 이론만으로는 부족했습니다. 노동시장을 넘어서는 분야에서 수많은 일이 벌어지고 있었고, 이를 제대로 설명하지 못하면 정책 대안을 제대로 논의해볼 수도 없었습니다. 거시경제 구조와 이를 뒷받침하는 정책을 비판적으로 살펴봐야 했습니다. 게다가 이런 구조적 현상이 계속되면 어떤 결과가 있을지도 생각해봐야 했는데, 당시 강고하게 자리 잡은 거시경제 모델은 이런 의문 자체를 허용하지 않았습니다. 정책의 문제이자

성장 모델 자체의 문제였습니다. 그래서 자연스레 관심을 두게 된 게 포스트케인지언 접근 방식입니다.

포스트케인지언이라고 할 만한 사람들 수가 그리 많지 않고 해서 이론적으로나 실증적으로 부족한 점은 있지만, 몇 가지 강점이 있습니다. 우선, 노동과 자본의 분배, 흔히 경제학자들이 말하는 '기능적 소득분배functional income distribution'를 분석의 중심에 둡니다. '노동소득과 자본소득 간 분배'가 핵심이지요. 정의나 추정 방식에서 차이는 있긴 하지만, 이것이 바로 피케티가 핵심적으로 문제 삼는 개념입니다. 또한 바로 우리가 오랫동안 걱정스럽게 보아온 정책 문제이기도 합니다.

둘째, 통상적인 거시경제 모델에서는 총수요 문제를 그리 중시하지 않습니다. 공급 중심의 사고가 강한 편입니다. 생산할 수 있는 '맷집'만 키워두면 늘어나는 생산물은 언제가 누군가에 의해서 구매된다고 보죠. 통화정책을 신중하게 운영해서 물가를 안정시키고, 과도하지 않은 범위에서 재정 정책을 구사하기만 하면 된다고 보는 겁니다. 그런데, 포스트케인지언은 이 문제를 그렇게 간단하게 '가정'하고 넘어갈 성격의 문제로 보지 않아요. 오히려 자본주의의 경기 순환을 핵심 요인으로 간주합니다. 만일 노동소득의 상대적 몫이 줄어든다고 가정해보죠. 그러면 근로 가구는 소비에 영향을 받습니다. 소비 수요가 부족해진다는 얘기입니다. 물론 자본소득은 상대적으로 늘어나서 투자가 늘어나긴 하겠죠. 하지만 이것도 당연히 그럴 거라고 '가정'할 문제는 아닙니다. 세계금융위기 이전 통계를 보면, 자본소득이 늘었다고 투자가 그만큼 늘어나는 건 아닙니다. 그래서 포스트케인지언은 이런 분배의 변화가 경제에 어떤 영향을 미치는지 포괄적으로 연구합니다. 현재의 경제 위기는 기본적으로는 '분배 실패'에서 기인했다는 주장도 있습니다.

물론 포스트케인지언의 약점도 적지 않습니다. 분석 틀이 거시적인 차원에 머물러 있어, 노동시장과 체계적인 연계가 부족합니다. 그러다 보니, 정책적 논의가 다소 추상적입니다.

자본과 노동에 대한 오래된 편견

류이근 피케티는 전체 국민소득에서 자본과 노동이 각각 차지하는 비중이 일정하다는 것을 '오래된 편견'이라고 지칭합니다. 20세기 초 자본의 비중이 줄었다가 대공황과 두 차례 세계대전을 거치면서 급속히 줄어든 이후 1980년대부터 다시 커지고 있다고 말합니다. 박사님도 전체 국민소득에서 자본과 노동의 비중이 일정하다는 것을 편견이라고 보는지 궁금합니다. 그렇다면 이런 편견이 오랫동안 경제학계를 지배해오면서 어떤 해악을 끼쳤는지요?

이상헌 피케티 주장에 전적으로 동의합니다. 자본주의에서 생산이란 자본과 노동의 결합을 통해 이뤄집니다. 이 결합이 얼마나 효율적이냐에 따라 생산성이 결정됩니다. 동시에 그렇게 생산된 것을 자본과 노동이 어떻게 나눠 가지느냐가 아주 중요합니다. 여기에서 '생산된 것'은 원료비를 비롯한 생산비를 제외하고 남은 '부가가치' 부분을 말합니다. 이를 나누는 문제가, 앞서 말한 기능적 소득분배 문제입니다. 노동이 가져가는 몫을 노동몫이라고 하고, 보다 정확하게는 '노동소득 몫'이라고도 합니다. 왜 중요한가? 우선, 노동소득 몫이 노동을 통해 먹고 사는 사람들과 그 가족들의 수입입니다. 몫이 커지면, 쓸 돈이 늘어납니다. 일부는 저축도 하겠지만, 전체적으로는 소비가 늘어나겠죠. 따라서 자본이 조금 '희생'해서 노동소득 몫을 올려주더라도, 자본의 입장에서 반드시 손해는 아닙니다. 자신의 생산물을 더 팔 수 있기 때문입니다.

자본의 입장에서는 다른 문제가 있습니다. 자신에게 돌아오는 자본소득은 투자의 원천이 됩니다. 은행에서 돈을 빌려서 투자할 수도 있지만, 결국 자본소득이 충분해야 은행 빚도 갚게 되겠지요. 따라서 자본소득 몫이 너무 적으면, 투자할 수 있는 돈이 줄어듭니다.

물론 여기까지는 이론적인 얘기입니다. 앞서 말한 대로, 자본소득 몫이 늘어난다고 해서, 반드시 투자가 늘어나는 건 아닙니다. 다만 투자할 수 있는 여력이 커진다는 얘기일 뿐입니다. 주머니가 좀 더 두둑해졌다는 것일 뿐, 그렇다고 해서 반드시 두툼해진 주머니에서 돈을 꺼낸다는 말은 아니지요.

그러면, 자본과 노동이 공동으로 만들어낸 부가가치를 어떻게 나눠 가질 것인가? 얼핏 보면, 꼭 일정해야 할 이유는 없습니다. 중요한 문제이지만, 자본과 노동의 분배 방식은 가변적일 것이라는 생각이 들 겁니다. 사실 이것이 바로 경제학의 아버지뻘 되는 애덤 스미스Adam Smith나 데이비드 리카도가 고민해 수백 쪽에 달하는 책에서 꼼꼼히 다룬 문제입니다. 당시에는 지주도 영향력을 가진 때라서 자본, 노동, 지주 간 분배 문제를 다뤘고, 이 분배 방식에 따라 경제가 어떤 식으로 발전하는지 따졌죠. 스미스가 "보이지 않는 손"이라는 비유를 통해 시장의 효율성을 논한 경제학자로만 알려진 것도 실은 큰 오해이자 경제학의 불행입니다. 실상 그는 자본이 독점적 힘을 만들어 임금을 깎으려 하는 경향이 있다는 점을 경고하기도 했습니다.

그런데 이들의 분석은, 임금이 '시장의 법칙'에 따라, 보다 구체적으로는 이른바 '한계생산성'에 의해 결정된다는 이론이 득세하면서 잊히게 됩니다. 19세기 말 경제학계의 대사건이자 오늘날 경제학 교과서의 기초를 확립한 '한계혁명marginal revolution'[2]이 결정적인 계기가 된 것이죠.

이런 이론적 변화와 함께 20세기 초반에 아주 흥미롭고 중요한 실증적인 사건이 일어났습니다. 당시 아주 초보적인 단계이긴 했지만 국가적 단위에서 체계적인 통계가 제법 모이기 시작했는데, 이걸 가지고 아서 보울리Arthur Bowley라는 경제학자가 총소득이 자본과 노동 간에 분배되는 패턴을 살펴봤죠. 그 결과, 노동소득 몫이 일정하다는 것을 알게 되었습니다(보울리의 법칙). 그 이후 존 메이너드 케인스를 비롯한 당대의 저명한 경제학자들도 들여다봤는데, 비슷한 결론을 냈습니다. 이유는 잘 모르겠으나, 노동소득 분배 몫이 일정하다는 결론이었습니다. 여기서 강조하고 싶은 것은, 어느 누구도 그 이유를 설명하지 못 했다는 점입니다. 즉 일종의 '경험적 규칙성'이 있다는 얘기일 뿐이었습니다. 그 이유를 잘 설명하지 못한 탓에, 케인스는 이건 "약간의 기적"과 같다는 소회를 덧붙였습니다.

그런데, 20세기 중반에 본격적인 거시경제 이론이 만들어지면서, 이 "기적"과 같은, "경험적 규칙성"이 법칙으로 자리하게 됩니다. 예컨대, 거시경제학에 '코브-더글라스 생산함수Cobb-Douglas production function'라는 게 있습니다. 한 경제를 거대한 생산 단위로 보고, 자본과 노동이 어떻게 결합돼 생산해서 전체 경제가 성장하는가를 보여주는 것이지요. 여기에 중요한 요소 가운데 하나가 자본과 노동 간 분배 비율입니다. 아주 복잡한 문제일 수도 있는데, 만일 이 분배 비율이 일정하다고 한다면, 거시경제 분석 모델이 기술

2 경제 분석의 방식으로서 한계분석을 도입하여 근대경제학을 출현시킨 일을 말한다.

적으로 간단해집니다. 마침 보울리의 발견이 있으니, 그런 식으로 가정해도 된다고 보기 시작했습니다. 그러면서 경제학 교과서를 집대성한 폴 새뮤얼슨은 '보울리의 발견'을 '보울리의 법칙'으로 격상시켰죠. 우연이 법칙으로 전환되는 순간이었습니다.

이 때문에 경제학자들은 노동소득 몫이 일정하다고 가정했습니다. 1990년대 들어 그렇지 않았다는 실증 연구가 나왔음에도, 믿지 않거나 일시적인 현상이라 믿는 사람들이 많았죠. 심지어 통계 오류를 지적하면서 터무니없다고 하는 이들도 있었습니다.

그런데, 지금 와서 보니까 노동소득 몫은 꽤 오랫동안 하락세였습니다. 이런 추세는 선진국의 경우 적어도 30년 가까이 진행돼왔습니다. 또 흥미로운 것은, 제2차 세계대전 이후부터 80년대 이전까지는 대체적으로 증가세였다는 점입니다. 이렇게 추적하다 보니, 피케티가 보여준 것처럼, 노동소득 몫은 역사적으로 변화해왔다는 것을 알게 된 겁니다. 결국 자본주의 시기를 통틀어 잠시 동안 보였던 노동소득 몫의 안정성은 일시적 역사적 현상이었습니다. 경제학계에서는 이를 '법칙'으로 본, 돌이켜보면 웃지 못할 해프닝이었습니다. "약간의 기적"이라고 했던 케인스가 직관적으로 옳았던 셈입니다.

자본의 몫과 노동의 몫

류이근__ 피케티가 얘기하는 전체 소득에서 자본과 노동이 차지하는 비중과 박사님이 얘기하는 노동소득 분배율과는 약간 다른 것 같습니다. 수치가 같지 않던데, 어떻게 다른 건가요? 박사님이나 국제기구도 노동소득 분배율로 보는 노동의 몫이 많은 나라에서 점차 줄어들고 있다고 말씀하셨는데, 그건 뭘 뜻하는 건가요? 왜 그런 현상이 나타나는 거죠?

이상헌 피케티나 저희가 쓰는 노동 몫이나 자본 몫의 개념은 동일합니다. 그 개념을 분석하고 적용하는 방식이 조금 다를 뿐입니다.

경제학적으로는 소득이라는 '유량flow'의 분배 문제, 또는 앞서 말한 기능적 소득분배에 관한 것입니다. 여기서 피케티는 장기 동학을 설명하기 위해서 저량stock으로서 자본을 도입합니다.[3] 자본 몫 α는 자본수익률 r에 자본/소득 비율 β를 곱합니다. 이것을 피케티는 '자본주의의 제1기본법칙'이라고 부르죠. 법칙이라기보다 항등식입니다.

문제는 자본의 총량을 추정해야 하는데, 이게 그리 쉽지가 않습니다. 거칠게 말하면, 피케티는 부동산을 포함한 모든 자산을 자본으로 보고 자본 규모를 추정했습니다. (이를 두고) 마르크스적 흐름에서는 자본을 '생산관계'가 아닌 물질로 전환시켰다고 비판하고, 주류적인 흐름에서는 추정 방식을 문제 삼고 있습니다. 하지만, 피케티의 아이디어는 상대적으로 단순합니다. 자본수익률은 장기적으로 안정적이기 때문에, 자본이 고도화돼 전체 국민소득에서 자본이 차지하는 비중이 늘어날수록 자본소득 비율은 커지고 노동의 몫은 줄어든다는 겁니다. 이게 정확하게 지난 30여 년 동안 일어난 일입니다. 이는 피케티와 포스트케인지언이 동의하는 지점입니다.

피케티는 여기서 한발 더 나아가죠. 그의 이론은 장기 이론입니다. 그렇기 때문에 자본주의 '기본법칙'이라는 용어도 과감하게 사용하고, 통계도

---

3 경제 현상을 분석할 때 쓰는 두 개념이다. '저량'은 비축, 존재량으로 특정 시점을 기준으로 파악된 경제 조직 등에 존재하는(또는 경제주체가 소유하는) 재화 전체의 양을 말하고, '유량' 또는 '흐름'은 일정 기간 동안 경제 조직 속으로 흐르는 양을 의미한다.

기본적으로 100년 이상의 시계열 자료를 쓰죠. 이런 역사적이고 장기적 동학에 비춰 보면 앞으로도 자본/소득 비율은 계속 늘어날 것이라는 암울한 전망, 이것이 피케티의 핵심적 주장입니다. 물론 "앞으로 체계적인 정책 및 제도 변화가 없다면"이라는 전제가 깔려 있습니다. 더 늦기 전에 행동을 취하라는 강력한 경고이기도 합니다.

류이근 박사님은 노동소득의 몫이 상대적으로 줄어드는 것은 총수요의 감소를 불러와 결국 소비와 투자를 제약한다고 보는 것 같습니다. 왜 그렇게 보시나요?

이상헌 피케티는 장기 동향에 관심이 있지만, 우리 같은 정책 연구자들에게는 중단기가 중요합니다. 물론 피케티도 장기 동학 분석에 기초해서 정책의 긴박성을 강조하긴 하지만, 개인적으로 단기 동학 분석도 중요하다고 믿습니다. 이런 접근법의 차이 때문이기도 할 텐데, 저는 피케티의 인과관계를 뒤집어서 봅니다. 말하자면, 노동소득 분배가 자본수익율과 자본/소득 비율 때문에 줄어드는 사실뿐만 아니라, 노동소득 분배율이 하락하면 어떤 경제적 문제가 생기는지에 주목합니다. 그래서 앞서 노동소득 분배율이 소비와 투자에 대해 미치는 영향을 강조했습니다. 흔히 '소득주도성장론'으로 알려진 접근법입니다. 개인적으로는 이런 접근법이 피케티의 이론적 실증적 분석을 보완할 수 있으리라 생각합니다. 정책적 함의도 적지 않습니다.

이미 몇 가지 언급했지만, 간단하게 정리해보겠습니다. 보통 경제학에서 총수요라고 하면, 소비, 투자, 순수출(수출-수입), 그리고 정부지출의 합입니다. 편의상 (크기가 적은) 정부지출을 제외해보죠. 앞서 말했지만, 노동소득 분배율이 줄면 소비 비중이 줄어요. 대신, 노동소득 분배율이 주는 만큼 자본소득이 늘어나니까 투자가 늘어날 여지가 있습니다. 지난 몇 십 년 동안 소비는 주는데 투자는 늘지 않는 패턴이 자리 잡았다고 이미 지적했습니다. 그럼 결국 총수요가 부족해지겠죠. 따라서 수출을 늘리는 방법밖에 없습니다. 정확히 말하면 순수출을 늘려야 합니다. 수입보다 수출을 많이 해야 합니다. 이 방식은 한국을 비롯해 일본, 독일, 중국이 집중적으로 써왔습니다. 이 나라들 모두 노동소득 분배율이 줄어들었으나, 이에 따른 수요를 수출주도 성장 방식을 통해 해결해 성장했습니다. 문제는, 이런 방식을 모든 나라가 이용할 수 없다는 점입니다. 수입보다 수출을 많이 하려면, 다른 쪽에서는 수출보다 수입을 더 많이 해줘야 합니다. 즉 제가 순수출을 하려면, 상대방은 순수입을 해줘야 합니다. 이 때문에 전 세계적 무역 불균형이 악화되기도 했습니다. 앞서 언급한 나라들이 대표적인 '주범'입니다. 다시 말해서, 이런 방식은 전 세계적으로 지속 가능하지 않습니다.

물론 다른 방식도 있습니다. 일반 가계가 노동소득 압박으로 소비를 확장하기 힘들어하는 한편, 다른 반대편에는 자본소득이 감당하기 힘들 정도로 늘어난 경우를 생각해보죠. 한쪽은 돈이 없고, 다른 한쪽은 돈 굴릴 곳이 없는 상황입니다. 그렇다면, 자본소득을 소득 압박에 시달리는 가계에 흘러가게 하면 됩니다. 이를 위해 각종 금융 상품이 만들어졌는데, 가장 대표적인 게 '서브프라임 모기지'입니다. 돈 없는 가계에 거의 이자 없이 집 대출을 해주게 되니, 한숨 돌린 가계에서 소비 활동을 왕성하게 재개했습니다. 가계 빚은 쌓이는데, 소비도 활기를 더해가는 기현상이 생겨난 겁니다. 그 결과는 우리가 이미 다 아는 바죠. 오늘날 세계가 처한 경제 위기가 여기서 시작되었습니다. 따라서 이와 같은 '부채 주도 성장'도 지속가능하지 않습니다.

따라서, 저는 노동소득 분배율의 하락이 경제성장뿐만 아니라 경제 안정성에도 나쁜 영향을 미친다고 생각합니다.

소득불평등, 그리고 기술 변화와 세계화

류이근＿ 많은 나라에서 불평등이 증가하는 이유는 뭔가요? 세계화와 '숙련편향적 기술 진보' 등의 영향이 큰 건지 궁금합니다. '숙련편향적 기술 진보'란 건 또 뭔가요? 이런 영향들이 우리나라에서 불평등 확대에도 중요한 역할을 했다고 볼 수 있나요? 아니면 이런 소득불평등 악화의 핵심 이유는 따로 있다고 보세요?

이상헌＿ 아주 중요한 문제입니다. 사실 현재 소득불평등의 증가 사실 자체를 부정하는 사람은 드물죠. 워낙 방대한 실증 연구 결과가 나와 있기 때문에 이데올로기적으로 상당히 경도된 경제학자조차도 모르쇠 잡긴 힘듭니다. 하지만 문제는 그다음부터죠.

첫째, 불평등의 증가가 우려할 만한 수준인가, 그리고 불평등의 사회·경제적 영향이 무엇인가에 대해서는 의견이 갈립니다. 지금도 논쟁 중입니다. 앞서 말한 대로, 저는 개인적으로 불평등이 오늘날 사회 경제가 직면한 최대 난제라고 보고, 그 부정적 영향에 대해 더 체계적인 연구가 필요하다고 봐요.

둘째, 불평등 증가의 원인에 관한 겁니다. 첫 번째 문제와 아주 긴밀히 관련돼 있는 사안입니다. 소득불평등 문제가 경제학에서 거론되기 시작하고, 세계은행과 경제협력개발기구 등과 같은 국제기구에서도 공식적으로 인정하기 시작했을 때, 그 이유로 내건 게 '기술발전'입니다. 그동안 정보 관련 기술IT이 눈부시게 발전하기도 했거니와, 앞서 말한 단순한 거시경제 모델 자체가 기술의 중요성을 강조하기 때문에, 어떤 '예상치 못한' 변화가 생기면 경제학자들은 습관적으로 기술 변화를 의심하게 됩니다. 물론 기술 변화가 중요하지 않다는 애기가 아닙니다. 중요합니다. 자본 투자가 늘어나면서 자본에 유리한 방향으로 기술 투자가 이뤄지면 자본에 유리한 방향으로 분배가 이뤄질 것이라는 짐작은 할 수 있습니다. 하지만, 이런 유의 기술 변화는 새삼스러운 게 아닙니다. 제2차 세계대전 이후로도 꾸준히 있었고, 더 시각을 넓혀 보자면, 자본주의 역사 자체가 끊임없는 기술 변화입니다. 조지프 슘페터Joseph Schumpeter가 말한 "창조적 파괴"는 늘 지속돼왔어요. 80년대 이후 생긴 소득분배 변화를 설명할 수 있는 '새로운' 변화는 아니라는 겁니다. 즉 기술 변화라 하더라도, 최근 변화에 무언가 독특한 점이 있는지 설명해야 할 필요가 있다는 애기입니다. 그래서 나온 게 '숙련편향적 기술 진보'죠. 기술 변화가 모든 노동자들에게 널리 혜택을 주는 방식이 아니라, 숙련도가 높은 기술자를 중심으로 해서 생겼다는 주장입니다. 한쪽에서는 비숙련 저임금이 생기고, 다른 한쪽에서는 고액 연봉자들이 늘어나는 현실, 그리고 중간계층 또는 중산층이 몰락하는 현상을 설명하고자 했습니다. 물론 일리가 있고, 그 타당성을 부정하긴 힘듭니다. 하지만, 이렇게 순수한 기술적 변화가 최근의 불평등 증가를 어느 정도 설명할지 의문입니다. 즉, '숙련편향적 기술 진보'가 있다는 것은 사실이겠지만, 그 영향은 그다지 크지 않다는 생각입니다. 실증 연구들이 아직 엇갈리긴 하지만, 전반적으로 기술 변화를 가장 중요한 요인으로 뽑을 수는 없습니다.

한 가지 덧붙여야 할 애기가 있습니다. 강한 시장주의적 성향을 가진 경제학자들이나 정책 입안자들이 기술 변화를 계속 강조하는 이유는 정책적 인 함의가 있기 때문입니다. 불평등 증가가 인간이 어찌해볼 도리가 없는 기술 변화 때문이라고 한다면, 사실 정책적으로 할 수 있는 일은 없게 됩니다. 그래도 뭘 해보자고 나서면, 그 옛날 산업혁명 당시 공장 기계가 자신의 일자리를 뺏는다고 기계를 파괴하려 했던 러다이트 운동Luddite Movement[4]을 하려고 하느냐는 비아냥거림을 듣게 됩니다. 그나마 할 수 있는 게 교육이나 훈련을 통해 숙련도를 높이는 정책입니다. 이런 정책이 효과가 없다고 할 수는 없겠지만, 지금 문제는 그렇게 열심히 공부하고 훈련을 받아도 그에 걸맞은 일자리를 찾을 수 없다는 점입니다. 즉, 고임금 직종 일자리는 제한적입니다. 더 일반적으로 말하자면, 노동수요의 구조 문제입니다. 양극화된 경쟁적 일자리 구조에서 모든 사람들이 교육 훈련을 더 받는다고 해서, 모든 사람이 고임금 직종에서 일할 수 있는 건 아닙니다. 오히려 이런 구조를 만들어 노동자들 사이에 경쟁을 부추긴다는 비판도 있습니다. 정규직과 비정규직 문제를 생각해보면 됩니다. 이것이 기본적으로 기술 변화의 문제라고 하는 사람은 없습니다. 그리고 이런 구조의 출발점은 자본과 노동 간 집단적 문제인데, 어느 순간 노동자들 간 문제가 돼버리죠. 자본은 쏙 빠집니다. 우리가 줄 수 있는 돈은 이만큼인데, 문제는 이걸 어떻게 노동자들끼리 나눌 거냐고 묻는 겁니다. 자본 전체 입장에서는 아주 용이한 지배 구조가 됩니다. 노동소득 분배율이 하락해서 노동 전체에 더 적은 파이가 주어져도, 이 자체를 문제 삼지 않는 거죠. 대신 더 작아진 파이를 노동자들이 어떻게 나눌지를 놓고 서로 격렬하게 싸우게 됩니다.

---

4 산업혁명 당시 실업자가 증가하자, 영국의 직물 공업 지대에서 일어났던 기계 파괴 운동을 말한다.

세계화도 중요한 요인입니다. 세계화를 어떻게 정의할 것인가란 논란도 있지만, 일반적으로는 무역 규모의 증가와 자본 이동의 자유화를 꼽습니다. 현재 실증 연구 상당수가 세계화의 역할을 강조합니다. 그런데, 세계화는 왜 소득분배를 악화시킬까요? 상당히 애매한 문제입니다. 일반적으로 경제학에서 가르치는 무역 이론[5]에 따르면, 무역 당사국은 자신들이 잘 하는 걸 더 열심히 하게 됩니다. 자본이나 숙련도(기술)가 풍부한 나라는 그런 쪽에 집중하고, 그렇지 않은 나라는 노동 집약적인 것을 하면 됩니다. 그리고 서로 만든 물건을 교환하면 됩니다. 이 시나리오에서는 자본이 풍부한 선진국은 저임금, 비숙련 노동을 포기하고 해당 노동자들은 자본 집약적이고 숙련 집약적인 곳으로 옮겨가기 때문에, 임금 불평등도가 줄어들어야 합니다. 하지만, 앞서 말한 대로, 실제로는 정반대 현상이 일어났어요.

따라서 세계화의 영향에 대한 설명 방식이 바뀌어야 할 듯한데, 저는 구체적인 메커니즘은 다르겠지만, 궁극적으로 세계화에 따른 노동자의 협상력 약화를 중시해야 한다고 봅니다. 세계화는 한때 큰 흐름이자 '바람'이었지만, 동시에 세계화 자체를 '절대선'으로 간주하는 경향이 있었습니다. 다시 말해서 세계화는 경제적 개선을 위한 하나의 중요한 방식이었는데, 어느 순간 주객이 전도돼 그 자체가 목표가 되어버렸습니다. 세계화를 하겠다고 각종 정책과 제도를 경쟁적으로 바꿨어요. 국제적 자본이 더 좋아할 만한 방식, 수출 기업에 더 도움이 될 방식만 고려했고, 이런 변화가 실제 경제에, 그리고 시민들에게 어떤 혜택을 주고, 얼마나 고통을 줄여줄지에 대한 배려가 적었습니다.

---

5 스톨퍼-새뮤얼슨 정리Stolper-Samuelson Theorem로 알려져 있다.

노동시장 유연화도 이런 맥락에서 시도됐죠. 여차 하면 외국으로 가겠다는 '협박'이 일상화됩니다. 허리띠를 졸라매자는 얘기가 경제 상황과 관계없이 늘 나오는 구호인 적이 있었습니다. 이렇게 되니, 노동자의 협상력은 당연히 약해지겠죠. 구조적인 측면도 있고, 노동자 자신들도 목소리 높이는 것을 주저하게 됩니다. 그나마 노조가 있으면 사정이 낫겠지만, 그렇지 않은 경우는 더 힘듭니다. 즉, 세계화는 공식적으로 무역의 자유와 자본의 원활한 이동을 통한 상호 이익 추구라는 원대한 구호를 내세웠지만, 그리고 적어도 이론적으로 그럴 수는 있지만, 세계화의 현실은 그렇지 못했습니다. 자본과 노동 간 힘의 관계를 바꾸었다는 점은 확실하게 말할 수 있습니다.

노동은 상품이 아니다

류이근__ 피케티는 노동소득의 불평등 정도를 결정짓는 경제, 정치, 사회적 힘을 이해하는 게 중요하다고 합니다. 그는 불평등 완화에 제도 및 정치적 요인이 중요한 역할을 한다고 강조하는데, 박사님도 그렇게 보는지 궁금합니다.

이상헌__ 관련되는 얘기입니다. 피케티는 특히 역사적 시각에서 경제적 요인뿐만 아니라 정치사회적 요인의 중요성을 강조했습니다. 전적으로 공감합니다.

만일 소득분배가 경제학자들이 흔히 상정하는 '경쟁 시장'에서만 결정된다고 믿었다면, 그가 이런 책을 쓰지도 않았을 겁니다. 사실 피케티는 좀 더 근본적인 얘기를 합니다. 현실적으로 존재하는 시장은 끊임없이 불평등을 만들어나간다는 거죠. 피케티는 이를 거의 자본주의의 피할 수 없는 '내재적 법칙'으로 봐요. 시장 자체는 이를 조정할 능력이 근본적으로 없다는 겁니다. 그나마 정치 제도적 역할, 때로는 전쟁이라는 참혹한 사건을 통해서 불평등이 '인위적'으로 축소 조정된다고 보는 것 같습니다. 피케티가 경제를 사회의 일부분으로 돌려보내 줬다고 제가 앞서 평가한 것도 이런 이유입니다. 불평등의 장기 동학을 살펴본 그의 책도 결과적으로는 우리에게 이렇게 묻는 셈입니다. "불평등은 계속 증가할 거다. 빨리 나서서 현명한 선제적 조치를 취할 것인가, 아니면 파국적 사건을 통한 고통스러운 조정을 맞이할 것인가?" 제가 지나치게 묵시론적으로 읽었는지는 모르겠네요.

류이근__ 분명히 피케티는 최저임금이 임금 불평등 개선에 중요한 역할을 한다고 얘기합니다. 그리고 이게 곧 전체 국민소득에서 자본 몫의 감소를 뜻한다고 서술하고 있습니다. 그는 1980년대 실질임금 동결 이후 불평등이 악화됐다고 합니다. 실제 최저임금이 불평등 개선에 큰 도움이 된다고 보세요? 사실 우리나라 현실에선 최저임금을 올리면 결국 가장 큰 피해를 입는 건 자영업자와 중소기업이라는 인식이 팽배합니다. 따라서 최저임금 인상에 지나치게 부정적인 여론이 적지 않습니다. 이를 바탕으로 매년 최저임금 인상이 제대로 이뤄지지 못하고, 경제협력개발기구 회원국 가운데 낮은 수준의 최저임금을 유지하고 있는 것 같습니다. 최저임금과 불평등의 관계를 어떻게 봐야 하죠?

이상헌__ 최저임금은 저임금 해소와 임금 불평등 완화를 목표로 하는 정책 도구입니다. 프랑스와 같은 나라는 최저임금의 조정이 평균임금의 변화에 맞춰 이뤄지도록 돼 있기 때문에 임금 불평등 완화에 기여한 바가 커요. 다른 나라의 경우도 정도의 차이는 있지만 최저임금이 임금 불평등 정도를 줄이는 효과가 있습니다.

여기서 한 가지 조심할 점이 있습니다. 자본과 노동 간 분배(예를 들어 노동소득 몫)와 임금 분배는 물론 관련돼 있지만 같은 것은 아닙니다. 이미 말한 것처럼, 전자가 노동소득 몫이라는 큰 파이를 정하는 것이라면, 후자는 그렇게 정해진 파이를 노동자들이 어떻게 분배하는가 하는 문제입니다. 그러면, 최저임금이 노동소득 몫을 개선하는 데 도움이 될까요? 물론 됩니다. 특히 저임금층이 불리한 협상 지위 때문에 직면할 수 있는 임금상의 불이익을 막을 수 있습니다. 또 다른 효과도 있습니다. 파급효과spill-over effects라는 것인데, 최저임금을 통해서 최저임금선이 구축되면 적어도 중하층 임금 계층의 임금 협상력을 올리는 효과가 있습니다. 바닥이 단단하지 못한 구멍투성이면 뛰어오르기 힘들지만, 바닥이 굳건하면 발을 딛기 좋아지는 이치이죠. 이 점은 중요합니다. 왜냐하면 현재 대부분 국가에서 노조 조직률은 약화 추세이고, 따라서 노동자의 임금 협상력은 전반적으로 줄어들고 있습니다. 이런 상황에서 최저임금이 추세를 막을 수 없겠지만, 임금 협상력 유지에는 도움이 됩니다. 작지만 쓸모 있는 바람막이라고 보면 되겠죠.

바람막이 역할을 하려면 우선 제대로 만들어야 합니다. 바람막이를 너무 작게 만들면 바람을 막지 못하고 추위에 노출될 겁니다. 반대로 너무 크게 만들면, 그걸 들고 서 있기조차 힘듭니다. 제 몸이 감당하지 못할 바람막이는 역시 쓸모없습니다. 따라서 최저임금을 적정한 수준에서 정하고, 저임금 노동자에게 혜택이 제대로 가는지, 혹 부작용이 없는지 잘 살펴야 합니다. 감정 높은 목소리는 젖혀두고, 객관적인 통계와 분석을 통해 냉정하게 살피는 게 중요합니다. 냉정한 계산이 있어야 바람을 제대로 막을 거 아닌가요?

최저임금을 인상하면 제일 먼저 영향을 받는 곳은, 임금이 상대적으로 낮은 중소기업입니다. 볼멘소리가 나오는 게 당연합니다. 하지만 두 가지를 면밀하게 생각해봐야 합니다. 우선, 중소기업에 경영상 어려움이 있어 최저임금을 주기가 힘든 상황이라고 하면 다른 방식으로 도울 수 있는 정책이 많습니다. 사회보험 기여금 면제 등이 대표적인 방식이지요. 하지만 이건 어디까지나 경영상 어려움이 일시적인 경우입니다. 만일 재무구조가 부실해 최저임금도 지불할 수 없는 한계기업이라고 하면, 사실상 '임금 삭감'을 통해서라도 억지로 유지하는 게 경제 전체적으로 이익은 아닙니다. 최저임금 이상을 거뜬히 지불하고 생산성 향상을 통해 경쟁하고 있는 기업도 이런 한계기업 탓에 '저임금에 기초한 과잉 경쟁'으로 고생할 수도 있습니다. 기업 전체로서도 바람직하지 않을 수 있다는 얘기입니다. 그래서 최저임금에 적극적인 기업들이 적지 않은데, 그 이유는 경쟁을 '정상화'해서 시장의 생태계를 지속 가능하게 하자는 겁니다. 개별 기업의 이해관계는 당연히 갈립니다. 기업들 간 조정이 쉽지는 않습니다. 이런 조정 역할을 하는 게 정부이고 정책이지요.

류이근__ 피케티는 임금의 몫이 순전히 노동의 한계생산성에 의해서만 결정되지 않는다고 보는 것 같습니다. 이 대목에서 정치와 제도가 중요한 요소로 떠오르죠. 박사님도 자본과 노동의 몫에서 노조 조직률과 최저임금 등 제도적, 정치적 요인의 중요성을 언급해왔습니다. 그런데 피케티는 임금 불평등을 줄이는 최고의 방법은 '장기적 교육'과 '기술에 대한 투자'를 늘리는 것이라고 말합니다. 이에 대해서 박사님은 어떻게 생각하는지 궁금합니다.

이상헌 한계생산성이론에 입각한 임금 이론에 대한 피케티의 비판은 적절하고 중요합니다. 저도 흥미롭게 읽었고 전적으로 공감합니다. 노동의 한계생산성이란 노동 투입이 한 단위 늘어날 때 추가적으로 늘어나는 생산 증가분에 따라 임금이 결정된다는 이론입니다. 물론 이건 노동수요 측면입니다. 노동공급 측면이 남아 있는데, 이건 노동자의 '노동'과 '여가' 간 선호관계에 따라 결정되지요. 임금이 높아지면, 노동자가 '여가'를 희생하더라도 '노동'을 더 하게 될 것이라고 봅니다.

이 둘이 맞아 떨어지는 지점에서 임금이 결정되고 고용도 정해집니다. 기업은 원하는 만큼 고용하고, 노동자도 원하는 만큼 일을 하게 되기 때문에, 말하자면 '윈윈win-win' 상황이 됩니다. 실업은 없습니다. 엄밀히 말하면, 일하고 싶은데 일하지 못하는 경우는 없습니다. 경제학자는 이를 두고 "비자발적 실업"은 없다고 합니다. 일하기 싫어서 실업 상태인 자발적 실업의 경우는 제외한다는 말입니다.

이론적으로는 그럴듯하고, 또 적용 가능한 분야가 없진 않습니다. 하지만 기본적으로 한계가 많고 일반화도 어렵죠. 무엇보다도 일반 이론이 되기에는 너무 '일반적이지 않은' 가정들을 도입하고 있습니다. 한계생산성 이론이 적용되려면 '노동'시장은 여타 상품 시장과 마찬가지여야 합니다. 즉 상품이 거래되듯이 노동도 거래되어야 하죠. 좀 더 전문적으로 말하자면, 노동시장이 이른바 '완전경쟁시장'이어야 합니다. 무수한 구매자인 기업들이 무한 경쟁으로 무수한 판매자인 노동자들을 상대로 경쟁해야 합니다. 노동자들도 마찬가지이겠죠. 기업과 노동은 협상력도 똑같고 담합도 없어야 합니다. 노동자가 기업과 협상이 어렵더라도 마지막까지 버틸 수 있다고 가정합니다. 당장 먹고 살 거리가 없어서 기업에 투항해야 할 상황이 오더라도, 은행에서 돈을 빌려서 버틸 수 있다고 가정합니다. 또한 일자리가 있는 곳이라면 아무 어려움 없이 신속하게 이동할 수 있어야 합니다. 그런데, 이런 가정은 전혀 현실적이지 않습니다. 먹고 살 것이 궁하면, 설령 기업이 제시하는 임금 액수가 섭섭하고 정당하지 못하다는 불만이 있어도, 내일 자녀 학원비를 내기 위해서라도 일자리를 얻는 게 현실입니다. 이렇게 되면, 기업은 노동자보다 협상력에서 우위를 점하게 됩니다. 경제학 이론이 가정하는 '완전시장'은 존재하지 않습니다. 국제노동기구헌장Constitution of the International Labor Organization에 명시돼 있는 유명한 문장이 하나 있습니다. "노동은 상품이 아니다."[6]

한 가지 덧붙이자면, 한계생산성 자체를 알기도 힘듭니다. 수많은 사람들이 동시에 모여서 협동해 생산하는 공장을 생각해보면 이해할 수 있습니다. 사무실을 생각해봐도 마찬가지이죠. 자신의 노동의 한계생산성을 알기란 불가능합니다. 사실 이건 기업도 모릅니다. 수학적 정치성을 추구하는 경제학자들의 눈에는 '아름다운beautiful' 이론이지만, 그 아름다움은 현실 일터에는 존재하지 않습니다. 언젠가 한 경제학과 학생이 "당신은 한계생산성만큼 월급을 받느냐"고 따지듯이 물어봤을 때, 전 참으로 난감했습니다. "회사를 위해서 밥벌이는 제대로 하느냐"고 물었으면 오히려 쉬울 뻔했습니다. 실제 일터를 구체적으로 들여다보는 노동경제학자나 노사 관계 학자들 가운데 한계생산성이론이라는 잣대를 가지고 임금을 분석하는 이들은

---

6 "labour is not a commodity."

드물죠.

지난 이십 년 동안 임금 문제를 보면서 느끼는 점이 있다면, 임금은 '과학이 아니다'는 점입니다. 기업의 총생산에 따라 결정되는 임금 지불 능력의 상한은 있습니다. 노동자가 도저히 양보할 수 없는 하한선이라는 것도 엄밀하지는 않은 형태로나마 있습니다. 그런데 이 둘 사이 상당한 공간이 있습니다. 서로 따져보고 협상하면서, 어느 정도가 임금으로 그리고 어느 정도가 이윤으로 갈지 정할 여지가 있습니다. 그런데, 이러한 분배 결정은 대단히 불확실할뿐더러 경제논리만으로는 알 수 없습니다. 임금에는 그만큼 불확실성의 공간이 있다는 뜻입니다. 이 공간은 결국 힘과 협상의 문제입니다. 관습도 중요하고, 심지어 편견의 역할도 무시하지 못합니다. 그렇기 때문에 정치사회적인 요소가 중요합니다. 기업이 종종 노조에 대해 거부감을 느끼는 것은 단지 '기분이 나빠서'가 아닙니다. 이해관계의 문제입니다. 임금이 만일 '과학'의 영역이었다면, 우리 사회가 그렇게 긴 역사 동안 아옹다옹하지는 않았을 겁니다.

피케티도 이 점을 잘 알고, 충분하지는 않지만 그의 책 곳곳에 언급하고 있습니다. 물론 불평등 해소를 위해 교육과 기술 투자도 중요하다고 지적하지만, 맥락이 다릅니다. 몇 차례 한 얘기지만, 피케티는 자본소득 몫 또는 노동소득 몫의 "장기적" 동학은 자본수익률과 자본/소득 비율에 따라 결정된다고 봤는데, 그는 여기서 자본주의의 제2기본법칙을 도출해서 자본/소득 비율 β는 저축률 상승과 경제성장률 하락에 비례한다고 보았습니다.[7] 그런데, 장기 성장률은 궁극적으로 노동자 개개인의 생산능력 향상과

---

7 $\beta = s/g$. s는 저축률, g는 경제성장률을 뜻한다.

기술 향상에 달려 있습니다. 이런 점에서 교육과 기술 투자를 강조합니다. 원론적으로 맞는 얘기지만, 이것만이 유일한 해법은 아닙니다. 경제의 맷집이 좋아져도, 분배가 악화돼 고소득층의 소득이 증가하면 저축률은 다시 올라갑니다. 그렇게 되면, 전반적인 노동소득 분배율은 악화될 수 있습니다. 여하튼, 개인적으로는, 피케티의 자본주의 제1기본법칙은 항등식이라서 논란의 여지는 없습니다. 하지만, 자본주의 제2기본법칙은 두고두고 논란이 되지 않을까 싶습니다. 장기적 동학 이론 체계를 집대성하겠다는 의지는 높이 사지만, 본의 아니게 약점이 될 가능성이 있다고 생각합니다.

성장이냐 분배냐

류이근_ 피케티는 대공황에 맞서 미국의 프랭클린 루스벨트Franklin Roosevelt 대통령이 국가전시노동위원회national war labor board를 꾸려 큰 폭의 최저임금 인상 등을 통해 임금 불평등을 개선했다는 사례를 언급하고 있습니다. 또한 노동시장 규제는 각 나라의 사회, 정치, 문화, 역사와 관련된 인식과 정의 규범에 의존하고 있다고 지적합니다. 이런 점에 비춰보면 우리나라는 암울하지 않은가요?

이상헌_ 피케티의 분석에서 크게 반가웠던 부분입니다. 루스벨트 대통령의 업적을 종종 뉴딜 토목공사로만 보는 경향이 있습니다. 전혀 그렇지 않습니다. 그의 기여는 복합적이고 체계적이었습니다. 저는 특히 그가 미국의 노동시장을 제도적으로 개혁하고 완성한 장본인이라 생각합니다. 루스벨트 이후 미국에서 노동시장 제도의 변화는 미미합니다. 누수나 누전이 생기면 보수공사만 약간 했습니다. 그것마저도 부실 공사라서, 지금까지 애

먹고 있는 것 아닌가요?

루스벨트는 사실상 노조를 합법화했고, 미국 역사상 처음으로 노조 지도자를 백악관에 불러들였던 인물입니다. 그렇게 사회적 협약 기반을 만들었습니다. 노동시간과 임금 관련 법률적 틀도 만들었습니다. 최저임금도 도입했습니다. 이를 통해 미국의 노동시장에 현대적 노동법이라는 큰 선물을 선사했습니다. 당시 현실은 녹록지 않았습니다. 대공황으로 어려운 시기였고, 전쟁에 휘말려드는 상황이었습니다. 하지만, 당시 사회 개혁에 대한 대중적 염원을 정치적인 힘으로 잘 묶어냈죠. 반대 세력을 설득하려 노력하면서도 기본적인 개혁 방향에 대해서는 강단을 보였습니다. 그 덕분에 미국은 대공황 직전 사상 최대 수준이었던 불평등도가 급속히 하락하기 시작합니다. 그리고 전후 자본주의 황금기의 기초를 닦았습니다.

한국의 상황이 암울하다고 합니다. 반은 동의하고, 반은 동의하지 못합니다. 여러 사회경제적 상황이 좋지 않습니다. 양극화가 계속 진행 중이고, 서민의 삶은 점점 더 어려워지죠. 위기라고 걱정하시는 분들이 이해됩니다. 하지만 동시에 사회 개혁에 대한 공감대도 넓습니다. 다른 나라와 비교해도 변화의 열망이 이렇게 큰 나라는 드물어요. 꿈틀거리고 있다는 얘기입니다. 이를 정치적인 힘으로 전환하지 못했을 뿐입니다.

류이근 박사님은 피케티가 불평등이 왜 문제인지를 차분하게 설명하지 않는다고 지적하셨어요. 저도 책을 읽으면서 비슷한 느낌을 받았습니다. 친절한 그가 이 점에서는 야박할 정도라고 하셨는데, 박사님은 소득불평등이 왜 문제라고 보시는지 궁금합니다. 불평등이 경제적 효율성을 떨어뜨려 경제성장에 부정적인 영향을 끼칠 수 있다고 보시나요?

이상헌 그렇습니다. 많이 아쉽죠. 본인이 불평등 문제는 곧 인권 문제라고 책 서두에서 선언한 것과 관련이 있지 않나 싶습니다. 《파이낸셜타임스Financial Time》의 몇몇 기자들은 피케티 책의 "위험성"을 느끼고 통계 부실을 들어 그를 대대적으로 비판한 적이 있습니다. 물론 피케티가 차분하고 꼼꼼한 해명을 내놓으면서, 《파이낸셜타임스》는 기록에 남을 만한 "치욕스러운 패배"를 겪었습니다. 그 와중에 같은 신문사의 저명한 칼럼니스트인 마틴 울프Martin Wolf는 이례적으로 피케티 책에 대한 무조건적인 지지를 표했습니다. 다만 한 가지 예외가 있습니다. 자본주의 불평등에 대한 역사적인 "고발장"을 읽었는데, 고발의 취지를 모르겠다는 거였죠. 왜 불평등이 문제인지에 대한 설명이 없다는 거였습니다.

물론 불평등 문제는 도덕적이고 철학적인 문제입니다. 그게 우선입니다. 피케티가 지적한 것처럼, 인권의 문제 또는 사회권의 문제로 확장해야 합니다. 또한 불평등은 사회정치적인 문제입니다. 불평등이 늘면 사회는 불안정해지기 마련입니다. 극단적인 사건 없이 사회가 유지되더라도, 늘 삐걱거리는 마차가 될 수 있습니다. 하지만 저는 경제적 논리가 여기에 덧붙여져야 한다고 믿습니다.

1990년대로 잠시 돌아가 보죠. 그때는 이미 레이거노믹스와 대처리즘과 같은 신자유적인 정책이 큰 힘을 얻고 있던 시기입니다. 국제적으로는 '워싱턴 컨센서스'라는 기치 아래 자유화, 금융화, 유연화가 진행되고 있었습니다. 한마디로 규제 완화 정책이었습니다. 동시에 여기저기서 적신호가 보이기 시작했습니다. 불평등의 증가가 특히 도드라졌죠. 이런 걱정이 나오기 시작하자, 당시 지배적인 반응은 이랬습니다. "경제성장을 위해서 불평등의 증가는 불가피하다. 일을 열심히 하고 투자를 열심히 하려면, 노력한 만큼 보상을 받아야 한다"는 주장이었습니다. 오히려 당시 소득불평등도는 너무 낮아서 열심히 일하고 투자하는 이들에게 유인이 적다고 했습니다. 중국과 러시아를 보라고 했습니다. 불평등이 더 늘어야 성장할 것이라는 조언도 아끼지 않았습니다. 맞기도 하고 틀리기도 한 얘기였죠. 중국과 러시아는 그렇다고 치죠. 당시 이미 불평등도가 하늘을 찔렀던 남미는 어떤가요? 또 아프리카는 어떨까요? 역설적이게도, 지난 1990년대 이후로 남미는 신자유주의적 정책을 버리고, 불평등을 줄이는 사회정책과 노동시장 정책을 적극적으로 도입하는 성장 전략을 추구했습니다. 룰라 다 실바Lula da Silva 전 대통령이 이끈 브라질이 대표적인 예입니다. 알다시피 결과는 성공적이었습니다.

세계은행의 일부 연구자들은 이런 변화를 알고 있었습니다. 그래서 조금 더 엄밀한 방식을 취했습니다. 불평등은 '좋은 불평등'과 '나쁜 불평등'이 있다고 하고, '나쁜 불평등'은 기회의 불평등이라고 했습니다. 기회의 평등이 보장된 상태에서 소득이 불평등한 것은 '좋은 불평등'이라는 것입니다. 일견 논리적인 이 주장 역시 현실 앞에서 무너지죠. 기회의 불평등과 결과의 불평등이 무 자르듯이 구분되는 것도 아니거니와, 그 둘의 상호작용도 크기 때문입니다. 애초에 소득불평등이 있다면 기회의 불평등이 생길 것이고, 이건 다시 소득불평등을 증가시킵니다. '악순환'입니다. 한국 교육을 생각해보면 됩니다.

따라서 저는 이와 같은 불평등의 경제학적 동학을 적극적으로 연구하고 주장해야 한다고 생각합니다. 그렇지 않으면, '성장이냐 분배냐'라는 황량하고 쓸모없는 이분법적 프레임에 빠질 위험이 있습니다. 일단 이 프레임에 빠지면 벗어나는 일이 쉽지 않습니다. 잘못 설계된 건물의 전형적인 특징이 출구를 찾기 어려운 것이라 합니다. 이 프레임이 딱 그렇습니다.

21세기 최대 현안 과제, 불평등 해소

류이근 그런데 사람들은 "불평등을 없애자"고 하면, "그러면 열심히 일하는 사람이나 놀고먹는 사람이나 똑같이 보상을 해줘야 하냐"고 거칠게 반문하는 사람들이 있습니다. 어떤 사람들은 "사회주의를 하자는 거냐"면서 반감을 드러냅니다. 세련된 경제학자들은 불평등이 경쟁을 촉진시키고, 상대적으로 더 열심히 일할 유인을 제공한다는 면에서 필요하다고 합니다. 사실 이런 사람들의 거친 인식이나 세련된 경제학자들의 이론이 우리 현실을 지배하고 있는 것 같다는 느낌입니다. 안 그런가요?

이상헌 그런 얘기를 많이 들었습니다. 그런데 지금은 조금 구닥다리가 된 주장입니다. 지금은 그렇게 거칠게 주장하는 사람은 적은 것 같습니다.

예전에는 분배 정책을 사회주의 정책으로 간주하는 경향이 있었습니다. 경제학자들 사이에 특히 강했습니다. "우리는 자원의 효율적 배분과 이를 통한 생산을 연구할 뿐, 정치사회적인 영역인 분배 문제는 다루지 않는다"고 하면서 중립적 태도를 취했지만, 실상 이들의 분석은 "비시장적인 분배 정책은 경제적으로 비효율적"이라는 주장을 함축하고 있습니다. 그들은 말하지 않지만 사실상 말하고 있는 셈이지요. 조금 더 세련된 주장은 불평등이 경쟁의 유인을 높인다는 점에 주목합니다. 이에 대해서는 이미 몇 가지 지적했습니다.

역설적인 사실 하나를 지적해두고 싶습니다. 폴 크루그먼이나 조지프 스티글리츠 같은 저명한 노벨경제학상 수상자들은 소득불평등의 경제적 비효율성을 한결같이 지적하고, 불평등 해소를 21세기의 최대 현안 과제 가운데 하나로 꼽고 있습니다. 예전에 분배 또는 재분배 정책을 반대했던 경제학자들은 이런 정책이 시장을 왜곡하고 경제성장을 해친다고 주장했습니다. 그런데 지금은 정반대입니다. 자본주의 시장경제를 제대로 운용하고 안정적인 경제성장을 이루려고 하면, 소득분배에 적극적으로 개입하는 정책이 필요하다는 겁니다. 즉, 소득(재)분배 정책은 자본주의를 죽이는 정책이 아니라 생존에 필요불가결한 정책이라는 겁니다. 전 전적으로 동의합니다.

류이근 피케티도 불평등의 증가가 경제 위기를 초래할 수 있다고 지나가듯 언급합니다. 그런데 박사님은 경제 위기 원인이 상당 부분 불평등 증가 때문이라고 말씀하시는데, 그렇게 보는 근거는 뭔지 궁금합니다. 그리고 2008년 세계금융위기의 원인에도 불평등의 증가가 영향을 미쳤다고 보는지 궁금합니다.

이상헌 말 그대로 피케티는 "지나가듯" 언급합니다. 앞서 말했지만, 저는 그 점이 많이 아쉽습니다. 경기 대침체Great Recession가 이제 7년 가까이 되어가잖아요. 처음에 경제학자들이 일반적으로 예상했던 것보다 훨씬 길어졌습니다. 전개 양상도 예측과 많이 다릅니다. 경제학자들의 '무능'은 계속되고 있습니다. 경제도 위기, 경제학도 위기인데, 경제학자들은 여유로운 듯합니다.

여전히 조심스럽지만, 현재 경제 위기의 원인이 소득불평등에 있다는 주장이 꽤 있습니다. 물론 소득불평등만이 유일한 이유라고 주장하기는 힘듭니다. 원인의 '상당 부분'이 불평등과 관련돼 있다고 해두는 게 좋겠습니다.

구체적인 설명은 이미 한 것과 같습니다. 거칠게 요약하면 이렇습니다. 노동소득 몫 하락과 같은 전반적인 소득불평등 증대는 총수요 부족을 초래합니다. 이를 해결하는 방식은 크게 두 가지입니다. 하나는 순수출을 늘리는 '수출 주도 전략'이고, 다른 하나는 가계부채를 늘려서 소비를 진작하는 '부채 주도 전략'입니다. 전자는 전 세계적인 불균형을 초래했고, 후자는 현재 금융위기의 직접적 원인이었습니다. 물론 이 둘은 관련돼 있습니다. 중국과 같은 순수출 국가로부터 자본이 미국으로 유입돼 금융 부문이 팽창하고 투기 활동이 활발해지지 않았다면, 미국의 금융위기는 생기지 않았을 수도 있습니다. 이런 점 때문에, 소득불평등의 문제는 더 이상 한 나라의 문제가 아닙니다. 국제적인 협조와 공조가 절대적으로 필요한데, 이게 참 어렵습니다. 경제 위기가 일어난 지 꽤 많은 시간이 지났는데, 국제적 차원에서 정책적 진전은 더디기만 합니다.

쿠즈네츠와 피케티

류이근__ 박사님이 얘기했던 것처럼 소득불평등 문제가 10여 년 전만 해도 심각하게 받아들여지지 않은 이유가 시장의 효율성에 대한 믿음과 불평등이 경제성장 초기엔 커지다가 국민소득이 어느 수준에 도달하면 자연스레 감소한다는 '쿠즈네츠 가설'의 영향이 크다고 할 수 있을 것 같습니다. 피케티도 책에서 이 부분을 중요하게 다뤘는데, 피케티는 쿠즈네츠가 틀렸다고 했습니다. 박사님은 피케티를 포함해 주류 경제학자들이 쿠즈네츠를 잘못 이해했다고 보는 것 같습니다.

이상헌__ 중요한 지적을 했습니다. 소득불평등 문제에 대해 경제학자들이 다소 무신경해진 데는 강한 시장주의 성향의 법칙에 관한 이론 틀뿐만 아니라 쿠즈네츠 가설의 영향도 있습니다. 쿠즈네츠는 국민소득계정을 개발한 사람인데, 오늘날 우리가 사용하고 있는 GDP 같은 개념도 그가 만들어냈습니다. 이런 통계 작업을 하면서, 쿠즈네츠는 아주 흥미로운 실증적 발견을 하게 됩니다. 소득불평등도가 국민소득이 낮은 산업화 시기에는 높아지다가 어느 정도 국민소득 수준에 도달하면 하락한다는 것입니다. 영국을 비롯한 다른 선진국들의 시계열 통계를 보고 쿠즈네츠가 내린 결론입니다. 앞서 말한 보울리의 법칙처럼, 그는 이를 일종의 '경험적 규칙성' 정도로 보았고, 그 배후에 있는 요인들을 분석했습니다. 그런데, 전후 경제학자들은 이를 한 발짝 더 밀고 나가서 '법칙' 수준으로 승격시킵니다. 소득불평등은 처음에는 증가하다가 나중에는 '자연적으로' 감소하는 법칙적 경향을 보이니, 소득성장이나 경제성장에만 주력하면 분배 문제는 자동적으로 해소된다는 거죠. 여기서 조금 더 나가면, 우리에게 친숙한 구호, '선성장, 후분배'가 완성됩니다.

당연하게도 피케티에게 쿠즈네츠 가설은 아주 불편한 존재입니다. 피케티의 역사적 통계로는 사실상 소득불평등이 끊임없이 오르락내리락하는 겁니다. 최소한 30년 정도는 국민소득이 높은 선진국에서 소득불평등이 늘었으니, 쿠즈네츠 가설은 이미 틀린 겁니다. 피케티가 보기에, 쿠즈네츠 법칙은 보울리 법칙처럼 역사의 한 단계에 나타난 일시적 현상을 일반적 법칙으로 착각한 해프닝에 불과합니다.

저는 쿠즈네츠 '법칙'이 왕창 틀렸다는 피케티의 분석에는 동의하지만, 그가 비판한 것은 통상적인 쿠즈네츠의 이해 방식입니다. 실제로 쿠즈네츠는 불평등의 '자연법칙'을 주장한 적은 없습니다. 그의 해당 논문을 읽어

보면 역설적이게도 피케티와 유사한 면이 많습니다. 쿠즈네츠도 기본적으로 자본주의 내에 불평등을 증가시키는, 일종의 내재적 경향이 있다고 봤어요. 그러면 어느 시점에서 불평등은 왜 하락할까요? 자연적으로 하락하는 게 아닙니다. 쿠즈네츠는 불평등이 증가해서 지나치게 높은 지점에 도달하면, 시민들의 불만과 사회적 불안정성이 높아져서 시민들이 정치적 압력을 행사한다는 점을 발견했습니다. 이런 정치사회적 압력에 의회를 비롯한 정치권이 반응해 일련의 법적, 제도적 변화를 도입하게 되고, 이 때문에 불평등은 비로소 줄어든다고 했습니다. 쿠즈네츠가 세금 문제를 예로 들었던 것으로 기억합니다. 그래서 쿠즈네츠가 강조한 것은 쿠즈네츠 '법칙'과는 정반대입니다. 만일 이러한 정치사회적 변화가 없다면 소득불평등이 감소하지 않을 수도 있기 때문에, 소득불평등 감소를 당연한 것으로 가정하지 말라고 경고했습니다. 그의 논문 맨 마지막 문단에 나오는 결론입니다. 협애한 '경제학'에서 벗어나서 '사회경제학'으로 옮겨가야지 불평등 문제를 제대로 이해하고 효과적인 정책을 세울 수 있다는 주장도 덧붙였습니다. 피케티와 많이 다르지 않습니다.

저성장의 늪에 빠진 세계

류이근 피케티의 책이 저성장의 늪에 빠진 채 불평등은 더욱 커지고 있는 우리나라에 어떤 시사점을 준다고 보나요?

이상헌 성장 둔화는 한국만의 문제는 아닙니다. 전 세계적인 현상입니다. 일부 국가들이 회복 기미를 보이고 있지만, 아직 부분적이고 불안정한 상태입니다. 국제통화기금의 경기 예측도 대체적으로 악화 요인에 더 중점을 두는 상황입니다. 게다가 일부 학자들은 구조적 불황, 이른바 '장기정체론 secular stagnation'의 가능성을 걱정하고 있습니다. 최근 주요 20개국 회의에서 그 가능성을 훨씬 심각하게 논의하고 있습니다. 간단치 않은 여건입니다.

피케티의 자본주의의 제2기본법칙을 기계적으로 적용해본다면, 경제성장의 둔화가 지속되면 소득불평등 역시 지속적으로 증가합니다. 이미 소득불평등의 악화 정도는 우려할 수준을 넘어섰는데, 이 추세가 지속될 경우 어떤 사회경제적 문제가 생길지는 누구도 정확히 알 수 없습니다. 앞서 말한 '소득주도성장론'의 관점을 도입하면, 반대의 인과관계도 가능합니다. 즉, 불평등의 확대는 경제성장의 구조적 제약 요인입니다. 이 문제를 해소하지 않으면 저성장의 늪에서 벗어나기 힘듭니다. 이제껏 한국 경제는 그나마 순수출 확대를 통한 '수출 주도 전략'에 의존해왔는데, 전 세계적으로 경제가 악화되는 상황에서 이 전략에 계속 의존하기는 힘듭니다. 소득불평등을 줄이면서 내수를 강화하는 방향으로 가는 게 옳다고 생각합니다. 동국대 김낙년 교수와 김종일 교수의 최근 통계를 보면, 한국의 상위 10퍼센트가 가져가는 소득 몫은 세계 최고 수준입니다(257쪽 도표 참조). 미국과 거의 맞먹습니다. 과감한 정책 전환의 필요성을 시사하는 통계가 아닌가란 생각이 듭니다. 시간이 많지 않다는 게 제 개인적인 짐작입니다.

류이근__ 피케티는 성장이 불평등을 감소시켜왔다고 얘기합니다. 하지만 성장보다 '자본'에 더 초점을 맞추고 있습니다. 성장을 통한 불평등 해소에 상대적으로 관심이 적은 듯합니다. 기껏 해봤자 성장은 장기적으로 인류 역사에서 연평균 1퍼센트 안팎을 넘기 힘들다고 보는 듯합니다. 그래서 성장을 끌어올리는 게 아니라, 자본수익률을 낮춰서 불평등을 줄이자는 식으로 문제에 접근해야 한다고 보는 것 같습니다. 박사님은 이를 어떻게 보는지 궁금합니다.

이상헌 현재 상황에서 가장 핵심적인 문제를 제기해주셨습니다. 앞서 루스벨트 대통령에 대해 얘기했잖습니까? 미국에서 최상위 1퍼센트의 소득 몫이 최고에 달했을 때 대공황이 왔고, 미국은 체계적인 정책 전환을 도모했습니다. 전쟁의 효과도 있었지만, 제도적 전환도 한몫했습니다. 사회적 압력이 정치적 힘으로 모아졌고, 이것을 통해 일종의 체제 변화가 있었습니다. 그 결과 불평등도 급속도로 줄고, 제2차 세계대전 이후에 고도성장의 기반도 마련되었죠. 이런 메커니즘은 이미 지적한 쿠즈네츠의 '사회경제학'과 궤를 같이합니다.

그런데, 1980년대 이후 정책에 또 다른 '체제 변화'가 있었습니다. 그건 마치 1920년대 이전으로 돌려놓는 정책 변화였죠. 경제 전체 이익을 고려한 규제 개혁이 아니라, 규제 완화 자체를 목적으로 한 변화들이었습니다. 대체적으로 이 시기 즈음해서 불평등은 다시 증가하기 시작했습니다. 흥미롭게도, 피케트의 분석이 보여주는 것처럼, 이번 경제 위기 바로 직전에 미국 최상위 1퍼센트의 소득 몫이 1920년대의 최고 수준에 도달했습니다. 역사적 우연이라고 하기에는 너무 드라마틱하지 않나요?

지금까지 여러 상황의 변화만을 놓고 볼 때, 이번 위기가 대공황과 다른 점 하나가 있습니다. 불평등의 문제가 경제 위기와 겹쳐서 점증하고 있고, 이에 대한 사회적 불만이 높아지고 있지만, 좀처럼 변화를 추동할 만한 정치사회적 힘이 생기지 않고 있습니다. 그렇다 보니 정책적 변화도 지지부진한 편입니다. 최근 통계를 보면, 경제 위기 이후로 소득불평등은 계속 늘고 있습니다. 노동소득 몫은 잠깐 오르는 듯하다가 다시 내리막길입니다. 경제가 어렵다고 하지만 자본 몫은 꾸준히 늘고 있습니다. 큰 변화는 없이 경제만 계속 어려워지는 형국입니다. 비관적인 목소리가 나올 만합니다. 쿠즈네츠의 '전환점turning point'[8]은 여전히 가시권 밖입니다.

쿠즈네츠의 사회경제가 필요한 때

류이근 불평등이 심각해지는데도 왜 이를 개선하려는 사회적, 정치적 힘이 커지지 않는 건가요? 한국에선 불평등이 그만큼 심각하지 않은 건가요? 아니면 잘 통제돼 실태에 대해서 대부분의 시민들이 충분히 인식하지 못하는 건가요? 도대체 뭐가 문제인가요? 사실 최상위 소득자가 전체 소득에서 차지하는 몫을 줄이려는 시도는 저항에 부딪힐 수밖에 없을 것으로 보입니다. 쉽게 말해 기득권의 저항일 텐데, 스티글리츠 같은 학자도 얘기했지만, 기득권자들이 자신들의 이익을 침해하는 행위를 무력화시킬 정치적으로 더 큰 힘을 갖고 있는 거 아닌가요?

이상헌 왜 그럴까요? 사회적 불만은 저변에서 분명히 느껴지는데 변하지 않는 이유는 뭘까요? 어려운 문제입니다. 스티글리츠 같은 경제학자는 "정치의 실패"에서 원인을 찾는데, 저도 이에 대체적으로 공감합니다. 정치인들의 자질을 말하는 게 아닙니다. 구조적 실패를 말하는 겁니다. 소득불평등이 증대했다는 것은, 최상위 소득자의 주머니가 예전보다 훨씬 더 두툼해졌다는 얘기입니다. 그들은 그 돈으로 요트를 사고 별장을 사기만 하는

8 국민소득이 어느 수준에 도달하면 불평등이 줄어들기 시작하는 지점을 말한다.

것은 아닙니다. 자신의 경제적 이해를 지킬 수 있도록 정치에 투자합니다. 드러내놓고 로비도 합니다. 이런 식으로 정치는 사실 최상층 소득 '엘리트'에게 포획됩니다. 경제 위기가 와서 수백만 명이 일자리를 잃는 상황이 와도 정치권이 요지부동인 이유입니다. 미국 민주당의 버락 오바마Barack Obama가 두 번째 정권을 잡고 있으면서도, 그가 한 일은 루스벨트가 한 일에 비해 턱없이 모자란데, 그 이면에는 이런 구조적 제약이 자리하고 있지 않을까 싶습니다.

지금 필요한 변화는 엄밀히 말하면 '성장'이 아닙니다. 어느 정도 성장은 필요한 것이지만, 그만큼 중요한 것은 성장의 '내용'입니다. 불평등을 확대하는 방식의 성장은 결국 발목을 잡고 말 겁니다. 성장이 둔화되고 위기가 올 수도 있습니다. 이 자체도 문제이지만, 더 큰 문제는 이런 위기에서 중저소득층이 그 비용을 고스란히 감당한다는 점입니다. 경제가 성장하는 동안에는 성장의 혜택을 덜 누리면서도, 위기 국면에서는 비용을 온전히 감당하는 것입니다. 이런 것을 문제 삼고 적극적으로 고치려 하지 않는다면, 전 국민을 위해 존재한다는 국가의 의미가 도대체 뭔지 의문스러워지는 거죠.

피케티는 경제성장률이 자본주의 역사를 통틀어서 그리 높지 않다고 합니다. 2퍼센트 미만입니다. 제2차 세계대전 이후 높은 경제성장률은 오히려 예외라고 합니다. 이것이 어느 정도 엄밀한 주장인지는 저로서는 판단하기 힘듭니다. 이보다 더 중요한 것은 그가 이런 역사적 통계를 통해서 주장하고자 하는 '내용'입니다. 즉 성장을 통해서 불평등을 해소하겠다는 '쿠즈네츠 법칙'의 미망에 빠져 있지 말고, 적극적으로 정책을 바꾸라는 메시지라고 봅니다. 이에 전적으로 공감합니다.

한 가지 덧붙이고 싶은 말이 있긴 합니다. 소득분배를 잘 관리하면, 경제 성장에도 도움이 될 것이라는 점입니다. 사회적 안정성과 시민들의 후생도 증가합니다. 세 마리 토끼를 다 잡을 수 있는 일을 마다할 이유가 무엇이겠습니까?

류이근_ 피케티는 자본과 소득의 관계에서 자본을 억제해 불평등을 완화시킬 수 있다고 보는데, 한국에서는 피케티 책에서 '다시 성장을 키워 소득을 늘리면 불평등을 해결할 수 있다'는 식으로 의미를 찾는 사람들도 있습니다. 이를 어떻게 보는지 궁금합니다.

이상헌_ 그렇게 주장할 수는 있지만, 저는 그 구체적 근거를 알고 싶습니다. 만일 그런 주장을 경제학자들이 한다면, 그들이 중시하는 실증적 근거를 대면 됩니다. 경제는 '희망 사항'이 아니라는 그들의 주장을 다시 돌려주고 싶습니다. 쿠즈네츠 '법칙'은 끝났습니다. 그 자리를 이제 쿠즈네츠의 '사회경제'가 메꾸어야 할 때입니다. 또한, '성장'부터 해야 한다면, 어떻게 성장할 수 있는지도 얘기해야 합니다. 다시 한 번 허리띠를 졸라매서 열심히 뛰어야 한다는 식의 주장이라면, 굳이 경제학자가 할 말은 아닙니다.

류이근_ 자신의 이념적 성향에 따라서, 피케티의 책이나 주장이 '성장이냐 분배냐'와 같이 접점을 찾지 못하는 해묵은 논쟁으로 끝나고 말 것이란 우울한 전망을 내놓는 사람들도 많습니다. 박사님은 이를 어떻게 보는지 궁금합니다.

이상헌_ 조금 정색해서 말하겠습니다. 피케티류의 주장을 해도 결국은 별 소득도 없고 정책 변화도 없다는 전망은 우울하기도 하지만, 동시에 한가하고 무책임한 것입니다. 지금 경제, 정치, 사회적 사정이 녹록지 않습니다. 어차피 안 될 것이라고 해서는 안 됩니다. 혹 만에 하나 잘 안 되더라도 지금은 고민하고 주장해야 합니다. 이미 말했듯이 '성장이냐 분배냐'라는 프레임을 깨고, 분배 개선을 통한 성장을 끊임없이 주장하고 구체적 정책 플랜을 제기해야 합니다. 우울은 전망이 아니라, 회고의 영역이어야 합니다.

이상헌
서울대학교 경제학과와 동 대학원을 졸업하고 케임브리지 대학교에서 박사 학위를 받았다. 현재 국제노동기구의 부사무총장 정책특보로서, 경제사회 정책 분야의 정책 개발 및 조정을 담당하고 있다.

경제사상사로 본 피케티

INTERVIEW

인터뷰이 **홍훈**_연세대학교 경제학부 교수

학자가 아니고선 피케티가 쓴 《21세기 자본》을 온전히 이해하기란 버거운 일이다. 두꺼운 분량에 여러 나라의 역사적 사실과 경제학자, 철학자가 무수히 등장한다. 게다가 '조미료처럼 뿌려진' 문학 작품들과 경제 이론들, 반복되는 숫자 앞에서는 어지럽기까지 하다.

홍훈 연세대 교수는 경제사상사라는 큰 흐름에서 《21세기 자본》의 군더더기를 최대한 발라내고 뼈대만을 추려낸다. 홍 교수는 피케티와 그의 책을 경제사상사라는 '지도'의 어느 지점에 세울 수 있는지를 쉽게 안내해준다. 이 인터뷰를 읽고 나면 피케티가 데이비드 리카도, 카를 마르크스, 사이먼 쿠즈네츠, 헨리 조지 등 굵직한 경제학자 가운데 누구의 어떤 점을 닮았는지를 머릿속에 그릴 수 있을 것이다. 피케티는 자신의 책에서 많은 경제학자를 등장시켜 비판하지만, 정작 그 자신도 이들에게 큰 사상적, 방법론적 빚을 지고 있다. 이런 점을 홍 교수는 놓치지 않는다. 또 분배 문제가 경제사적으로 어떻게 다뤄져왔는지 대략적인 윤곽을 잡을 수 있도록 도와준다. 홍 교수가 역사와 정치, 제도를 중시하는 피케티를 경제사 맥락에서 조명한다는 점이 흥미롭다고 할 수 있다.

인터뷰는 8월 23일 연세대학교 홍훈 교수 연구실에서 진행했다. 이후 전화와 이메일 등을 통해 내용을 보충했다. 이 인터뷰는 분배를 주제로 한 두 시간짜리 경제사 강의이다. 실제 홍 교수는 대학에서 경제사상사를 가르치고 있다. 경제사를 보다 깊이 있게 이해하고 싶은 독자에겐 그가 쓴 《경제학의 역사》(박영사, 2010)를 권한다.

류이근_ 제가 피케티 책에서 주목했던 경제학자는 두 명입니다. 한 명은 카를 마르크스, 다른 한 명은 사이먼 쿠즈네츠였습니다. 먼저 마르크스에 대해 여쭤보지 않을 수 없네요. 마르크스와 피케티는 어떤 유사성이 있나요?

홍 훈_ 피케티가 '자본의 축적'으로 자본주의를 설명하려 한 점은 마르크스와 닮아 있습니다. 하지만 피케티는 마르크스의 '자본주의 종말론'에 비판적입니다. 또 마르크스가 '생산성'이나 '기술의 진보'를 제대로 인식하지 못했다고 비판합니다. 그런데 피케티가 마르크스를 잘못 이해한 것 같습니다. 사실 마르크스가 여러 이론적인 업적을 남겼지만, 그 가운데에서도 기술발전에 대해서는 선구자입니다. 마르크스가 기술발전을 중시하고 경제이론에 결합시켰다는 것은 경제학자 대부분이 인정하는 사실입니다. 마르크스가 이를 별로 인식하지 못했다는 피케티의 비판은 저로선 이해할 수 없습니다. 기술발전을 본격적으로 설명한 것은 마르크스가 처음입니다.

마르크스 vs. 쿠즈네츠 vs. 피케티

류이근 좀 더 구체적으로 설명해주시겠어요?

홍 훈 마르크스의 '이윤율 저하' 자체도 기술발전에 근거하고 있습니다. 이윤율 저하의 근원은, 생산과정에서 자본가가 노동자를 착취하기 위해, 기업이 다른 기업을 이기기 위해, 기술을 발전시키는 데 있다는 것을 마르크스가 명명백백하게 설명하고 있습니다. 마르크스는 거시적인 경제 움직임을 얘기할 때 반드시 기술발전을 말합니다. 따라서 생산성 변화나 기술발전에 대한 인식이 부족했다고 얘기하기 힘들죠.

오히려 다른 주류 경제학자들이 기술발전을 무시해왔던 게 진실입니다. 물론 주류 경제학이 최근 들어서 이를 설명하기 시작하고 있습니다. 피케티가 여러 관점에서 마르크스를 비판하지만 기술발전 부분에선 동의하기 어렵습니다. 마르크스의 자본주의 종말론이나 노동가치설[1]이나 이윤율 저하의 법칙[2]이 잘못됐다는 것은 비단 피케티만의 얘기는 아닙니다.

류이근 마르크스에 대한 교수님의 생각은 어떠세요?

홍 훈 이윤율 저하의 법칙은 주장하기 어렵습니다. 그러나 생산과정을 중시해야 한다거나, 기업 내부를 들여다봐야 한다는 마르크스의 주장은 여전히 의미가 큽니다. '착취'도 자본주의 경제에서 무의미한 개념이라고 볼

1 상품을 생산한 노동이 상품의 가치를 형성하고, 상품을 생산하는 데 필요한 노동시간(사회적 필요노동시간)이 가치의 크기를 결정한다는 이론을 말한다.

2 이윤율이란 투하자본에 대한 이윤의 비율을 말한다. 마르크스는 자본주의를 설명하면서 생산성 증가를 위한 생산설비 등 불변자본의 증가는 유기적 구성을 고도화시켜 잉여가치를 줄이고 결국, 이윤율을 저하시킨다는 모순을 지적했다.

수 없어요. 마르크스가 얘기한 그대로 받아들일 수 없지만, 여기저기 착취란 개념으로 포착되는 현상이 많습니다.

류이근 피케티는 그 부분은 다루지 않잖아요?

홍 훈 그렇습니다. 이런 거죠. '가치는 어디서 나오는가'라고 할 때, 마르크스는 착취에서 나온다고 봐요. 주류 경제학은 정반대로 노동자나 자본가가 생산에 기여해 가치를 창출한다고 봅니다. 이게 바로 '부가가치'란 겁니다. '국내총생산 성장이 어디서 나오는가'라고 할 때, 좌우 두 경제학파에서 한쪽은 노동자 '착취', 다른 한쪽은 노동자, 자본가, 지주 모두 다 '기여'한다고 보는 겁니다.

피케티는 그 중간이라고 보면 됩니다. '나는 가치가 어디서 나오는지는 잘 모르겠다'라는 거죠. 이처럼 언급 안 하는 쪽이 데이비드 리카도나 스라파Sraffa 학파 등 '중도좌파' 쪽 흐름입니다. 다만 중도좌파 입장은, 일단 가치가 생기고 나면 그게 어떻게 쪼개지고 분배되는지를 놓고서 '분명히' 얘기하겠다는 입장입니다. 누가 생산하는지 모르니까, 쪼개지는 것을 세력 관계로 봐요. 협상에서 밀고 당기는 정치적 관계에서 결정된다고 보는 거죠.

류이근 가만히 놔두면 '자본이 무한대로 커진다'는 피케티의 주장이 마르크스와 유사성이 있다고 볼 수 있나요?

홍 훈 어쨌든 자본은 자기 스스로 어느 수준이 지나면 팽창한다는 거죠. 이런 생각이 주류 경제학엔 없습니다. 경제학 역사에서 이런 생각을 아주 명확하게 한 사람은 마르크스가 처음이었죠. 자본은 자기 스스로 확대 재생산한다, 점점 덩어리가 커진다고 봤어요. 말하자면 어떤 사람이 어디에 투자하고, 어떤 주식을 사는지, 이런 개인의 선택과 무관하게 자본이 어느 수준을 넘어가면 자기 스스로 확대 재생산한다는 겁니다. 피케티가 이런 면에서 마르크스와 비슷하다고 할까요? 다른 점은, 생산과정에서 착취를 통해서 자본이 축적된다는 게 마르크스의 생각인데 반해, 피케티는 그런 얘기를 하지 않습니다.

류이근 마르크스와 피케티가 쓰는 자본의 개념이 다른 것 같습니다. 피케티는 생산과정에 투입되는 자본과 그렇지 않은 자본의 차이점을 분명히 인식은 하고 있지만 하나로 묶어서 보는데요. 이는 마르크스가 보는 자본과 다르죠?

홍 훈 그 부분은 다르다고 할 수 있습니다. 자본은 크게 두 측면이 있어요. 공장에 투입돼 공장이나 설비 등에 쓰이는 게 있습니다. 여기에 노동이 투입되면 물건이 만들어지죠. 또 화폐로 전환되는 게 있습니다. 기업이 주식을 발행하면 기업 가치가 주식이란 금융자산으로 나타납니다. 즉, 자본은 실물을 생산하는 측면이 있고, 화폐 금융 측면이 있습니다. 물론 피케티도 이를 알고 있습니다.

한 공장이 가치를 갖고 있다고 해봅시다. 공장의 주식을 발행한다고 해서, 발행된 금융자산이 공장의 가치를 두 배로 늘리는 것은 아닙니다. 100이란 가치를 바탕으로 100이란 주식을 발행하면 그 기업의 가치는 200이 되는 게 아니란 얘기입니다. 금융자산은 기본적으로 그 기업 가치의 '반영'일 뿐입니다.

피케티는 두 개의 식을 얘기하고 있습니다. 이론이라고까지 말할 수는 없지만 항등식 하나와 방정식 하나를 끄집어내죠. 그런데 첫 번째 항등식[3]

에서 피케티는 자본을 실물자산 더하기 금융자산으로 얘기하는 것 같습니다. 그런데 두 번째 방정식[4]은 실물자산 즉 생산적 자산만 얘기해야 하는 것 같습니다. 피케티가 첫 번째 항등식과 두 번째 방정식 간 일관된 자산 개념, 일관된 자본소득 개념을 쓰고 있는지 미심쩍습니다. 자본 개념이 바뀐 것일 수도 자본소득 개념이 바뀐 것일 수도 있습니다. 이게 마르크스와 차이점일 수도 있죠. 그런데 생산과정의 착취를 떠나 두 식 사이에 '일관성'의 문제가 있을 수 있습니다. 이 부분에 대해서 저도 집중적으로 연구하려 합니다. 이 점이 피케티의 취약한 부분이라고 봅니다.

마르크스와 보다 근원적 차이점은 생산과정입니다. 피케티에게는 '생산과정에서 착취가 일어난다'는 마르크스적 관점이 결여돼 있습니다. 노동착취에 집착하지 않더라도, 착취는 우리가 경제를 이해하려고 할 때 꼭 고려해야 할 요소입니다.

류이근_ 그럼에도 불구하고 피케티는 마르크스의 문제의식을 많이 받아들이고 있지 않나요? 어떤 면에서 상당히 유사하다고 할까, 친근성이 높다고 얘기하셨는데요?

홍 훈_ 마르크스를 계승한다고 강하게 얘기하긴 힘들다고 봅니다. 자본을 볼 때 유사성이 꽤 있고, 자본이 소득불평등을 조성하는 근원이라고 생각하는 것, 자본을 규제 관리해야 한다는 것에 유사성이 있다고 할 수 있겠죠. 경제를 파악하는 데 역사를 같이 봐야 한다는 이론과 역사의 접합이란

---

3 자본주의의 제1기본법칙. $\alpha=r\times\beta$, α는 국민소득 중 자본소득의 비율, r은 자본수익률, β는 자본/소득 비율을 뜻한다.

4 자본주의의 제2기본법칙. $\beta=s/g$, s는 저축률, g는 경제성장률을 뜻한다.

부분에서도 마르크스와 좀 유사할 수 있습니다.

류이근 피케티는 마르크스의 《자본론》조차 읽지 않았다고 했는데요?

홍 훈 그래도 마르크스에 대해서 여러 비판을 하잖아요. 읽었느냐 읽지 않았느냐는 중요한 건 아니라고 봅니다. 다른 학자가 마르크스를 해석한 것을 봤을 수도 있죠. 분명한 건 마르크스를 의식하고 있다는 겁니다.

류이근 제가 피케티 책에서 주목할 만한 경제학자 두 명으로 마르크스와 쿠즈네츠를 꼽았다고 했는데, 쿠즈네츠 얘기를 좀 해볼까요? 한동안 쿠즈네츠의 역U자 가설이 전 세계에 지배적이지 않았습니까? 경제가 성장하면서 처음엔 불평등이 커지다가 일정 단계 이상에선 불평등이 완화된다는 거죠. 주류 경제학자들이 이런 인식을 어떻게 공유해온 건지 궁금합니다.

홍 훈 그 부분은 확실히 알 수 없습니다. 쿠즈네츠가 주류 경제학계에 중요한 논리를 제공한 것은 사실입니다. 하지만 근원적 논리는 아닙니다. 저는 기존 주류 경제학에서 분배 문제를 생각할 때 세 가지를 중요하게 여긴다고 봅니다.

첫 번째, 소득분배가 시장에서 결정된다는 겁니다. 시장 수요와 공급에 의해 결정된다는 거죠. 노동시장에서 노동 수요와 공급이 만나 '임금'이 결정되고 자본시장에서는 자본의 수요와 공급이 만나 '이윤'과 '이자'가 결정됩니다. 두 번째, 소득분배가 시장에서 생산성에 따라서 결정된다는 거죠. 각 생산요소가 생산에 기여한 바에 대한 시장의 평가에 따라 노동의 임금과 자본의 이윤이 결정됩니다. 생산성에 따라서 분배가 결정됐기 때문에 정당하다고 보는 겁니다. 세 번째가 쿠즈네츠라고 할 수 있죠.

분배 문제의 역사

류이근_ 최근 경제사적 흐름에서 보면 이런 인식이 주류라는 거죠?

홍 훈_ 첫 번째, 두 번째 주장은 경제학의 미시 교과서 등에서 반복해서 나오는 겁니다. 그리고 이를 역사적 흐름 속에서 보려고 할 때 쿠즈네츠가 추가적으로 중요해진다고 생각합니다.

류이근_ 생산에 기여한 바에 따라서 소득분배가 결정된다면, 지금의 소득분배 상태가 쉽게 정당화될 수 있겠네요. 주류 경제학에서는 소득분배에 큰 관심을 두지 않아왔던 것 같습니다.

홍 훈_ 그런 경향이 있습니다. 심지어 로버트 루카스Rober Lucas Jr 같은 유명한 주류 경제학자는 분배에 대해서 논의하지 않는 게 훌륭한 경제학의 요건이라고 말했습니다. 그 이전에 프리드리히 하이에크Friedrich Hayek는 시장경제에서 분배적 정의를 논할 수 없다고 주장했죠.

류이근_ 교수님께서 주류 경제학에서 보는 분배 결정 메커니즘을 세 가지로 명쾌하게 정리해주셨네요. 이를 한마디로 정리하면, '시장에서 생산성에 따라서 정당하게 결정된다'고 정리할 수 있겠네요. 경제학에서 이런 얘기가 지배적인 위치를 차지하고 나서 큰 도전은 없었나요?

홍 훈_ 사실 시장 원리를 뒷받침하는 한계생산성이론도 긴 역사적 투쟁 끝에 세력을 얻은 겁니다. 1970, 80년대 이후에야 세력이 확장됐습니다. 초기엔 그렇게 생각하지 않는 사람이 많았죠. 이건 경제학의 역사와 관련이 깊습니다. 1870년 이후부터 한계생산성이론이 나왔고, 그 이후 19세기 말이나 20세기 초중반 들어서 이론적으로 확장된 논의입니다. 대신 마르크스의 착취 이론이나 피케티에게 친화적인 협상 이론이나 세력관계론이 학계에서 자꾸 밀려났어요. 그리고 '소득은 생산성에 따라 분배된다'는 게 경제학계를 지배하게 됐습니다.

류이근__ 외환위기 이후 성과 보상 시스템이 확산됐잖습니까. 기업 이익에 얼마만큼 기여했느냐에 따라서 임금을 주겠다는 건데, 임금이 실제 어떻게 결정되느냐와 상관없이 대중의 의식에는 분명 주류 경제학에서 얘기하는 한계생산성이론이 더 크게 자리를 잡은 것 같습니다.

홍 훈__ 간단히 처리할 수 있는 이론적 문제는 아닐 수 있어요. 그렇게 믿고 있는 사람도, 아닌 사람도 있겠지만, 류 기자의 그런 지적은 맞는 것 같습니다. 외환위기 이후 그런 문화가 확산됐어요. 물론 양극화도 같이 일어났죠. 학교에서 경제학 이론을 전파시켜 시장 논리를 확산시키는 기제가 되기도 하죠. 하지만 더 중요한 것은 사회 전체 시스템이나 규범입니다. 이런 게 바뀌면 현실 경제 변화에 더 큰 영향을 미칩니다. 우리나라는 외환위기 이후 경제 시스템과 이념이 바뀌었고 노동시장의 성격도 바뀌었습니다. 이후 시장 논리를 뒷받침하는 이론도 확산되고 이념도 확산됐어요. 일반인들이 꼭 경제 이론을 배워서 그런 건 아니죠.

류이근__ 피케티가 슈퍼경영자의 높은 보수를 얘기할 때 한계생산성이론을 강하게 비판하죠.

홍 훈__ 당연한 얘기입니다. 저도 슈퍼경영자의 보수가 한계생산성에 따라 결정된다고 보지 않습니다. 최고경영자들끼리 서로 주고받는 거죠. 위원회에서 보수가 결정된다고 하지만 소액 주주들이 통제하기는 쉽지 않아요. 경영자 자신들이 결정하는 걸로 봐야 합니다. 피케티의 주장은 능력이 조금 더 크니 더 줄 수 있지만, 두세 배도 아니고 그 정도로 많이 줄 수 있느냐는 겁니다. 능력에 따라서 수당을 더 준다 해도 지금은 수당 배율이 너무 크다는 게 피케티의 생각이죠.

류이근 그렇다면 피케티는 소득분배가 어떻게 이뤄진다고 보는 건가요?

홍 훈 주류 경제학에서 주장하는 것처럼 시장에 의해서만 결정되지는 않는다고 보는 것 같아요. 최저임금법이나 비정규직법 등 법적 틀과 정부의 정책과 제도, 세력 간 관계와 협상, 심지어 전쟁이 개입돼 소득분배가 결정된다고 봐요.

피케티는 또 시장에서 결정된 소득은 과연 정당한가라고 묻습니다. 정당하다고만 볼 수 없다는 게 그의 생각입니다. '분배가 정당하다, 아니다'를 얘기하기 쉽지 않지만, 어떤 수준을 넘어서면 심각하다고 비판합니다. 수준에 대해선 아주 기본적인 조건을 얘기합니다. 사람들이 굶어 죽으면 안 된다거나, 너무 불평등하면 전쟁이나 폭동이 일어날 수 있다는 거죠.

시장에서 불평등이 자동적으로 조정되는 게 아니라, 내버려두면 막갈 수 있다는 겁니다. 시장에서 조절 또는 안정이 이뤄진다고 전혀 보장할 수 없다는 거죠. 1970, 80년대 이후 계속 불평등이 커지고 있는데, 이처럼 시장에 내맡기면 어느 정도에서 멈추는 게 아니라 계속 커질 수 있다고 보는 거예요. 따라서 정책이나 제도를 강구해서 불평등을 억제해야 한다는 겁니다. 피케티가 누진세 강화나 자본세를 얘기하는 것도 이 때문입니다.

류이근__ 지금에 견줘 분배 문제가 19세기 말엔 경제학에서 더 중요한 숙제였나요? 주류 경제학에서 분배 문제가 실종된 게 아니냐고 얘기하는 분들이 있습니다. 조지프 스티글리츠도 《불평등의 대가》란 책에서 이를 문제 삼지 않습니까?

홍 훈__ 경제학에선 분배 문제가 초기부터 중요했어요. 애덤 스미스나 데이비드 리카도나 다 분배 문제를 강조했죠.

류이근__ 애덤 스미스가 분배 문제를 중시했다니 의외입니다. 자유시장주의자의 우상으로 자리매김하지 않습니까?

홍 훈__ 그건 스미스를 둘러싼 논란입니다. 기본적으로 스미스는 시장 원리를 제시했죠. 하지만 부분적으로만 정당화했어요. 여러 다른 측면이 있습니다. 《국부론*The Wealth of Nations*》을 보면, 가격을 설명하고 분업을 설명하고, 그다음에 임금과 이윤이 어떻게 결정되는지를 중요한 테마로 삼고 있습니다. 스미스보다 분배를 더 강조한 것은 리카도였습니다. 마르크스도 분배를 강조했고요.

하지만 1870년대 이후 주류 경제학이 본격적으로 부상합니다. 그 뒤 한계생산성이론이 20세기 초 등장하죠. 그러면서 소득분배 문제의 중요성도 약화됩니다.

류이근__ 한계생산성이 주류적 담론으로 커가면서 분배 문제가 상대적으로 약화된 거란 말이죠?

홍 훈__ 분배란 기본적으로 싸우고, 대립하고, 갈등하고, 타협하는 성질이 있습니다. 분배를 그런 게 아닌 것으로 만든 논리가 한계생산성이론입니다. 다들 조화롭게 공헌하는데 왜 싸우느냐는 거죠.

류이근 기여한 만큼 가져간다는 건가요?

홍 훈 그렇습니다. 주류 경제학의 역사는 그런 조화로운 것을 수용하는 역사였습니다. 마르크스의 착취 이론을 공격하면서 정착된 이론이라고 볼 수 있어요. 주류 경제학은 재화나 상품의 가격이나 노동의 수요와 가격을 결정하는 메커니즘이 똑같다고 봐요. 소득분배를 특별한 문제로 취급하지 않는 거죠. 가격 결정이란 커다란 틀 안에 소득분배도 포함시켜서 보는 겁니다. 그래서 소득분배에 대한 문제 인식이 약해지는 겁니다. 각자 입장에 따라 다를 수 있지만, 제가 보기에 기존 주류 경제학이 소득분배를 설명할 때 좀 허구적이란 생각마저 듭니다.

쿠즈네츠와 주류 경제학

류이근 쿠즈네츠 얘기를 좀 더 해보면 어떨까요?

홍 훈 저는 연구를 많이 하지 않았습니다. 경제학자들 생각에 쿠즈네츠 가설이 많이 깔려 있어 보이긴 해요. 예를 들어서 '선성장 후분배'도 거기에 부합되는 얘기잖아요. 하지만 피케티는 쿠즈네츠의 가설이 그리 탄탄한 근거를 갖고 있지 않다고 봅니다. 쿠즈네츠가 방대한 자료를 보고 주장한 게 아니란 거죠. 약간 '이념적' 주장이라는 거예요. 하나의 짧은 논문인데, 사람들이 너무 좋아해서 잘 팔리기 시작했고 주요한 이론이 됐다는 겁니다. 피케티는 U자형 소득분배 추이를 제시하면서 쿠즈네츠의 역U자형은 틀렸다고 말합니다.

류이근__ 피케티는 쿠즈네츠가 주류 경제학자들의 인식에 결정적으로 영향을 끼쳤다고 보는 것 같습니다. 쿠즈네츠가 실증적 데이터를 가지고 1913년부터 1948년까지 어떻게 소득분배가 이뤄졌는지 실증적으로 보여주잖아요. 사실 당시로 보면 어마어마한 장기 시계열인데, 지금의 피케티에 견주면 아주 짧죠. 피케티가 쿠즈네츠를 주류 경제학적 분배 인식의 상징으로 보고 그를 계속 비판한다는 느낌이 강하게 들어요.

홍 훈__ 제가 읽기엔 그렇게까지 쿠즈네츠를 중시하는 것 같지는 않던데요. 어쨌든 피케티는 주류 경제학의 많은 측면을 비판합니다. 그 가운데 중요한 한 측면으로 쿠즈네츠도 비판하는 것 같습니다.

류이근__ 그런데 우리가 주류 경제학이라고 얘기할 때 그 핵심을 뭐라고 봐야하죠?

홍 훈__ 중고등학생부터 대학생까지 다 배우는 내용입니다만, 핵심은 두 가지라고 봐요.

첫 번째는 시장에서 가격이 결정된다는 거죠. 그 가격에 의해서 자원도 배분하고 물건도 사고팔고 하는 게 최상이라는 거죠. 즉 가격 기구에 대한 믿음이 첫 번째입니다. 경제문제를 해결하는 데 가격에 의존한다는 겁니다. 가격이 결정되는 곳은 시장이죠. 결국 시장과 가격에 대한 믿음입니다. 두 번째는 우리가 경제학을 배우면서도 간과하고 있는 내용입니다. 이 부분을 명확히 해야 한다고 봅니다. 주류 경제학은, 시장에서 물건을 사고파는 핵심 방법은 개인의 합리적인 선택이라고 봅니다. 물건을 사고팔 때든지 아니면 주식을 사고팔 때든지 다 마찬가지입니다.

따라서 경제학의 분야와 상관없이 주류 경제학이라고 할 때 시장의 가격

기구와 개인의 합리적 선택이 그 두 축을 이룹니다. 신고전학파라고 불리는 주류 경제학이 핵심적으로 끌고 다니는 것들이죠.

류이근 '가격이 시장의 메커니즘에 의해서 결정된다, 시장은 자기 교정 능력이 있다'라고 할 때 도덕적 질문을 던지기가 어렵겠네요. 그래서 그 자체가 합리적으로 보이는 것 같습니다.

홍 훈 그렇다고 볼 수 있죠. 개인이 합리적으로 잘 선택하니까요. 정부가 끼어들 이유도 없고, 시장의 가격이 움직이는 대로 물건을 사고파는 게 제일 낫다는 거죠.

류이근 그 부분에 대해서 피케티가 주목할 만한 얘기를 많이 하잖습니까. 미국과 유럽 간 불평등 경로의 차이가 어디서 나왔냐고 설명할 때, 사회규범이나 사회적 합의 또는 가치 이런 것들을 강조하지 않습니까?

홍 훈 그렇습니다. 자본주의가 다 시장에 의존하지만 정도가 다르다는 거죠. 경제와 사회 체제가 북유럽인지 아니면 미국인지, 독일인지에 따라서 자본주의 모습은 다르고 또 다양하다는 겁니다. 다들 시장에서 합리적으로 선택하지만, 제도나 규범이 달라서 그 결과가 다르다고 하는 겁니다. 피케티만 그렇게 얘기한 게 아닙니다. 이런 얘기를 한 사람은 수없이 많죠.

류이근 교수님께서 그런 논의들이 19세기에 많았다고 말씀하셨는데, 대표적인 학자나 사상적 조류를 꼽는다면요?

홍 훈 굉장히 많았어요. 워낙 많아서……. (웃음)

류이근 대표 주자가 누구죠?

홍 훈 미국의 경제학자 소스타인 베블런Thorstein Veblen 같은 사람이죠. 대표적인 제도학파입니다. 그는 주류 경제학이 제도를 간과하고 있다고 했어요. '제도 없이 어떻게 경제를 설명할 수 있는가'라는 게 그의 입장이었습니다. 또 마르크스도 제도를 상당히 강조한 사람이었죠.

류이근 피케티나 베블런이나 마르크스의 주장이 현실 경제를 설명하면서 얼마나 큰 의미를 갖는다고 보시나요?

홍 훈 의미가 있다고 봐야죠. 예를 들어서 한국의 노동시장이나 미국의 노동시장을 설명하려고 할 때 기존 경제학 이론만으로 설명되지 않는 부분이 많습니다.

류이근 거꾸로 주류 경제학은 이런 조류에 비판적이지 않습니까?

홍 훈 주류 경제학은 보편적 이론을 추구하려는 경향이 강합니다. 미국, 한국, 유럽, 일본 그 어디에서도 적용되는 이론을 추구하는 거죠. 자연과학 비슷하다고 할까요. 이런 성향이 처음부터 있다가 나중에 더 확산됐죠. 따라서 주류 경제학은 '미국과 한국, 일본, 독일 시장이 다 다르다'는 얘기에 익숙하지 않아요. 사회과학자 가운데 경제학자가 이 부분에 가장 친숙하지 않을 겁니다. 인류학이나 사회학이나 정치학에서는 미국과 일본은 다 다르다고 접근할 텐데, 경제학은 시장경제면 다 똑같다고 보려 합니다. 자본주의 경제면 다 똑같다는 그런 순박함이 대부분의 경제학자한테 있어요. 모든 경제학자는 아니지만, 학문의 성격이 좀 그래요.

류이근_ 경제학이 지닌 우월감일 수도 있겠네요. 배타적이면서 다른 학문과 교류도 잘 하지 않잖아요. 피케티는 심리학, 사회학, 정치학 등의 방법론과 문제의식까지 차용해서 써야 한다고 얘기하고 있습니다. 하지만 경제학계에선 그런 흐름이 주류도 아니고 많지도 않은 것 같습니다.

홍 훈_ 많지 않죠. 그런데 최근엔 좀 바뀌고 있다는 생각이 들어요. 물론 기존 경제학의 큰 흐름은 제도나 규범을 중시하지 않죠. 시장은 미국이나 한국이나 다 똑같다는 겁니다. 경제주체들이 합리적으로 선택하는 것으로 보죠. 하지만 지난 20여 년 동안 제도에 대한 관심이 늘었어요. 행동경제학은 다르죠. 행동경제학은 사람이 합리적으로 선택한다는 것에 비판적이죠.

류이근_ 행동경제학은 심리학을 많이 차용해오지 않았나요?

홍 훈_ 그렇죠. 행동경제학 등을 포함해 좀 다양해진 게 사실이지만, 여전히 다수는 시장경제의 논리를 중시합니다.

피케티 = 매디슨 + 쿠즈네츠 ?

류이근_ 피케티란 학자를 너무 단순화시키는 것은 아닌지 모르겠지만, 영국의 앵거스 매디슨Angus Maddison의 장기 시계열을 통한 GDP 성장 추이와 사이먼 쿠즈네츠의 과세 자료 통계를 결합시켜놓은 게 피케티의 연구 성과란 느낌도 들던데요?

홍 훈_ 피케티가 장기 시계열을 다룬 그 자체로 의미가 커요. 통계를 다뤘다는 것만으로는 어떤 새로운 이론을 내놨다고 할 수 없습니다. 그런데 피케티의 새로운 점이 있습니다. 자신이 강조한 두 개의 식은 시계열 자료에서 연구한 것을 일반화시켜놓은 겁니다. 아직 이론 수준은 아니지만, 준이론이나 이론에 가까운 일반적 주장을 내놓은 것으로 보입니다.

류이근_ 그게 자본주의를 이해하는 데 어떤 통찰을 준다고 봐야죠?

홍 훈_ 결국 식으로 됐다는 얘기는 구체적인 자료에 관계없이 앞으로도 계속 이런 관계 속에 있다는 거죠. 방정식의 어떤 한 변수가 어떻게 바뀌면 식의 값이 어떻게 달라진다는 설명이 가능하겠죠.

류이근_ 피케티는 자본수익률을 낮추지 않으면 자본/소득 비율은 무한히 올라간다고 보잖아요. 자본수익률을 낮추기 위해서 과세 문제를 대안으로 제시하는데 이 부분이 벌써부터 논란입니다. 자본수익률을 떨어뜨릴게 아니라 '성장을 키우면 되지 않냐'라는 거죠. 최근 한 경제지는 '불평등이 심각한 것은 맞다, 답은 다시 성장이다'는 취지로 피케티의 불평등 진단에 대한 대안을 제시하더라고요.[5]

홍 훈_ 피케티가 그 부분에 명확히 대답은 안 하지만, 어느 정도 산업화돼서 선진국 자리에 오르면 성장률을 2~3퍼센트 이상 4퍼센트 가까이 끌어올릴 수 없다고 보는 것 같습니다. 사실 그건 여러 선진국에서 나타난 현상이죠. 산업화 과정 초기에는 중국이나 1970년대 한국처럼, 또는 1950, 60년대 일본처럼 빨리 성장할 수 있죠. 그러나 몇 십 년 지나고 나면 1~2퍼센트로 가라앉는다는 거죠. 경험적으로 봐도 성장률을 유난스럽게 다시 끌어올 수는 없다는 겁니다. 따라서 자본수익률을 낮춰야 하지 성장

---

5 〈富의 집중 가속화…한국, 성장률 높여야 분배 개선된다〉, 《매일경제》 6월 2일 자.

률을 끌어올려서는 불평등 악화를 해결할 수는 없다고 보는 것 같습니다.

류이근 사실 어떤 경제정책을 펼 것인지 늘 논쟁입니다. 성장 담론은 우리나라에서 지난 수십 년간 지배적이었습니다. '선성장 후분배', 즉 기다렸다가 파이를 더 키워 돌아가는 몫을 늘리자는 거였죠. 피케티는 자본수익률을 낮추자고 하는데, 다시 성장이 답이라고 얘기하는 게 우리 현주소인 것 같습니다. 아직도 정부나 학계, 이런 쪽에서 성장에 더 무게를 두고 생각하는 것 같습니다.

홍 훈 그렇게 주장하는 분들이 있죠. 장기적으로는 미국이나 일본처럼 성장률이 떨어질 수밖에 없지만, 지금은 너무 이르다는 겁니다. 많은 분들이 그렇게 생각하는 것 같습니다. 하지만 아직 명확히 판단하기 어렵습니다. 저성장이 너무 빨리 온 것인지, 실제 그럴 수밖에 없는 것인지……. 우리에게 성장 신화란 박정희 시대 때부터 내려온 뿌리 깊은 겁니다.

피케티는 선진국 사례를 적용해 설명하고 있습니다. 그 논리를 우리에게 곧바로 적용하기 어려울 수 있어요. 한국은 미국이나 프랑스에 견줘 훨씬 나중에 후발 주자로서 성장해왔습니다. 곧바로 미국 수준으로 성장률이 낮아진다고 진단하기 어렵습니다. 성장률을 도저히 끌어올릴 수 없으니, 자본수익률을 낮추라고 하는 주장을 그대로 받아들일 수는 없겠죠. 피케티의 주장은 선진국은 성장률을 높일 수 없는 게 거의 기정사실이니, 자본수익률을 낮춰야 소득불평등을 줄일 수 있다는 거죠.

류이근 피케티 말대로 자본/소득 비율을 낮춰야 한다면, 이를 '어떻게' 낮출 것이냐를 두고 사람들이 단순하게 논쟁할 수도 있지 않을까요? 그러면 자본수익률이 아닌 성장률을 좀 더 높여야 한다는 주장이 충분히 가능할 텐데요? 교수님은 어떻게 생각하는지 궁금합니다.

홍 훈 정리된 생각은 없어요. 결국 이즈음에 오면, 성장을 계속하는 게 소득분배를 개선하는 것이라고 해도, 또 설령 그게 가능하다고 해도 이런 의문이 생깁니다. '과연 미국과 같이 이미 고도로 산업화된 나라에서 성장을 추구하는 게 과연 맞을까? 성장하기 위해서라면 우리가 더 열심히 일해야 하는데……, 도대체 우리는 언제까지 성장해야 할까?' 경제란 것은 여타 정치나 문화, 가치 등에 봉사하기 위한 것이잖아요. 그런데 끝없이 성장해야 한다면 결국 경제가 성장의 노예가 되는 게 아닌가요? 기본소득론자, 환경론자 같은 사람들은 경제성장 자체가 목적이 돼서는 안 된다고 합니다.

류이근 교수님도 그렇게 생각하나요?

홍 훈 그렇습니다. 피케티는 물론 그런 얘기를 하진 않습니다.

카를 마르크스, 헨리 조지 그리고 토마 피케티

류이근 피케티가 주로 제시하는 게 선진국 사례여서 우리 실정과 약간 다른 듯합니다. 철학적인 얘기이지만, 그는 '시장'과 '국가'에 대해서 많이 얘기합니다. 여기에 대한 교수님의 생각은 어떤지 궁금합니다.

홍 훈 뭐, 특별한 얘기라고 보지 않습니다. 경제학에서 국가를 다룰 때 주로 케인스적인 거시경제, 재정, 통화정책 위주로 파악하고 있습니다. 피케티는 좀 더 적극적인 국가의 역할을 내세우는 것 같습니다. 자본을 관리해야 하니까요. 그런데 내세우는 정책의 통로는 조세정책이죠. 소득세의 누진성을 강화하고 자본 자체에 세금을 부과하자는 겁니다. 이런 점에서 새롭죠. 국가의 역할을 좀 더 넓힌 것은 사실입니다. 그렇다고 크게 새롭다고 할 수 있는 건 아닙니다. 기존에도 "시장의 역할이 완벽하지 못하다", "개인의 선택이 완벽하지 못하다"고 할 때 의존하는 게 국가였습니다. 그게 케인스였든 아니면 다른 누구였든지 간에 마찬가지였습니다.

류이근 세계금융위기 이후 '국가의 귀환'을 서구의 유력 경제지나 학자들이 많이 얘기했던 것 같습니다. 그런데 피케티는 지금이 국가의 귀환을 얘기할 때는 아니라고 합니다. 세금을 통해서 자본을 통제해야 한다면서도, 지금이 역사상 국가의 역할이 가장 크다고 봅니다.

홍 훈 저는 그 부분에서 특별한 생각은 없습니다.

류이근 그러면 피케티가 시장에 대한 민주적 통제를 강조하는 걸 어떻게 보는지요?

홍 훈 국가 역할의 가장 극단적인 형태는 자본을 공유하자는 마르크스의 견해로 가는 것입니다. 피케티는 그건 아닙니다. 그 전 단계는 조세정책을 통해서 하자는 거겠죠. 피케티가 주장하듯 자본에 대해서 세금을 부과하자는 것은 꽤 과격하게 비칠 수 있습니다.

류이근 왜 과격하다고 말씀하시는지요?

홍 훈 피케티도 인정하듯이, 자본을 유치하기 위해 여러 국가가 조세 감면 경쟁을 벌이는 세계화와 신자유주의의 현실에 비춰볼 때 소득에 대한 누진세는 환영받지 못할 겁니다. 그러므로 자본 자체에 대한 세금은 더 큰 저항을 받을 것으로 보입니다. 물론 피케티의 주장이 자본의 공유나 국유화만큼 아주 과격한 건 아닙니다.

류이근__ 교수님이 논문에서 썼지만, 피케티가 얘기하는 자본은 토지도 포함하고 있지 않습니까? 따라서 거기에 과세해야 한다는 주장은 경제사상적으로 보면 헨리 조지와 어느 정도 유사점을 찾을 수 있다고 보지 않나요?

홍 훈__ 자본을 사유화하지 말고 공유하자는 마르크스의 주장이 제일 과격할 수 있습니다. 헨리 조지는 '토지 공개념'을 주장합니다. 몰수하자는 것은 아닙니다. 토지에서 발생하는 모든 개발 이익을 세금으로 환수하자는 겁니다. 그렇게 하면 토지 보유의 유인이 없으니 실질적으로 공유 비슷하게 될 가능성이 높겠죠. 그것보다 한 단계 약한 게 피케티의 주장이 아닐까 싶습니다.

그러나 앞서 말씀드렸듯이 자본이 어떤 수준 이상이 되면 자기 스스로 확대 재생산하기 때문에 덩어리가 커져서 소득불평등이 악화된다는 게 피케티의 생각입니다. 이 부분은 마르크스와 유사합니다. 이런 논리 속에서 자본의 크기를 관리해야 한다는 피케티의 생각은 특별한 것 같습니다. 자본이란 '저량' 자체를 관리해야 한다는 겁니다. 이런 주장을 한 사람은 과거에 없었던 것 같습니다. 제가 다 아는 것은 아니지만, 이 지점이 생소합니다. 토지는 움직이지 않잖아요? 그런데 자본은 워낙 활발하게 움직이니까 토지와 달리 위치를 추적해야 한다고 얘기하잖아요. 그래서 국제 간 협조도 필요하다는 겁니다. 자본이 프랑스에 있는지, 케이만 군도에 있는지 등을 다 파악해야 한다는 게 좀 특이합니다.

류이근 자본 저량을 관리한다는 것은 뭔가요?

홍 훈 재화나 상품을 만드는 데 자본이 투입됩니다. 자동차 만들려면 돈도 있어야 하고, 공장, 공장 부지도 있어야 합니다. 물론 노동자가 있어야 하죠. 자동차 같은 재화나 상품을 만드는 데 투입하는 것을 '자원'이나 '생산요소'라고도 합니다. 노동, 자본, 토지가 생산요소죠. 생산요소를 투입하면 자동차나 자장면 이런 게 나오겠죠. 자본 저량은 생산요소를 말해요.

자본이 물건 만드는 데 매번 공헌을 해요. 예를 들어 100만 원이 있다고 쳐요. 이걸 투자해 5만 원을 얻었어요. 그러면 100만 원은 '자본'이고 5만 원은 '자본수익'이겠죠. 단순화하면 피케티는 5만 원의 수익(수익률로 했을 때 5퍼센트)이 너무 높으니, 여기에 세금을 매기자는 겁니다. 노동도 안 하고 자본을 소유만 하고 있어도 그렇게 높은 수익을 얻는 게 과연 공평하냐는 거죠. 수익 5만 원에 세금을 매기고, 1,000만 원, 2,000만 원으로 계속 늘어나는 100만 원짜리 자본 덩어리 자체에도 세금을 매겨 너무 빨리 커지지 않도록 억제하자는 겁니다. 이 부분은 마르크스와 꼭 일치하진 않지만, 무엇이 정당한 분배냐고 묻는 게 비슷하다고 봅니다. 피케티 책 저변에 노동을 통해서 벌어들인 소득이 정당하다는 생각이 깔려 있다고 봅니다.

노동하지도 않고 아버지가 물려준 유산으로 자본을 축적하는 건 정당하지 않다는 거죠. 노동을 통해서 얻은 임금을 저축해서 자본소득을 얻는 것은 그 중간에 있는 건데, 그건 자신이 노력해서 벌어들인 자본이니 문제 삼기가 그렇죠. 하지만 어떤 사람은 아버지가 물려준 게 없어서 일만 하면서 살고, 또 어떤 사람은 아버지가 물려준 자본에서 나오는 소득으로 사는 것은 불공평하다는 거죠. 피케티는 노동소득과 불로소득을 구분하는 것 같습니다. 불로소득으로 놀고먹는 것은 정당하지 않다고 보는 거죠.

류이근 어렵게 자본에 대해서 과세할 게 아니라 자본에서 얻는 소득에 대해서 과세하는 게 낫다고 볼 수 있지 않을까요? 누진세를 세게 매기면 될 것도 같은데요, 자본 자체에 과세하는 것을 어떻게 보세요?

홍 훈 피케티는 자본이 어느 크기를 넘어서면 크기가 주는 장점advantage이 있다는 겁니다. 10, 10…으로 쪼개진 자본보다 10이 뭉쳐 100이 주는 크기의 장점이 있다는 거죠. 좋은 투자자문 회사에 의뢰해 수익 높은 데 투자하는 등, 자본이 10으로 쪼개져 있을 때보다 100으로 있을 때 훨씬 빨리 커진다는 겁니다. 이는 합리적 선택이나 시장의 논리와 관계없이, 자본의 크기가 갖는 부당한 이득으로 보는 것 같습니다. 그래서 그 크기 자체를 어느 정도 억제해야 한다고 생각하는 것 같습니다.

류이근 대부분 나라에서 자본에서 발생하는 소득에 과세하잖아요. 일부 나라에선 부동산 등 자산 자체에 대해서 과세를 하죠. 우리나라의 종합부동산세나 재산세처럼요. 하지만 이런 나라는 상당히 적죠? 그것도 부동산에 과세하는 경우이지, 금융자산에 과세하는 나라는 드물죠?

홍 훈 많은 나라에서 자본이나 토지 자체에 대한 과세는 피하려 합니다. 주로 그 수익에 과세하죠. 피케티는 자본세를 매기려면 국제 간 협조가 필요하다고 해요. 현실을 보면 거꾸로 세계 각 나라가 자본을 유치하기 위해서 법인세를 낮추는 등 이런저런 세금 인하 경쟁을 하고 있습니다. 피케티는 이를 거부하는 것 같습니다. 높은 세금을 부과하는 게 아니라 세금을 낮추고 있으니, 국제 공조가 더욱 필요한 거겠죠.

피케티의 한계 혹은 과제

류이근 피케티가 불평등이 왜 문제인지, 소득과 자산의 불평등이 왜 문제인지를 충분히 다루지 않았다는 지적이 나오고 있습니다. 교수님은 이를 어떻게 생각하세요?

홍 훈 그 부분이 좀 불분명해요. 소득분배가 주류 경제학에서는 생산성에 의해서, 마르크스는 착취에 의해서라고 할 때, 사실 왜 불평등이 문제인지 이미 전제돼 있어요. 어떤 사람은 생산성이 1이고 어떤 사람은 100인데 거기에 따라서 주는 게 왜 문제냐는 거죠. 또 자본가의 이윤이 늘어나는 게 착취에서 비롯된 건데 이는 처음부터 부당하다는 거죠.

그런데 피케티 논리는 기준이 약해요. 뭐가 불평등이고 뭐가 불평등이 아닌지 기준이 불분명해요. 이때가 저때보다 불평등이 악화 또는 개선됐다는 상대적인 얘기만 할 수 있습니다. 절대적으로 어느 수준이 나쁜 수준이고 어느 수준이 허용되는 불평등인지 얘기하지 않죠. 다만, 조금 전 얘기했듯 노동과 관계없이 계속 놀면서 돈 버는 것은 부당하다는 생각이 깔려 있긴 해요. 또 불평등이 심해지면 전쟁, 폭동이 일어날 수 있다고 하죠. 하지만 어느 수준의 불평등이 그런 문제를 낳는지 얘기하지 않아요. 묵시적으로 1914년 이전, 1970~2010년 사이 전개된 불평등 양상은 좋지 않다는 수준으로 얘기합니다. 하지만 그게 기준으로 제시되는 것은 또 아닙니다. 존 롤스나 아마르티아 센Amartya Sen 등 기존의 철학자, 경제학자의 논의가 결합돼야 피케티의 논의가 좀 더 풍부해질 겁니다.

류이근 현실에선 불평등을 완화하기 위해서 성장률을 높여야 한다는 주장이 강하게 자리 잡고 있는 것 같습니다.

홍 훈 꽤 오래된 논리 가운데 하나입니다. 주류 경제학은 늘 공평 분배에 대해 '세금을 많이 거두면 누가 열심히 일하냐? 형평을 추구하다 보면 효율이 하락한다'라고 말합니다. 분배를 공평하게 하면 성장이 하락한다는 주장이죠. 분배를 공평하게 하려면 성장률을 끌어올려야 한다는 겁니다. 산업화의 특정 국면에서는 그렇게 얘기할 수 있겠죠. 하지만 일반적으로 할 수 있는 얘기는 아닙니다.

류이근 피케티는 개방, 자유무역 등에는 호의적으로 보입니다.

홍 훈 그렇습니다. 아마 신자유주의자들이 얘기하는 식으로 환경이나 각 나라의 현재 상황에 관계없이 무조건 개방해야 한다는 건 아니겠지만 기본적으로 자유무역은 좋다고 얘기합니다. 많이 다루지는 않죠. 다만 자본은 이동하더라도 관리를 해야 하니까 국가 간 협조와 정보 공개가 필요하다고 주장합니다.

류이근 피케티의 분배를 중심으로 한 연구 결과와 주장이 근래 학계에 신선하게 받아들여질 만큼 새로운 건가요? 주류 흐름에서 벗어나 새로운 활력과 자극을 줬다는 의미를 충분히 부여할 수 있을까요?

홍 훈 첫 번째 방대한 통계자료를 활용했습니다. 논리를 제시할 때 근거가 중요한데 경제학자들이 일반적으로 사용할 수 있는 근거 하나가 통계자료입니다. 피케티는 확실히 소득불평등 악화의 근거로 통계자료를 잘 제시하고 있어요. 이것보다 논란거리일 수 있는 게 두 개의 식을 통한 설명입니다. 첫 번째 공헌은 부정할 사람이 아무도 없을 겁니다. 피케티의 확실한 공헌이죠. 다만 통계자료만으로는 경제 논리를 세울 수 없어요. 따라서 두 번째 게 어느 정도 유효할지, 즉 그 방정식과 항등식이 어느 정도 타당한지가 피케티 얘기의 호소력을 결정지을 것으로 보입니다.

류이근_ 어떤 사람은 위대한 경제학자의 출현으로 피케티를 평가하는데요?

홍 훈_ 글쎄요. 기준이 뭐냐에 따라서 다르겠죠. 주류 경제학은 피케티를 엉성하다고 할 수 있어요. 그런 걸 떠나서 위대한 경제학자라고 하기엔 아직 이른 것 같습니다. 중요한 연구를 했다고 할 정도가 아닐까요? 마르크스나 케인스, 스미스 등 과거 학자에 견주면 놀랄 만큼 혁신적 수준은 아닌 것 같습니다.

피케티가 방대한 자료 분석과 이에 근거한 일차적인 가설을 제시했다고 볼 수 있어요. 이론적으로 보다 정교한 설명 틀이 필요합니다. 그가 독자적인 이론을 개척한 것은 아니지만 신고전학파 경제학에 대한 반박 근거를 제공했다고 볼 수는 있어요.

류이근_ 보편적, 일반적 법칙을 세울 수 있어야지 오랫동안 평가를 해줄 수 있는 건가요?

홍 훈_ 그렇게 봐야죠. 두 식은 마르크스의 이윤율 저하의 법칙 수준에 있어요. 마르크스 시대엔 그 정도로 충분하겠지만 지금 시점에서 보면 평가하기에 충분치 않아요. 마르크스는 당시 최고의 이론가이자 지식인이었어요. 지금의 피케티가 당시의 마르크스에 준하는 수준이겠지만, 자신의 연구를 뒷받침하는 많은 경험적, 수리적, 개념적 연구가 더 필요해 보입니다.

류이근 피케티는 경제학이 모형이나 수학, 이런 데 빠져 있어서 현실에 대한 설득력 있는 대안이나 설명을 제시하지 못 한다고 얘기합니다.

홍 훈 피케티는 전반적으로 기존 경제학에 부정적입니다. 자신의 논리에 맞는 것은 부분적으로 채용하긴 합니다. 한계생산성이론의 잘못된 점을 얘기할 때도 다른 사람의 연구를 빌려와 비판하죠. 피케티의 주장을 뒷받침할 연구 수백 개가 쌓이면 그의 주장은 훨씬 더 견고해지겠죠.

피케티의 경제사상적 계보

류이근 피케티는 경제사상적으로 '리카도 학파'에 가깝다고 볼 수 있나요? 중앙은행 등 많은 문제를 다룰 때에는 '케인스학파'에 가깝다는 느낌도 드는데요? 아니면 여러 학문과 사상이 융합된 인물로 정리할 수 있나요?

홍 훈 제가 파악한 바로는 과거 '리카도'나 '스라파' 학파에 가깝습니다. 케인스적 요소가 없진 않지만, 분배 문제를 역사상 가장 강조했던 사람은 리카도였습니다. 마르크스는 다른 많은 측면을 갖고 있어요. 분배를 죽자 살자 제일 중요한 문제로 본 것은 리카도였죠. 그를 따르는 20세기 학파에 스라파 학파가 있습니다. 지금은 리카도를 따르는 사람이 많지 않아요. 또 여기저기 흩어져 있어요.

아무튼 분배 문제를 강조하고 이런 걸 세력 관계로 설명하려 했던 게 리카도, 스라파 학파입니다. '좌파' 케인지언Keynesian이 분배 문제를 강조하면서 거시경제 문제를 다룬다는 점에서는 비슷한 측면도 있어요. 이런 면에서 '포스트케인지언'에도 가깝다고 할 수 있죠. 피케티는 기존 경제학을 다 배척하지는 않아요. 마르크스적 요소도 갖다 써요. 리카도도 자본과 노동이 투입돼서 나온 것을 놓고 노동가와 자본가가 싸운다고 얘기했지, 피케티처럼 자본 덩어리 전체를 놓고서는 별로 얘기하지 않았습니다. 제가 보기엔 이 부분은 마르크스적이라고 할 수 있습니다.

피케티의 학문적 위치나, 그가 마르크스적이냐 아니냐도 다뤄야 하겠지만, 그의 연구를 적극적으로 활용하려면 기존 경제 이론이나 사회철학과 어떻게 결합시킬 수 있을지 연구해야 합니다. 기본적으로 피케티의 연구 결과를 끌어안아서 딴 것과 결합하고 개선시키는 게 필요해요.

이론적, 개념적 근거나 두 개의 식이 약해 보입니다. 이를 채워야 합니다. 소득분배를 얘기하려면 사회가 어디로 가야 하는지도 말해야 하고, 어떤 수준의 불공평은 허용되고 어떤 수준은 허용되지 않는가를 따져야죠. 소득분배에 대해서 뭔가 객관적인 기준을 제시하려고 노력하는 사람들의 논의와 결합시키는 게 필요합니다. 피케티는 이를 많이 얘기하지 않지만, 이에 대한 논의가 딴 데 꽤 있어요. 이 문제는 간단치 않아요. 존 롤스나 아마르티아 센, 철학자 마사 누스바움Martha Nussbaum 등의 관련 논의를 거쳐서, 이런 정도의 평등이 돼야 하고, 이런 정도의 불평등은 안 된다는 얘기가 나와야 합니다. 거기에 근거해서 피케티의 자료를 보아야 불평등을 어디까지 허용할 수 있고 또 허용할 수 없을지 얘기할 수 있을 겁니다. 정책도 이에 따라 달라질 수 있어요. 누진세율은 어느 정도로 할 것인지, 자본세 도입 말고 또 다른 뭘 해야 할지 말입니다.

류이근_ 피케티는 능력주의를 바람직한 분배의 기준으로 깔고 얘기합니다. 동시에 과도한 능력주의 사례로 천문학적인 임원 보수를 꼽죠. 우리에게 '능력'이란 말은 자신의 노력에 따른 성과로 친숙하게 다가오지 않습니까?

홍 훈 피케티가 명확히 설명하지 않지만 어느 정도 능력주의를 따르고 있는 것 같습니다. 하지만 최고경영자는 보수를 능력대로 지급받는 게 아니라 능력 이상으로 훨씬 더 많이 받는다고 지적합니다. 이는 능력주의에서 벗어났다는 거예요.

한편, 기본적으로 노동의 대가는 정당한 것이라는 인식이 깔려 있어요. 그러나 불로소득은 그렇지 않다고 봐요. 이건 능력과 무관하다는 겁니다. 자본을 지닌 사람이 생산활동을 한 것도 아니고 노동을 한 것도 아닌데 단순히 소유만 하고 있다는 이유로 소득이 발생하는 것에 비판적입니다. 피케티의 노동에 대한 집착은 노동가치론을 주장해서가 아니라 인간의 노동에 적절한 보수를 해줘야 한다는 인식을 바탕에 깔고 있습니다. 이는 프랑스대혁명 때부터 이어져온 흐름입니다.

비슷한 생각을 지닌 학자들이 많았어요. 세르주-크리스토프 콜름Serge-Christophe Kolm이란 경제학자가 있는데요. 이 사람도 노동가치론을 주장하지는 않았지만, 노동시간에 기초한 보수 체계와 평등을 주장했어요.

류이근 노동시간이 같으면 같은 보수를 주는 식으로요?

홍 훈 다들 20시간 일한다고 쳐요. 어떤 사람은 1,000만 원, 어떤 사람은 200만 원을 받잖아요. 그런데 콜름은 예를 들어 전체 20시간 가운데 3분의 1이나 4분의 1만큼의 노동시간에 대한 보수는 같아야 한다는 겁니다.

류이근 일종의 '동일시간 동일임금'처럼 들립니다.

홍 훈 전체 노동시간의 3분의 1이나 4분의 1은 최고경영자가 됐든지 노동자가 됐든지 똑같은 보수를 주자는 겁니다. 부분적 '동일노동 동일임금'

이라고 할 수 있을까요. 동일한 보수의 크기를 3개월치 월급으로 할지 아니면 4개월치 월급으로 할지는 회사마다 알아서 정하면 됩니다.

류이근 왜 그렇게 하자는 건지요?

홍 훈 노동시간에 대한 집착입니다. 콜름 이전부터 노동에 대한 집착은 오래됐어요. 단순히 소유를 통해서 얻는 수익과 노동을 해서 얻는 것은 다르다는 게 바탕에 깔려 있다고 봐야겠죠.

류이근 피케티의 논문이나 책을 읽을 때 주의할 점은 어떤 건가요?

홍 훈 그의 이론보다는 자료 분석을 이해하는 데 중점을 두고 봐야 하지 않을까요?

류이근 피케티 책과 연구가 한국 사회에 어떤 시사점을 준다고 보세요?

홍 훈 우리나라도 외환위기 이후 소득불평등이 심해졌어요. 비정규직도 늘었죠. 여러 연구 결과가 있지만 소득불평등이 악화되고 있어요. 이 문제를 잘 관리해야 한다는 얘기죠. 선진국보다 나중에 시작되긴 했지만 그 차이는 중요하지 않아요. 불평등이 악화되고 있는 게 분명한 현실이죠. 당연히 피케티의 얘기가 우리에게 주는 함의가 커요. 물론 피케티가 객관적 기준을 제시한 것은 아닙니다. 불평등이 어디까지 허용돼야 하는지, 앞으로 어떻게 해야 하는지, 이런 부분에서 피케티의 주장이 약한 게 사실입니다. 하지만 이를 피케티에게 바랄 건 아니라고 봅니다. 앞서 말씀드렸듯, 세금 이외에도 기본소득, 최저생계비, 비정규직 문제 등 여러 제도적 문제를 함께 고민해야 합니다.

류이근 피케티가 경제학계에 주는 시사점은 뭔가요?

홍 훈 기본적으로 주류 경제학계는 소득분배 문제를 별로 강조하지 않습니다. 외국뿐만 아니라 우리나라의 현실이기도 합니다. 소득분배 문제 자체를 심각하게 받아들여야 합니다. 또 경제학계는 미시이론, 소득분배 이론, 한계생산성이론을 한 번 더 성찰해야 합니다. 이에 따라서 우리 사회에서 실제 소득이 어떻게 배분되고 있는지, 능력에 따라서 배분되는 게 과연 어디까지인지, 과연 남을 굶겨 죽여야 할 정도로 많은 100배, 200배 보수를 받는 게 맞는 건지 고민해봐야 합니다. 소득분배 이론은 절대 경제 이론만 갖고서 답을 찾을 수 없어요. 피케티를 비판한 맨큐 미국 하버드 대학교 교수도 인정한 겁니다. 우리 경제학계에서도 순전히 수리적 모형이나 통계적 모형뿐만 아니라 철학적 성찰도 함께 해야 합니다

홍훈

연세대학교 경제학과와 동 대학원을 졸업하고 뉴욕 뉴스쿨에서 박사 학위를 받았다. 한국경제학회 사무차장, 한국사회경제학회 편집위원장과 회장을 역임했다. 현재 연세대학교 경제학부 교수로 있다.

주류 경제학자가 본 피케티

INTERVIEW

인터뷰이 **신관호**_고려대학교 경제학과 교수

신관호 고려대 교수는 뛰어난 주류 경제학자이다. 그는 2001년 계량경제학회에서 수여하는 '김태성 학술상'을, 2002년 한국경제학회가 주는 '청람상'을 수상했다. 둘 다 뛰어난 소장 학자에게 주는 상들이다. 그에겐 경제주체의 합리적인 선택과 시장이 중요하다. 분배 문제에서도 "시장을 통한 생산과 분배"를 강조한다. 이런 면에서 그는 피케티와 대척점에 서 있다. 피케티는《21세기 자본》에서 날을 세워 정통 주류 경제학자들을 비판한다.

신 교수는 피케티의 비판 일부를 기꺼이 수용한다. 주류 경제학이 분배에 관심이 적었다는 점을 인정한다. 더 나아가 성장하면 분배가 저절로 해결될 것이란 믿음을 거부한다. 사실 그는 주류 경제학자 가운데 보기 드물게 분배 문제에 관심이 많다. 소득 분배에 관한 논문을 몇 편 쓰기도 했다.

그는 학문적 엄밀성을 아주 중시하는 학자이다. 쉽게 답하지 않고, 짐작과 추론으로 자신의 연구 결과를 설명하지 않는 게 인상적이다. 설명이 안 되면, 안 되는 대로 결과를 보여줄 뿐이다. 그는 경제학이 이론과 수리 모형에 갇혀 있어선 안 된다고 본다. '경제 과학자'로서 출발한 그는 이제 '경제 기술자'로서 자신이 변해가고 있다고 말한다. 경제학이 현실 경제가 처한 문제를 해결하는 데 보탬이 돼야 한다고 보는 것이다. 그는 '주류' 경제학자로서 피케티를 비판하지 않는다. 또한 보수적인 경제 이념의 잣대로 피케티를 무시하지도 않는다. 경제학자로서 피케티를 비판할 뿐이다. 그는 'U'자형을 띤다는 피케티의 불평등의 동학 자체에 의문을 제기한다. 또한 피케티의 확신에 찬 미래 전망이나, 자본수익률이 성장률을 계속 웃돌면서 큰 부침 없이 일정하게 유지된다는 주장에 동의하지 않는다. 한국의 대표적 주류 경제학자인 신 교수의 피케티에 대한 긍정과 부정은《21세기 자본》이나 소득분배를 둘러싼 건강한 논쟁을 해나가는 데 도움이 될 것이다.

이 인터뷰는 9월 5일 고려대학교 교수 연구실에서 진행되었다. 이후 전화와 이메일로 내용을 보충했다.

류이근_ 주류 경제학자로서 피케티의 《21세기 자본》이 어땠나요? 불편하지는 않았나요?

신관호_ 피케티를 처음 안 것은 이 책을 통해서가 아니에요. 그가 이매뉴얼 사에즈 버클리대 교수나 이런 분들과 함께 예전부터 논문을 발표해왔는데, 그걸 다는 아니지만 쭉 읽어왔습니다. 이 책 때문에 특별히 불편했다고 얘기할 순 없습니다.

책 내용 대부분은 논문을 통해서 이미 연구했던 사실들을 정리해놓은 겁니다. 추가적인 사실도 있지만 대부분 논문을 통해서 이미 발표한 것들이죠. 책은 이전까지 연구 결과를 체계적으로 제시하면서 특히 자본의 역할을 강조한 거죠. 과거 역사나 문학적인 것을 결부시켜 책을 쓴 게 상당히 신선했습니다.

사이언티스트와 엔지니어

신관호 그런데 책 후반으로 가면 미래에 대한 전망이 나오잖아요? 거기에 대한 본인의 '처방'도 있습니다. 어떻게 생각할지 모르지만, 사실 경제학자들이 전망을 잘 못합니다. 대체로 전망하기를 꺼려요. 쉬운 게 아닙니다. 미래란 불확실해요. 학자들은 좀 더 엄밀하게 얘기하기 좋아합니다. 많은 사실들이 누적된 과거 현상들에 좀 더 집중하는 경향이 강합니다. 그런데 피케티 교수는 과감하게 미래를 전망하고 처방도 하고 있습니다. 그 부분이 제가 불편했다면 불편했던 것 같습니다.

류이근 미래에 대한 전망은 자본주의 동학을 자신이 법칙으로 설명할 수 있다는 자신감에서 나온 게 아닐까요? 미래도 자신이 정리한 법칙에 따라 움직일 수 있다고 본 것 같습니다.

신관호 경제란 게 정말 복잡합니다. 수식 몇 개로 다 설명될 수 있는 것은 아니라고 봅니다.

류이근 피케티는 주류 경제학에 대해서 비판적입니다. 경제학이 '수학적 망상'에 빠져 있다고 말합니다. 현실을 제대로 설명하지 못한 채 '모형에 갇혀 있다'면서 주류 경제학을 비판합니다. 그런데 주류 경제학자인 교수님이 경제란 쉽게 예측할 수 없는 복합한 현실에 뿌리내리고 있다면서, 미래가 어떻게 전개될 것이라고 말하는 피케티의 태도를 문제로 지적하시는 부분이 흥미롭습니다.

신관호_ 경제학자들은 당장 벌어지고 있는 현상도 잘 설명하지 못하고 있는 게 사실입니다. 그레고리 맨큐 하버드 대학교 교수가 아주 재미있는 페이퍼를 쓴 적 있습니다. "경제학자들이 무엇을 해야 하냐? 사이언티스트가 돼야 하냐, 아니면 엔지니어가 돼야 하냐?"라는 질문을 던진 적이 있습니다. 아마 피케티는 너무 '사이언스'에 가깝게 경제학을 연구하는 사람들에 대해 비판한 것 같습니다. 사실 거시경제학 쪽에 그런 연구가 많습니다. 그래도 미시경제학은 한 부분만을 좀 더 엄밀하게 따지고 들어갑니다. 경제학이 복잡하지만 부분적으로 엄밀성을 따져나가는 것은 상당히 유용할 수 있습니다. 그러나 국민경제 전체를 다루는 거시경제학은 다릅니다. 모든 경제 현상은 서로 연결돼 있습니다. 이를 동시에 고려해야 하는데 하나하나 다 엄밀히 따지면서 전체를 본다는 게 쉬운 일이 아닙니다. 이러한 접근이 궁극적으로는 매우 유용할 수 있지만, 지금 상태에서는 아직까지 정책적 유용성이 없다고 많이들 인정합니다.

류이근_ 경제학이 아직 현상에 대해서 충분히 설명해내지 못하고 있다는 건가요?

신관호_ 경제 현상을 과학적 엄밀성으로 설명하지 못하기 때문에, 그런 거시 모형을 현실에 적용하거나 유용한 정책을 제안하기 어렵다는 겁니다. 과학성 측면에서 경제학을 어떻게 볼 것이냐 하는 문제죠. 과학성을 강조하는 분들은 아직 경제학이 자연과학적 엄밀성을 가진 학문이 아니라고 봅니다. 이론 등이 자연과학 수준만큼 개발되지 않았기 때문에 유용성이 없다고 하고, 과학적 엄밀성을 더 추구해야 한다고 주장하는 분들이 있습니다. 또 한편으로는 사회과학은 그런 엄밀성을 가질 수 없는 것 아니냐고 보는 사람들이 있죠.

그런데 경제학은 학문으로서 '유용성'이 정말 중요합니다. 엔지니어는 원리를 몰라도 물건이 고장 났을 때 고칠 수 있습니다. 경제학이 원리를 아주 정확히 깨닫지 못했지만 뭔가를 고치는 데 쓸 수 있지 않냐는 겁니다. 고치는 데 자꾸 집중하고 노력하면 훨씬 더 잘 고칠 수 있게 되고, 이런 식으로 가야 하는 게 경제학의 방향이 아니냐는 주장을 하는 겁니다.

류이근_ 교수님은 '엔지니어' 쪽에 가까운 것처럼 들립니다.

신관호_ 출발은 '사이언티스트' 쪽으로 했습니다. 모든 경제학자를 이쪽 아니면 저쪽으로 나눌 수 있는 것 같지 않습니다. 저는 과학적, 수학적 엄밀성을 추구하는 쪽에서 출발했다가 지금은 경제학의 유용성에 더 관심이 많은 '엔지니어' 쪽으로 가는 것 같습니다. 사실 저 말고도 많은 사람들이 그런 것 같습니다.

류이근_ 교수님께 '주류 경제학자'로서 피케티의 책을 어떻게 생각하냐라고 물었을 때 부정하지 않으셨잖아요. 주류 경제학자로서 정체성이나 규정에 대해서 수긍하십니까? 주류 경제학자란 간단히 어떻게 정의할 수 있나요?

신관호_ 주류 경제학이란 게 사실은 신고전학파적 전통을 가진 사람을 일컫는 말인 것 같습니다. 그런 차원이라면 저도 그 '메인스트림'의 일원이라고 봐야겠지요.

류이근 그러면 신고전학파의 특징은 뭐라고 봐야 하나요?

신관호 글쎄……. (웃음)

류이근 이런 질문을 여러 교수님들께 던졌는데 다들 머뭇거리던데요?

신관호 사실 방법론 쪽에서 저는 개인과 기업 등 경제주체들의 합리적인 선택으로 시장에서 거래가 일어나 결과가 생긴다고 봅니다. 그래서 개인의 합리적 선택과 시장을 통한 생산과 분배, 이런 것을 강조하는 사람이 아닌가 싶습니다.

주류 경제학의 불평등 인식

류이근 최근 주류 경제학이 분배 문제에 관심이 줄어들었다는 피케티의 지적이 정당하다고 보시나요?

신관호 정당하다고 봅니다. 분배에 관심이 없다고도 볼 수 있고, 아직은 분배를 엄밀하게 분석하기가 쉽지 않다는 생각도 듭니다. 경제학이란 학문 자체가 부족한 면이 많습니다.

류이근 피케티의 연구와 《21세기 자본》이 한국에 주는 시사점은 뭐라고 보시나요?

신관호 소득불평등 문제가 한국에서도 상당히 중요한 이슈로 떠올랐습니다. 1997년 외환위기 이후 소득불평등이 악화됐다는 것은 틀림없습니다. 우리가 거기에 어떻게 대응해야 할지 시사점을 준다는 점에서 중요한 연구가 되겠죠. 피케티는 외국의 경험을 우리에게 소개해주고 있습니다.

류이근 우리가 처한 불평등에 대한 인식도 재고시켜주지 않았나요?

신관호 피케티 책의 주요 결론 가운데 하나는 자연스럽게 소득불평등 문제의 해결을 기대하기 어렵다는 겁니다. 중요한 시사점입니다. 우리나라는 지금까지 소득불평등 문제가 "성장하면 자연스럽게 해결된다"라고 생각해 왔습니다. 그런데 선진국의 경험에 비춰보면, 미국 등지에서 소득불평등이 굉장히 악화되고 있습니다. 선진국이 꼭 우리의 미래는 아니지만, 성장만을 통해서 불평등 문제가 자연스럽게 해결되는 것은 아니라는 겁니다.

류이근 교수님은 지난 몇 년 사이 분배에 관심을 갖고 논문도 써왔는데, 피케티 같은 학자가 갑자기 주류 경제학 전체를 싸잡아 '당신들은 분배 문제에 관심이 너무 없다'고 얘기하는 것이 거슬리지 않나요?

신관호 경제학은 크게 두 부류입니다. 하나는 '실증positive', 다른 하나는 '규범normative' 경제학으로 나뉩니다. 규범경제학 쪽은 본인의 믿음이나 정치적 신념이 보다 중요한 역할을 합니다. 실증경제학 쪽은 보다 객관적인 태도로 연구하려는 분야입니다. 그동안 경제학이 실증적인 쪽에 더 비중을 두고 연구해왔다면, 분배는 훨씬 더 규범적인 쪽에 가까운 것 같습니다. 주류 경제학이 분배 쪽에 관심이 적었다는 피케티의 지적은 맞다고 생각합니다.

류이근 주류 경제학은 '분배가 시장에서 자동으로 조절'되는 것으로 보지 않나요? '불평등한 상태는, 자기가 생산에 기여한 만큼 받은 것이기 때문에, 정당한 것 아니냐'는 인식이 강하게 자리 잡은 탓에, 불평등이나 분배에 대한 관심 자체가 적었다는 지적에 대해서는 어떻게 생각하시나요?

신관호 일견 타당한 지적입니다. 제가 과거 배웠던 분배 이론이라면, 생산력과 노동을 비롯한 생산요소들이 자기 한계생산만큼 소득을 얻는다는 거였죠. 한계생산이란 자기가 생산에 기여한 만큼 거기에 따라 소득을 받는다는, 즉 '정당한 분배'를 내포하고 있다고 사람들이 생각했던 것 같습니다.

류이근 교수님은 미국에서 공부하셨지요?

신관호 그렇습니다.

류이근 당시 미국 학계에서는 한계생산에 따라 분배받는다는 게 주류적 생각이었나요?

신관호 당연히 주류였습니다.

류이근 우리나라 주류 경제학계에서 피케티의 최근 연구 성과와 책에 대해서 주로 어떻게 평가하고 있는지 궁금합니다.

신관호 일단 학교에서 점심시간에 경제학 동향이나 이슈를 얘기할 때 피케티가 등장하는 경우가 상당히 많아졌습니다. 소득불평등을 직접 연구하지 않는 경제학자들조차 피케티를 거론하는 것은 정말 대단한 일입니다. '팩트'를 확립하기 위해서 엄청난 데이터와 이를 통한 연구로 사실을 발굴하려는 작업에 대해 대부분이 인정합니다. 정말 어렵고 힘든 일입니다.

부정적인 평가도 있습니다. 이론적인 측면에서 너무 자본축적을 통해서 모든 불평등을 설명하려고 한다는 겁니다. 간명해서 엄청나게 '파워풀'한 측면도 있지만, 다른 측면을 너무 경시하지 않았나 하는 평가들이 있습니다.

류이근 경제학 분석의 핵심에 불평등에 관한 질문을 더 넣어야 한다는 피케티의 제안에 대한 생각은 어떤가요?

신관호 모든 경제학에 불평등 문제를 고려할 필요는 없는 것 같습니다. 그러나 거시경제학에서 불평등 문제를 고려해야 할 필요성이 높아진 게 사실입니다. 불평등이 성장에 어떤 영향을 미치는지 과거에도 상당히 많은 연구가 있었습니다. 그것도 역사가 좀 긴데요. 그러니까 불평등이 늘어나면 경제성장에 도움이 되냐 안 되느냐는 거시경제학의 오래된 관심이었습니다.

과거에는 단순하게 이런 믿음이 강했던 것 같습니다. '불평등이 있어야 어느 정도의 인센티브가 있는 거고, 불평등 없이 모든 사람을 동일하게 대하면 열심히 일할 필요도 없는 거다.' 불평등을 개선시키는 과정에서 열심히 일하려는 인센티브 유인을 왜곡시키기 때문에 어느 정도 불평등이 성장을 위해선 필요하다는 생각이었죠. 성장이란 걸 효율성을 나타내는 지표라고 한다면, 또 하나 중요한 가치가 평등, '균등성equity'입니다. 균등성을 더 추구하면 효율성이 훼손되거나 현저하게 줄어들 수 있습니다. 과거에는 성장과 분배는 서로 상충된다는 식의 생각을 많이 한 것 같습니다.

그런데 피케티는 이런 면에서 과거 생각과 완전히 반대입니다. 성장과 분배가 상충되는 게 아니라 오히려 분배를 촉진시키면 성장을 더 이룰 수 있다고 믿습니다.

지니계수 vs. 소득 상위 1퍼센트

류이근 교수님께서 소득불평등과 경제성장의 관계에서 불평등이 큰 경제일수록 성장에 더 낫다는, 이른바 '정의 관계'에 있다는 연구 결과를 내놓은 적이 있지 않나요?

신관호__ 피케티는 아주 극단적 '최상위층 1퍼센트 부자'들을 연구한 겁니다. 이렇게 연구하는 데 전 세계적인 데이터가 부족한 편입니다. 제 연구의 경우엔 그것보다 폭넓은 활용이 가능한 '지니계수' 등 일반적인 소득불평등 관련 지수를 이용해 보다 많은 나라를 분석했습니다.

제 경험은 일반적으로 소득불평등이 높을수록 성장이 빨라지는 현상을 분명히 발견할 수 있었습니다. 소득불평등이 증가하면 인센티브를 자극하게 되고, 더 열심히 일하게 되어 성장을 자극합니다. 이는 직접적인 효과라 할 수 있습니다. 하지만 이런 효과만 있는 게 아닙니다. 간접적인 효과도 있습니다. 불평등이 커질수록 일종의 사회불안이나 경제 위기 가능성이 높아집니다. 분명히 이는 오히려 성장을 낮추는 효과입니다. 저의 연구에서 두 효과가 동시에 나타났습니다.

류이근__ 굳이 어느 한쪽을 꼽는다면요?

신관호__ 제가 본 것은 그래도 여전히 첫 번째 효과가 더 크다는 겁니다.

류이근__ 지니계수로 한 연구와 피케티식의 소득 상위 1퍼센트로 한 연구의 차이가 큰가요?

신관호__ 저의 경우엔 지니계수를 활용했을 때 그렇다는 얘기입니다. 같은 연구를 소득 상위 1퍼센트나 10퍼센트로 했을 때 불평등이 커지면 지니계수로 했을 때보다 성장 억제 효과가 더 클 수 있을지 모르겠습니다.

류이근_ 지니계수를 활용한 불평등 측정에 피케티는 굉장히 비판적입니다.

신관호_ 지니계수가 지금 벌어지는 현상을 제대로 설명하지 못한다고 보는 것 같습니다.

류이근_ 우리나라도 통계청에서 지니계수를 공식 발표합니다. 가계동향조사나 최근엔 가계금융·복지조사로 지니계수를 구해서 공개하고 있습니다. 그런데 이 조사가 최상위 부자들의 소득을 축소 또는 누락하는 결과로 인해 신뢰성이 떨어진다는 지적이 있습니다. 이런 면에서 피케티가 지니계수 값을 산출하는 조사 자료의 한계를 얘기하는 것 같습니다.

신관호_ 맞습니다. 아무래도 최상위 부자들은 만나기도 어려울 뿐 아니라 설혹 만난다고 해도 솔직하게 말하지 않을 가능성이 높습니다.

류이근_ 저도 기사를 쓰면서 그런 한계를 몇 차례 지적하기도 했습니다.

신관호_ 소득 상위 1퍼센트로 부가 집중되는 현상이 최근 두드러지는 것은 사실입니다. 다만 이게 모든 나라에서 벌어지는 것은 아닙니다. 영어를 사용하는 미국이나 영국 같은 나라에서 더 두드러집니다. 전 세계적으로 벌어지는 현상이라고 단정하긴 어렵습니다.

많은 나라를 비교할 때 지니계수 활용은 여전히 유용하다고 봅니다. 조금 전 말한 데이터의 한계도 분명히 있습니다. 하지만 '1 대 99'도 중요하지만, 1퍼센트를 제외한 99퍼센트 안에서의 불평등 문제에도 관심을 가져야 할 필요가 있습니다. 상위 1퍼센트 소득 지표만 보면 아래 99퍼센트 안에서 소득분포가 어떻게 변화하는지 알 수 없지만, 지니계수는 전체 소득분포를 모두 감안한 지표입니다.

역U자와 U자, 그리고 N자

류이근__ 교수님의 연구를 보면 불평등과 성장이 '정의 관계'에 있습니다. 이는 불평등이 커질수록 성장에 낫다는 건데요. 그런데 "성장하면 물이 모든 배를 띄운다"라는 비유가 있습니다. 성장하면 불평등 감소로 이어진다는 것입니다. 오랫동안 한국 경제를 지배해온 이데올로기였습니다. '낙수효과'라고도 하는데, 이와 교수님의 연구 결과가 상충되는 지점은 없나요?

신관호__ 그것은 인과관계를 어떻게 따지느냐는 것입니다. 제 연구는 '불평등이 성장과 어떤 관계에 있냐'는 거였습니다. 낙수효과는 '성장이 불평등에 어떤 영향을 미치느냐'는 것입니다.

쿠즈네츠 가설에 따르면, 성장 초기에는 분배가 일시적으로 악화하지만, 더욱더 성장함에 따라서 개선된다는 것입니다. 제가 확인한 바로는 맞는 것 같습니다. 어느 정도 데이터상에 보이는 현상입니다. 그러나 문제는 쿠즈네츠의 역U자 가설과 달리, 정점을 지나서 소득불평등이 계속 개선된다고 믿었던 나라들에 다시 소득이 악화되는 현상이 벌어지고 있습니다. 이게 역U자가 아니라 'N자' 비슷합니다. 소득불평등이 처음에 올라갔다가 다시 내려갔다 다시 오르는 것으로 나타나죠. 다만 오른쪽 끝이 완전히 올라가는 것은 아닙니다. 오른쪽 꼬리가 짧습니다.

류이근__ 그건 피케티 연구가 아닌 교수님 연구 결과인가요?

신관호__ 피케티도 결국 비슷한 결과를 이야기하지만 정확히 같지는 않습니다.

류이근 쿠즈네츠의 역U자 가설이 완전히 기각될 수 없는, 즉 완전히 그른 것은 아니라고 보시는군요?

신관호 어느 정도는 성장을 통해서 빈곤이 해결됩니다. 이런 예는 굉장히 많습니다. 성장이 되지 않으면 빈곤을 해결하기 어렵습니다. 빈곤을 해결하는 가장 유용한 수단이 성장이라는 것은 부정하기 어렵습니다. 쿠즈네츠 가설은 어느 정도 소득분배가 악화되더라도 더욱더 발전하면 다시 개선돼 결국 모든 사람들에게 혜택이 돌아간다는 것을 시사하고 있습니다. 그런데 최근에 와서, 경제가 더 발전하더라도 안 그럴 수도 있다는 모습도 보여준 게 아닌가 싶습니다.

류이근 교수님이 관찰한 것을 'N자 모형'이라고 하면 흥미로울 것 같습니다. 새로운 개념인 것 같습니다. 저작권은 교수님한테 있겠죠. (웃음) 그런데 N자 모양처럼 왜 꼬리가 올라가는 건가요? 예를 들어서 감세나 사유화의 진전, 금융 세계화의 진전 등 이런 것에서 원인을 찾을 수 있나요? 피케티가 말하는 것과 비슷한 자본주의 동학 때문인가요?

신관호 저는 경제구조 자체가, 적어도 '부'는 모르겠으나, 소득이 집중되는 경향으로 가는 게 아닌가 싶어요. 요새 나오는 기술이라는 것을 보세요. 예를 들어서 인터넷 계통에서 기술이 한 번 만들어지면 한계비용이 거의 '제로'입니다. 추가 비용이 거의 없이 모든 사람에게 서비스를 제공할 수 있다는 말입니다. 예전엔 기술을 개발한 뒤 제한된 사람에게 먼저 공급했습니다. 더 많은 사람에게 공급하려면 비용이 더 들기 때문에 이득이 제한적이었습니다. 지금은 좋은 아이디어를 내면 엄청난 수익을 낼 수 있는 세상이 된 것 같습니다. '세계화'가 돼서 스포츠 스타도 한 지역의 인기를 얻는 게 아니라 전 세계에서 인기를 얻을 수 있는 세상이 됐습니다. 이런 것들이 소득불평등을 더 키우고 있는 게 아닌가 싶습니다. 경제가 기술보다 '창의적인 생각을 어떻게 조직하느냐'에 따라서 큰 가치를 갖는 시대로 바뀌는 것과 관련돼 있는 것 같기도 하고요.

류이근_ 그런 소수의 사람들에게 소득이 더욱 집중될 수 있는 환경이 됐다는 건가요?

신관호_ 그렇습니다. 슈퍼스타 같은 사람들의 능력이란 게 사실 따지고 보면 약간 뛰어난 정도입니다. 그런데 소득은 슈퍼스타에게 집중되잖아요. 사실 100미터 육상도 영점 영영 몇 초 차이인데, 1등한테 모든 게 집중됩니다.

류이근_ 그렇죠. 나이키나 아디다스가 2등을 광고모델로 쓰지는 않죠.

신관호_ 그런 조류와 관련이 있는 것 같습니다.

류이근_ 소득이 그렇게 소수에게 집중되면서 N자 모형의 꼬리처럼 불평등이 커진다고 설명하셨습니다. 그런데 '부'는 잘 모르겠다고 말씀하셨는데, 부도 마찬가지로 점점 극소수에게 집중되고 있다는 게 일반인들 생각입니다. 자산 소유의 불평등을 보여주는 '순자산 지니계수'로 봐도 '소득 지니계수'보다 불평등도가 훨씬 큽니다. 지니계수가 소득은 0.3가량인데 자산은 0.6이 넘지 않나요?

신관호_ 제가 말씀드린 것은 소득과 부를 비교했을 때, 부의 집중이 더 심하다는 것을 부인하는 것은 아닙니다. 그러나 '시간이 흐르면서 부의 집중이 더 강하게 나타나는 것이냐'는 또 다른 측면인 것 같습니다. 저는 시간의 흐름에 따라서 소득의 집중도가 더 커지는 경향이 분명히 있다는 점을 말하고 싶은 것입니다. 하지만 부가 과거에 비해 '더 소수에게 집중되는 것이냐'는 물음은 또 다릅니다.

피케티의 책에서 굉장히 핵심적인 내용 하나가 부의 집중화입니다. 그런데 여기에 애매한 부분이 있습니다. 한번 보여드릴까요? (피케티가 《사이언스 *Science*》 저널에 기고한 논문[1]의 '부와 소득의 집중도 추이'를 보여주는 그래프를 가리키면서 설명)

이게 피케티의 가장 최근 논문입니다. 피케티의 주장처럼 소득에 대한 불평등은 두 차례 세계대전 시기 약화됐다가 1980년대를 전후해 다시 악

유럽과 미국의 소득불평등 비교, 1900~2010

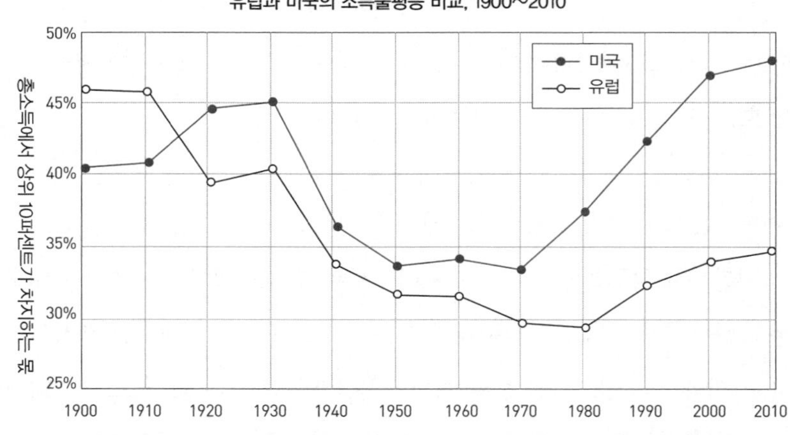

소득 상위 10퍼센트가 총소득에서 차지하는 몫은 1900~1910년에는 유럽이 미국보다 높고 2000~2010년에는 미국이 훨씬 더 높다.

출처 및 통계: piketty.pse.ens.fr/capital21c

1 "Inequality in the long run", Science, vol.344, no.6186, 2014.

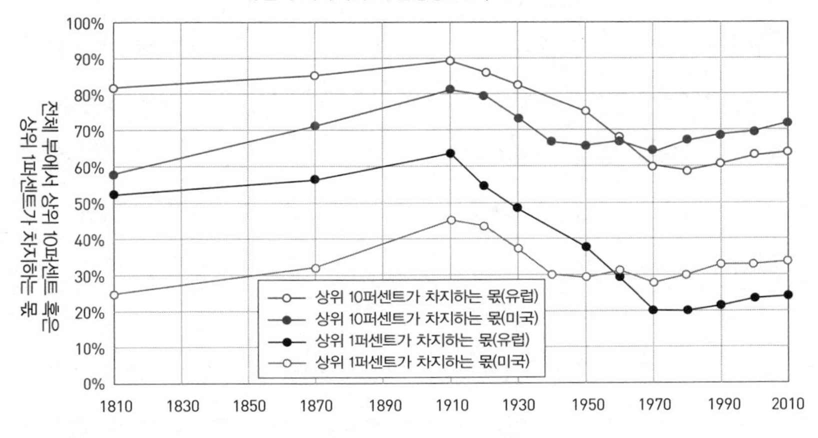

20세기 중반까지는 유럽이 미국보다 부의 불평등이 더 높았다.

출처 및 통계: piketty.pse.ens.fr/capital21c

화되고 있습니다. 미국은 더 심해지고 유럽은 상대적으로 그 정도가 약합니다. 그런데 미국의 부의 집중은 덜 '드라마틱'하잖아요. 미국도 악화되는 측면이 있지만 과거에 견줘 아직 낮은 편입니다. 제가 얘기하는 게 바로 이겁니다. 즉 부의 불평도가 상대적으로 낮은 미국에서 소득불평등도가 가장 높습니다.

제 얘기가 피케티가 한 얘기와 전적으로 다른 게 아닌데, 피케티는 이 부분을 좀 더 강조해서 말합니다. 미래에 부의 불평등이 더 악화된다는 것인데 그건 좀 더 두고 봐야 한다는 게 제 생각입니다.

경제성장률과 자본수익률

류이근 교수님은, 자본의 한계생산성이 갈수록 떨어지는 만큼 시간이 갈

수록 자본수익률 또한 줄어든다고 보기 때문인가요? 피케티는 자본 공급이 늘어나 수익률이 떨어지는 것을 '물량효과가 상쇄'한다고 얘기합니다.[2] 그 결과 '자본이 국민소득에서 차지하는 몫 α'도 계속 커질 수 있다는 거죠.

신관호 피케티는 그 증거들을 많이 보여주는 것 같긴 합니다. 자본이 상대적으로 소득에 비해 높은 나라에서도 수익률이 그렇게 떨어지는 현상이 별로 없다고 합니다.

류이근 장기적으로 경제성장률 g는 1퍼센트 안팎에 불과하지만 자본수익률 r은 3~4퍼센트를 유지한다고 얘기합니다. 길게 보면 자본수익률이 경제성장률보다 더 높다고 얘기합니다.

신관호 일부에서 피케티가 자본수익률에, 생산에 기여한 수익률이나 부동산 등에서 생기는 자본이득이나 부동산 가격이 오르는 것 등을 다 합쳐봤기 때문에, 자본수익률이 커지는 것이라고 비판하는 의견이 있습니다.

류이근 마르크스주의자들도 비슷하게 비판합니다. 생산에 투하된 자본과 부동산을 '짬뽕'시키는 것에 대해서 굉장히 비판적입니다. 그런데 고전파 경제학에선 사실 자본을 그렇게 구분하지 않았다고 합니다. 따라서 자본 개념을 피케티처럼 묶어서 충분히 쓸 수 있다고 하는 의견들도 있습니다. 피케티식의 '자본' 개념이 그리 큰 문제가 아니라는 것입니다.

신관호 생산을 어떻게 보는가에 달려 있는 것 같습니다. 부동산에서 창출되는 생산물을 모두 포함한다면, 부동산도 자본에 포함시킬 수 있겠지요.

---

2 토마 피케티, 앞의 책, 267쪽.

하지만 분명히 피케티가 쓴 자본 개념을 비판하는 사람들이 있습니다. 저도 한국 데이터로 자본수익률 추이를 분석해본 적이 있습니다.

류이근__ 한국 데이터는 어떤 건가요?

신관호__ 표학길 서울대 교수가 한국의 자본 저량을 추계한 게 있습니다. 그걸 가지고 간단하게 자본에 대한 수익률을 계산해봤습니다. 한국은 1990년대 초를 기점으로 상당히 떨어졌습니다. 경제성장률도 떨어지고 자본수익률도 떨어지고 있습니다. 이는 자본의 양이 늘어나는 것과 관련돼 있는 것 같습니다. 적어도 한국에서는 성장률과 자본수익률이 비슷하게 움직이는 것으로 보입니다.

류이근__ 성장률과 자본수익률의 간극이 크지 않다는 건가요?

신관호__ 그렇습니다. 피케티는 길게 봤을 때 자본수익률은 비슷하지만 성장률은 오르락내리락하면서 떨어진다고 생각하는 것 같습니다. 그러나 한국의 경험은 그렇지 않습니다. 1990년대 이전에는 성장률도 높았고 자본수익률도 높았죠. 이후엔 둘 다 떨어집니다. 간극 자체가 성장률이 떨어지면서 더 벌어져야 하는데, 적어도 한국에선 그렇지 않은 거죠.

류이근__ 피케티는 노벨 경제학상을 받은 로버트 솔로나 이런 사람의 '균형성장경로' 이론을 비판했습니다. 경제가 성장하면 다양한 계층이 같은 정도의 혜택을 누린다는 맥락이 깔려 있는 것 같습니다.

신관호__ 그런 게 많은 학자들한테 지지받았습니다. '정형화된 사실stylized fact'로 인정받던 것들이었습니다. 그게 1인당 자본의 증가율과 기술의 증가율이 같다거나, 자본의 증가율과 생산량의 증가율이 같다거나, 또는 자본과 노동에 대한 분배율이 일정하다는 등이 정형화된 사실들로 많이 받아들여졌죠. 거시 모형은 그런 것을 반영해 만듭니다. 그런 것을 잘 반영할 수 있도록 모형을 만드는 거죠.

류이근_ 일반 사람들도 이해할 수 있도록 좀 더 쉽게 말씀해주실 수 있나요.

신관호_ 신고전학파의 생산함수[3]와 관련돼 있는 건데요. 생산과정에 노동과 자본이 투입됩니다. 생산 증가란 것은, 노동의 크기나 자본의 크기가 증가하거나 기술 수준이 높아져서 생산량이 증가하는 것을 말합니다. 이 과정에서 벌어지는 현상은 이렇다고 봅니다. 노동이나 자본의 투입 크기와 생산량의 증가율이 일정한 관계를 가지면서 성장한다는 겁니다. 또 자본이나 소득의 대가도 일정한 관계, 즉 변하지 않는 일정한 값을 유지하면서 성장한다고 봅니다. 정리하면, 생산에 사용되는 요소나 기술과 생산량 사이의 변화 양상이 굉장히 일정한 관계를 유지하면서 경제가 성장한다는 겁니다.

류이근_ 자본과 노동만을 놓고 얘기하면, 성장과정에서 각각의 몫이 일정하게 유지된다는 주장으로 보면 되나요?

신관호_ 둘의 '분배율'이 일정하게 유지된다는 겁니다. 그 부분을 정형화된 사실로 받아들여 왔어요.

---

3 생산요소 투입량과 산출량의 관계를 나타내는 함수를 말한다.

노동과 자본의 분배

류이근_ 그런데 피케티는 이 부분을 비판하고 있는 거죠?

신관호_ 네. 사실 피케티뿐만 아니라 최근에 와서는, 노동소득 분배율이 줄어드는 현상이 있지 않냐, 이것에 대해서 주목하는 사람들이 많습니다. '도대체 왜 그런지'에 사람들이 주목하는 것 같습니다. 또 하나의 숙제인 것 같습니다.

류이근_ 교수님도 그런 현상이 나타나고 있다고 보나요?

신관호_ 있다고 봅니다.

류이근_ 노동분배 악화는 자영업자를 어떻게 어디까지 포함시킬 것이냐는 문제가 있긴 한데요?

신관호_ 한국적인 문제죠. 자영업자가 취업자의 30퍼센트가 넘으니까요.

류이근_ 선진국은 10퍼센트 안팎이지요?

신관호_ 선진국은 자영업자와 상관없이 노동소득 분배율이 줄어드는 문제가 벌어지고 있는 것 같습니다. 이것을 연구한 사람들에게 들으니, 우리나라의 경우엔 노동소득 분배율이 떨어지는 게 자영업자가 늘어난 것과 깊은 관계가 있다고 합니다. 자영업자를 떼어놓고 보면 그렇게 심각하지 않다고 합니다.

류이근_ 자영업자를 뺀 공식 노동소득 분배율 지표를 보면, 노동소득 분배율은 악화되다가 최근 조금 개선되고 있습니다. 그러나 노동과 자본의 분배에 관심 있는 포스트케인지언 전통에 서 있는 학자들이 주로 한 연구를 보면, 노동소득 분배율 즉 전체 국민소득에서 노동의 몫은 줄어들고 있습니다. 이들은 30퍼센트가 넘는 자영업자의 소득 가운데 얼마가 노동소득인지 얼마가 자본소득인지를 구분한 뒤, 자영업자와 그들의 노동소득을 포함한 '수정 노동소득 분배율'을 구합니다.

신관호__ 그렇다면 자영업자의 자본소득이 늘어났다는 건가요?

류이근__ 노동소득 분배율에서 취하는 것은 자영업자의 노동소득입니다. 따라서 자영업자의 노동소득이 준다고 봐야겠죠?

신관호__ 사실 자영업자는 자본소득도 거의 없을 텐데요. 자영업자의 자본소득이 얼마나 되겠어요?

류이근__ 맞습니다. 그렇게 연구하는 분들의 방법론이 탄탄한 것 같습니다. 국제노동기구 같은 곳에서 표준적인 수정 노동소득 분배율을 구할 수 있게 국제 표준을 제공하는 것으로 압니다. 그러나 공식적인 지표를 내는 한국은행 같은 곳은 수정 노동소득 분배율을 제시하면 자영업자의 소득엔 자본소득이 있는데 이를 구분하기가 쉽지 않다고 얘기합니다. 아마 큰 지각변동이 없으면 연구자나 학계 쪽에서 문제를 제기해도 계속 같은 얘기만 반복할 겁니다.

신관호__ 저도 잘 모르겠는데 전 세계적으로 그런 경향이 강해지는 것은 사실인 것 같습니다. 이유에 대해서 많은 이들이 설명하고 있습니다. 저도 거시경제학 책[4]에서 그 얘기를 했는데, 아무래도 최근 기술이 자본에 좀 유리한 방향으로 가지 않습니까? 그래서 노동소득 분배율이 하락한다는 얘기를 많이 하는 것 같습니다.

예를 든다면, 3D프린터가 이를 아주 잘 보여주는 사례라고 봅니다. 3D프린터는 노동의 역할을 크게 줄여줍니다. 소수의 3D프린터를 설계하는 사람 이외에 비숙련 노동자의 필요성이 줄었습니다. 이런 식의 기술발전이 노동소득을 줄이는 방향으로 이끄는 게 아닌가 싶습니다.

사실 피케티 역시 노동소득 몫의 감소 원인에 대해선 그다지 많이 얘기하는 것 같지 않습니다. 마찬가지로 자본수익률 r이 떨어지지 않는 이유에 대해서도 설명이 충분하지 않습니다.

류이근 그렇죠. 자본수익률이 떨어지지 않는 이유를, 아까 잠깐 말씀드렸듯, 설명하긴 하는데…….

신관호 원래 자본의 공급이 늘면 자본의 한계생산성은 줄어드는 거죠. 그러나 피케티의 경우엔 금융 투자를 좀 더 강조하면서 부가 많은 사람은 아무래도 더 나은 투자 기법 등을 통해 높은 수익을 올린다는 건데…….

류이근 글로벌한 상황에서 국내 수익률이 떨어져도 자본이 해외로 나가서 수익률을 만회한다는 얘기도 합니다. 그러나 전체적으로 상세히 얘기하지는 않는다는 느낌입니다.

신관호 경제가 점점 글로벌화하면서 이런 현상이 나타난다는 것입니다. 하지만 피케티의 주장을 뒷받침하기 힘든 현상들도 있는 것 같습니다.

4 이종화·신관호, 《거시경제학》, 박영사, 2014, 37쪽.

류이근 노동과 자본의 관계가 피케티의 말처럼 "정치적인 힘이 중요하다"[5]는 명제에 동의하시는지요. 즉, 둘 사이 몫의 크기를 나누는데 정치사회적 힘을 이해하는 게 중요하다는 피케티의 주장을 어떻게 보시는지 궁금합니다.

신관호 물론 정치적인 힘이 작용합니다. 하지만 저는 그보다 '경제적 힘'이 더 중요하다고 봅니다. 자본과 노동의 몫 분배가 악화됐을 때는 필요한 노동 이상의 잉여노동이 많았을 때입니다. 19세기 같은 상황이죠. 이때는 한동안 임금이 오르지 않았습니다. 그리고 지금은 기술이 자본에 유리하게 작용한 요인이 큽니다. 기술이 노동자들에게 불리하게 발전하는 게 상당히 큰 영향을 주고 있어요. 이런 경제적 힘이 노동소득 분배율 악화에 더 중요한 영향을 준다고 봅니다.

선진국 따라잡기와 글로벌 자본의 이동

류이근 많은 나라에서 소득불평등이 악화하고 있는데, 지구적 차원은 어떻다고 보시는지요?

신관호 글로벌 경제 차원에서 소득불평등은 결코 악화됐다고 볼 수 없습니다. 오히려 많이 개선되었습니다. 지금 보면 중국이나 인도나 아프리카 쪽 나라들의 성장률이 굉장히 빠릅니다. '성장의 수렴 현상'이란 게 있습니다. 후진국은 더 빨리 성장하고, 선진국은 덜 성장하면서 결국 후진국이 선진국을 따라간다는 것입니다.

5 토마 피케티, 앞의 책, 282쪽.

류이근 일종의 '따라잡기catch up 현상'을 말하는 건가요?

신관호 그렇습니다. 물론 전혀 조건 없이 성립되는 현상은 아닙니다. 여러 조건이 충족돼야 가능한 현상입니다. 과거와 비교하면 지금 세계경제는 후진국이 성장을 통해서 분명히 선진국과 가까워진 측면이 있습니다. 최근에 더욱 그렇습니다. 과거에는 한국을 포함한 아시아의 네 마리 용[6] 얘기밖에 없었는데, 이제 중국이란 거대한 나라가 같은 경로를 걷고 있습니다. 그 많은 인구가 빈곤 상태에 있다가 지금은 구매력 기준으로 1인당 연평균 7,000~8,000달러 소득을 올립니다. 전 세계적으로 보면 중간 윗부분으로 올라와 있습니다. 수많은 인구의 소득 증가로 인해 전 세계적으로 보면 소득불평등이 완화되고 있다고 봐야 합니다.

류이근 피케티도 그 부분을 언급하지 않았나요? 그는 나라 간 소득 격차의 축소가 아니라 세계 최상위 부자들의 몫이 더 커지고 있는 현실에 관심이 많은 것 같습니다. 다만 한국이나 일본, 타이완 등을 예로 들면서, 이들 나라가 선진국 자본을 들여와 '캐치업'한 게 아니라 내적 축적 자본(저축saving)을 이용해서 빠르게 경제성장을 했다고 지적한 점이 눈에 띕니다.[7] 피케티 책에서 한국이 딱 두 번인가 나오는데, 이런 맥락에서 등장합니다. 이를 통해 자본의 자유로운 글로벌 이동성이 세계경제를 전체적으로 한계생산성이 같아지는 수준으로 만든다는 주류 쪽 주장을 깨려고 한 것처럼 보입니다.

6 제2차 세계대전 이후 경제가 급속히 성장한 아시아의 네 국가 한국, 홍콩, 싱가포르, 타이완을 말한다.
7 토마 피케티, 앞의 책, 90~92쪽.

신관호 맞는 지적입니다. 피케티가 처음 얘기한 것은 아닙니다. 보통 국가가 글로벌 자본에 시장을 개방했을 때, 자본이 보다 풍부한 나라에서 자본은 적고 노동력은 많은 나라로 글로벌 자본이 이동한다고 생각해왔습니다. 그러나 전 세계 자본의 흐름을 보면 전혀 그렇지 않습니다. 반대의 경우도 많습니다. 그것을 '루카스 패러독스Lucas paradox'라고 합니다. '왜 자본이 그렇게 이동하지 않는가'라는 큰 물음이 남아 있습니다. 많은 사람들이 이를 인지하고 있습니다. '제도'의 중요성이 부각되는 것도 이 때문입니다. 성장과 관련해서도 마찬가지이고요. 제도가 제대로 성립되지 않은 쪽으로는 자본이 이동하지 않습니다. 제도 가운데 가장 중요한 게 소유권 보장입니다. 그런데 그런 게 수립돼 있지 않은 나라로 자본이 들어갈 수 있을까요? 안 들어가죠. 하지만 기술의 경우에는 선진국에서 후진국으로 이동합니다. 이건 아주 당연합니다. 선진국에서 직접 이동할 수도 있고, 후진국이 보고 배울 수도 있습니다. 여러 경로로 가능합니다. 미국이 먼저 발전하지 않았다면, 우리나라가 어떻게 지금과 같이 성장할 수 있었을까요? 중국도 마찬가지입니다. 이런 식으로 선진국을 '캐치업'하는 과정이 있는 것은 틀림없습니다.

류이근 교수님께서는 〈소득불평등 결정요인 분석〉[8]이라는 논문에서 무역개방이 불평등을 악화시키지 않는다고 밝혔습니다. 피케티도 같은 입장인 것 같은데요. 그는 개방경제를 강력히 지지하고 있습니다. 그런데 교수님께서는 금융 개방도가 상위 1퍼센트 소득을 기준으로 했을 때 소득불평등

8 신관호, 신동균, 〈소득불평등 결정요인 분석〉, 《계량경제학보》 제24집 제2호, 2013. 6.

을 악화시킨다고도 했습니다. 이 부분을 명시적으로 주장하지 않지만, 피케티 역시 그런 생각이 바탕에 깔려 있는 듯합니다. 이 점이 흥미로운데, 피케티는 금융 개방에 대해서는 부정적인 것 같습니다. 자본 통제를 얘기하면서, 중국을 현실적 모범 사례로 듭니다. 자본이 국외로 나가 수익을 거두거나 국외에 '숨겨놓고parking' 있으니 글로벌 차원에서 정보를 공유하고 순자본에 대해서 과세해야 한다고 주장하잖아요?

신관호 자본 '자체'에 대한 세금과 자본이 '이동'하는 과정에 매기는 세금을 구별할 필요가 있습니다. 지금 말하는 중국의 경우엔 자본 이동에 관한 것 아닙니까?

류이근 물론, 피케티는 자본 이동 자체에 대해선 세금을 얘기하지 않습니다.

신관호 중국의 자본 통제의 경우엔 '이동'에 관한 것입니다.

류이근 맞습니다. 브라질도 말씀하신 중국의 경우와 가까운데, 피케티는 자본을 미국이나 영국, 중국에 '파킹'해놨으면 순자본에 대해서 과세해야 한다는 주장입니다.

신관호 순자본에 대해서 과세한다는 것은 부채를 뺀 자기자본에 과세한다는 것 아닙니까?

류이근 네. 어떤 사람이 자국에 '자산이 1,000원'이 있는데, 다른 나라에는 '부채가 2,000원' 있습니다. 그러면 순자산은 마이너스 1,000원일 텐데, 순자산이 마이너스이니 거기에 과세할 수 없다는 것이 피케티의 생각입니다.

신관호 그렇죠. 국가 간 이동에 상관없이 집을 5,000원을 주고 샀다고 치죠. 그런데 4,000원을 은행에 빌려서 샀어요. 이 경우 대부분의 국가에서는 빌린 4,000원을 고려하지 않고 5,000원에 대한 자산세를 내라고 합니다.

그러나 피케티 주장은 그렇게 세금을 매겨서는 안 된다는 겁니다. 5,000원의 자산을 갖고 있지만 4,000원을 빌렸으니 순자산 1,000원에 세금을 매겨야 한다고 주장합니다. 저도 동의합니다. 조세 전문가가 아니어서 잘 모르고 하는 얘기일 수도 있는데, 세금은 당연히 순자산에 매기는 게 맞다고 봅니다. 하지만 문제는 '모든 부'에 관한 정보를 알기 어렵다는 거죠.

류이근 부동산 이외의 자산은 어떤 겁니까?

신관호 '금융자산'이 있습니다. 재산세는 집이 있기 때문에 내는 거죠. 금융자산이 있다고 내는 게 아니잖아요. 그런 면에서 순자본에 세금을 매겨야 한다는 피케티의 아이디어는 괜찮은 것 같습니다. 문제는 금융자산과 실물자산을 정말 동일한 잣대로 세금을 매길 수 있냐는 거죠. 어려울 수 있습니다. 분명 세금을 매기면 당사자가 가만히 있지 않습니다. 거기서 문제가 생기죠. 부작용을 고려해 세금을 매겨야 과세로 인한 손실이 적습니다. 금융자산은 이리저리 도망갈 수도, 쉽게 숨길 수도 있습니다.

피케티 처방

류이근 피케티는 그 때문에 마치 땅 지적도를 통해 부동산에 과세하듯, 국가 간 정보 교환을 통해 '글로벌 금융 지적도'를 그려야 한다고 얘기합니다.

신관호 자신의 논리를 아주 일관되게 발전시킨 거죠. 해답으로 정합성을 따진다면야 아주 그럴듯한 얘기입니다. 하지만 현실성을 따지면 쉽지 않은 대안을 제시하고 있다고 생각해요.

류이근__ 사실 교수님의 답변을 예상했습니다. 많은 분들이 그 점에 대해서 피케티를 비판합니다. 그런데 그가 제시한 대안을 '현실'이 아니라 '필요성'의 측면에서는 어떻게 보시나요? 피케티식으로 자본수익률을 떨어뜨리기 위해서든, 아니면 나라 살림을 꾸려가기 위한 재원 확보 차원에서든, 그것도 아니면 조세 형평성 차원에서든, 그 어떤 필요에 의해서건 피케티식의 자본세 과세가 필요하다고 보시는지 궁금합니다.

신관호__ 과세의 효율성에 대해선 사실 의문입니다. 그런데 목적이 뭐냐에 따라서 다를 수 있다고 봐요. 목적이 형평성을 추구하는 것이라고 하면 훨씬 더 효과적이라고 봅니다. 왜냐하면 소득보다 부가 큰 사람이 궁극적으로 세금 부담 능력이 크다고 봐야 합니다. 예를 들어서 소득이 높더라도 부가 적은 사람과 소득은 적더라도 부가 굉장히 많은 사람을 비교할 때, 실질적인 세 부담 능력은 부가 많은 사람이 더 크다고 볼 수 있습니다. 물론 부에서 항상 소득이 나오는 건 아닙니다. 부에서 소득이 나오지 않아 당장 세금을 낼 수 없지만, 긴 시간을 놓고 보면 많은 부를 지닌 사람이 세금을 많이 부담해야 합니다.

류이근__ 피케티가 불평등 문제를 해결하는 정책적 접근법으로 세금을 제시하는 것을 어떻게 보셨는지 궁금합니다.

신관호__ 세금도 중요하고, 정부 지출도 중요하다고 봅니다. 지출을 어떤 식으로 어떻게 하느냐도 아주 중요해요. 현명한 지출을 통해 저소득층에 더 많은 교육 기회를 준다던지, 가난한 사람들이 더 건강하게 살 수 있는 환경을 제공할 수 있습니다. 건강에 문제가 생겼을 때 저소득층은 모두 낮은 계층으로 전락합니다. 반면에 고소득층은 좋은 치료를 받고 다시 쉽게 회복할 수 있죠.

류이근_ 피케티의 세금 해법을 좀 더 구체적으로 말하면 크게 두 가지입니다. 그 가운데 하나가 누진세제의 강화입니다. 예를 들어 50~100만 달러 이상 소득에 80퍼센트에 이르는 최고 소득세율을 적용하자는 그의 주장이 크게 과한 건지요? 사회적 합의를 이뤄 할 수 있다면, 그의 주장처럼 경제적으로 이에 따른 부작용이란 걸 크게 걱정할 필요가 없다고 보는지 궁금합니다.

신관호_ 참 판단하기 어려운 문제입니다. 사실 최상위 부자 1퍼센트에 과도한 세금을 물리는 일이잖아요. 문제는 그 사람들에게 세금을 부과했을 때 그들이 생산을 줄인다는 겁니다. 이 때문에 세금이 비효율성을 가져오는 거죠. 상위 1퍼센트에 속한 사람들이 정말 능력이 뛰어나 그들의 경제활동에 의해 경제가 상당히 크게 영향받는다는 전제가 성립한다면, 그들에게 세금을 과도하게 매겨 생산 활동을 꺼리게 하는 것은 경제 전체로 봤을 때 큰 손해가 되겠죠. 이 경우엔 너무 과도한 세금이 경제의 비효율을 키울 가능성이 있습니다.

반대로 피케티는 그 사람들이 자신들의 기여보다 훨씬 큰 소득을 얻는다고 생각합니다. 세율을 낮추려는 '정치적 힘'을 발휘한다는 거죠. 미국 같은 경우 대부분 최고경영자와 관련된 문제입니다. 이 사람들 능력이 얼마나 뛰어난가, 사회적 기여를 하는가라는 판단을 할 필요가 있어요. 한쪽에선 피케티식 주장이 있지만 다른 한쪽에선 그들의 능력을 제대로 반영해서 임금이 매겨진다는 주장이 맞서고 있습니다. 지금의 연구로 봐서는 어느 한 쪽이 일방적으로 옳다고 얘기하기 어려운 면이 있습니다.

아무튼 최고경영자들이 과도하게 받는 것은 사실입니다. 이들의 보수를 어느 정도 높게 할 필요가 있다는 주장은 맞지만, 지금 수준은 과도하다는 생각이 다수입니다. 이는 우리나라에서도 마찬가지이라고 생각합니다.

기술 진보, 권리 신장 그리고 제도와 정치의 문제

류이근 교수님의 〈소득불평등 결정요인 분석〉 논문에 '기술 진보'나 '정치적 권리 신장'에 따라서 소득분배가 악화될 수 있다는 내용이 있습니다. 물론 국내총생산에 견줘 정부의 지출이 늘어나면 소득불평등은 개선된다고 하셨죠. 그런데 정치적 권리 신장에 따라 소득 분배가 악화된다는 것은 다소 의외였습니다. 해석할 때 주의해야 할 것 같은데요?

신관호 오래전이라 논문을 다시 한 번 봐야겠네요. (논문을 다시 살펴보면서) 저도 이 결론이 놀라웠습니다. 그 부분을 많이 설명해놓지는 않았네요. 좀 수수께끼 같은 부분이었어요. 경험적 분석으로 나온 결과대로 그렇게 쓰긴 했지만 해석하긴 어렵더라고요.

류이근 교수님은 연구할 때 '엄밀성'을 굉장히 중요시하는 것 같습니다. 웬만한 사람들은 자기 상식으로라도 결과를 뒷받침하는 해석을 많이 풀어놨을 텐데요.

신관호 사실은 사실대로 일단 보고는 해야 하니까요. 그런데 저만 그렇게 보는 것은 아닌 것 같습니다. 저와 비슷한 결론이 나온 경우가 좀 있더라고요. 상식적으로나 경제 이론적으로 보면 그게 맞는 것 같긴 합니다. 물론 그런 현상이 뚜렷하지 않을 수도 있습니다. 예를 들어서, 인도 같은 경우를 보세요. 정치적으로 보면 우리나라보다 더 민주화됐다고 얘기하는 사람도 있습니다.

류이근_ 세계 최대 민주주의 국가란 수식어를 달고 다니는 나라죠.

신관호_ 그런데 불평등이 심각한 나라입니다. 그런 것처럼 정치적 권리가 신장됐다고 해서 불평등이 꼭 개선되는 것은 아니라는 게 저의 경험적 연구 결과였습니다.

류이근_ 피케티는 '슈퍼경영자'로 불리는 기업의 최고경영자가 천문학적인 보수를 받는 것을 미국 등에서 나타난 소득불평등 확대의 큰 원인으로 지목합니다. 그러면서 주류 경제학에서 말하는 한계생산성이론으로는 이러한 높은 수준의 보수를 설명하기 어렵다고 합니다. 오히려 결정적 요인은 소득세 최고세율이 떨어지면서, 슈퍼경영자들이 자신들의 보수를 올리려는 유인이 커졌기 때문이라고 봅니다. 즉, 슈퍼경영자들이 '바기닝 파워 bargaining power', 즉 협상력을 키워서 높은 보수를 유지하는 것이지, 높은 한계생산성 때문에 천문학적인 보수를 받는 게 아니라는 거죠. 피케티는 개개인의 한계생산성은 측정조차 어렵다고 했습니다.

이런 맥락에서 교수님이 연구 결과로 제시한 것과 피케티가 서로 통할 수도 있지 않나요? 바기닝 파워를 키울 수 있는 민주적 통로는 의회를 상대로 한 '입법 로비' 등일 수 있잖아요. 슈퍼경영자가 이를 통해서 정치를 움직인다고 볼 수 있지 않습니까?

신관호_ 그건 생각해보지 않았습니다. 재미있는 지적인 것 같습니다. 다만 최고경영자들이 정당한 대가를 받느냐에 대해선 좀 더 생각해봐야 합니다. 피케티는 한계생산성으론 설명이 안 되고 지금 말한 것처럼, 일종의 정치적 파워를 통해서 또는 최고경영자들이 기업의 이사회를 장악해서 자기 몫을 멋대로 늘렸기 때문으로 보고 있습니다. 그러나 연구들을 보면 그렇지 않은 경우도 있습니다. '사모펀드private equity fund'[9]가 소유한 기업들의 경우입니다. 사모펀드는 기업을 사들여 가치를 더 늘린 뒤 되팔아서 이득을 얻습니다. 최고경영자에게 부당하게 돈을 더 많이 줄 인센티브가 없어요. 그런데 사모펀드가 오히려 최고경영자에게 돈을 더 많이 주죠. 흔히 말하는 스타 최고경영자를 더 선호합니다. 이런 예들도 분명히 있습니다. 기업 가치를 늘리는 공헌도가 최고경영자마다 상당한 차이가 있을 수 있습니다. 능력 차이를 반영해서 최고경영자의 중요성이 점점 더 커진다고 주장하는 사람들도 있습니다.

그러나 저도 금융 쪽엔 더 부정적입니다. 제조업 최고경영자에 비해서 그렇다는 겁니다. 왜냐하면 금융 쪽은 제조업 최고경영자나 종사자들에 비해 도덕적 해이moral hazard 문제가 훨씬 심각할 수 있습니다. 금융이라는 데는 본질적으로 대부분 남에게 돈을 빌려서 활용하는 곳입니다. 제조업도 돈을 빌리지 않는 것은 아니지만 그 규모가 적습니다. 남의 돈을 빌리면 일단 자기 돈을 쓸 때보다 도덕적 해이가 훨씬 큰 용도로 쓸 가능성이 많습니다. 그리고 제조업과 달리 금융업종은 문제가 생겼을 때 정부가 '구제금융bail

9 고수익 투자 펀드로, 소수의 투자자에게 모은 자금을 기업의 주식, 채권 등에 운용하는 펀드를 말한다.

out'을 통해서 살려주는 경우가 많습니다. 아주 위험한 데 투자해서 단기적으로 큰 수익을 얻어 성공하면 최고경영자는 인센티브나 보너스 형태로 받습니다. 또 성공하지 못해도 정부가 도와줘서 자신은 별로 손해를 안 보는 구조라면, 제대로 된 투자를 하지 않고 위험한 투자를 선호할 가능성이 많습니다. 이런 측면에서 금융 쪽 최고경영자의 높은 보수는 좀 더 문제 소지가 있다고 하겠죠.

최고경영자 보수 문제는 피케티의 주장을 뒷받침하는 증거가 분명히 있습니다. 그리고 그 반대 증거도 있습니다.

류이근_ 미국 같은 경우 최고경영자를 비롯해 임원 보수가 상대적으로 노동자 평균임금에 견줘 높습니다. 직원 보수에 비해 임원 보수가 얼마나 높은지 국제 비교를 해보면, 미국이 가장 높고, 유럽, 일본 순입니다. 한국이 일본을 넘어선 것 같은데, 아직 신뢰할 만한 통계가 없어서 쉽게 얘기하기 어렵겠죠. 하지만 우리나라의 임원 보수가 일본이나 유럽형에서 미국형으로 가고 있는 것은 분명한 같습니다. 사회마다 받아들일 수 있는 수준의 차이에 따라서 임원 보수를 둘러싼 불평등 논의가 달라질 여지가 큰 것 같습니다.

신관호_ 그 부분이 참 어려운 문제인 것 같습니다. 말씀드린 것처럼, 피케티의 주장을 뒷받침하는 증거가 분명히 있습니다. 그리고 한국은 사실 최고경영자들이 이사회를 장악하는 경우가 더 많습니다. 이사회를 장악해서 보수를 높게 책정할 가능성이 분명히 더 높은 것은 틀림없습니다.

그런데 임원 보수를 높게 책정할 필요성이 없다고는 볼 수 없습니다. 최고경영자 보수 배율이 굉장히 높은 미국에서 최고경영자들이 상당 부분

'능력'에 따라서 받고 있다는 증거도 분명히 있으니까요. 이 문제를 다룰 때 좀 더 신중해야 될 것 같습니다. 저는 최고경영자의 능력에 따라 보수가 결정된다는 주장을 쉽게 무시해선 안 된다고 봅니다.

류이근 그 얘기를 좀 더 해보죠. 피케티는 불평등을 자본주의 전체의 동학으로 설명해내려 합니다. 동시에 예외적인 기간이 있었다고 말합니다. 대략 1930년대부터 1970년대까지라 할 수 있는데, 예외적일 수 있었던 이유로 전쟁과 자산 가격의 하락 등 여러 요인을 꼽습니다. 특히 정치적, 제도적인 수단을 얘기하는 게 눈에 띕니다.

신관호 그렇죠. 특히 세금을 얘기하면서 그래요.

류이근 자본의 지대추구rent seeking[10]나 지나친 수익 추구를 억누르려는 제도적 요인을 얘기합니다. 이런 것을 아울러서 불평등에 제동을 걸려면 제도적, 정치적 요인이 중요하다고 얘기하는데, 교수님은 이를 어떻게 생각하시나요?

신관호 그건 제가 정말 모르는 분야입니다. 피케티 같은 분이나 얘기할 수 있는 영역입니다. 대부분의 경제학자들이 잘 모르는 영역이죠. 역사적 흐름이나, 구체적인 사회적 합의의 중요성이라던가 하는 부분은 잘 모릅니다.

---

10 과거에는 토지를 '소유'하는 것만으로 이익을 얻는 것을 뜻했다. 현대에는 스스로 부를 창출하여 수익을 내는 것이 아닌, 사회적으로 창출된 부에서 정당한 몫 이상을 차지하는 행위를 뜻한다.

류이근_ 노벨 경제학상을 탄 조지프 스티글리츠나 폴 크루그먼도 그 비슷한 얘기를 하지 않나요?

신관호_ 케인지언 가운데 그렇게 말하는 분들이 많습니다.

류이근_ '제도나 정치의 간섭이 아닌 시장에 맡겨야 한다'라는 사조가 특히 1980년대 이후 강하게 형성돼오지 않았습니까. 우리나라에도 1998년 외환위기 이후 이런 사조가 강하게 영향을 미쳤습니다. 불평등 심화나 악화가 이와 밀접한 관련이 있다고 보세요? 다시 말해 시장의 원리가 중시되면서 불평등이 심화되지 않았는지요?

신관호_ 사실 우리나라를 보면 불평등이 심해지는 시점이 외환위기 이후입니다. 왜 하필 외환위기 이후냐고 물었을 때, 말씀하신 부분이 작용했다고 저도 얘기합니다. 시장의 원리가 외환위기 이후에 더 강화된 게 사실입니다.

그 전엔 고용도 '평생 고용' 비슷했습니다. 또 정부의 간섭도 훨씬 심했습니다. 정부가 나서 웬만한 것은 다 구제해주고는 했죠. 물론 부작용도 있었습니다. 정부가 구제해준다는 믿음이 지나치게 강하면, 경제주체들은 그걸 믿고 더 위험한 행동을 할 수 있습니다. 자기가 모든 것을 책임져야 한다면 조심해서 행동할 겁니다. 그런데 위험하다는 것은 크게 잘될 수도 있다는 것을 내포합니다. 잘되면 내덕이고, 잘 안 돼서 정부가 도와준다면, 더욱더 위험한 행동을 하는 거죠. 과거에는 이런 게 만연했던 것 같습니다. 특히 기업들이 그랬죠. 재벌로 불리는 기업들이 그렇게 했습니다. 지금 와서 보면 그들이 너무 위험한 투자를 했던 이유가 잘되면 자신들이 잘해서 그런 거고, 잘 안 되면 정부가 은행의 팔목을 비틀어서라도 도와줄 것이란 믿음이 강하게 작동했던 게 분명한 것 같습니다.

외환위기 이후 이 '믿음'을 줄이려는 노력을 분명히 했습니다. 이 노력이 시장의 원리를 더 강화하려는 쪽으로 작용했다고 볼 수 있습니다. 이러한 시장의 원리가 강화된 것이 소득불평등 악화와 상관이 있는 것 같습니다. 엄격하게 따져보거나, 분명한 증거를 가지고 얘기하는 것은 아닙니다.

능력주의와 인구 증가율

류이근 '자본의 집중'이라고 하든 아니면 '소득의 집중'이라고 하든 크게 달라지지 않는 질문인 것 같습니다. 지나친 자본의 집중의 문제를 어떤 시각으로 보시는지 궁금합니다. 피케티는 민주주의와 능력주의에 반한다고 보잖아요. 미국의 슈퍼경영자가 받는 천문학적인 보수가 극단적 능력주의의 한 형태라고 지칭합니다.

신관호 '자본의 집중'과 '소득의 집중'은 약간 구분해서 써야 된다고 봅니다. 특히 우리가 '어느 사회가 정당한가'라고 물을 때 더욱 그렇습니다. 어떤 사람들은 '모든 사람이 동일하게 대우받는 게' 바람직한, 정당한 사회라고 합니다. 다른 사람들은 '능력에 맞게 대우받는 게' 정당하지 않느냐고 얘기합니다. 이런 차원에서, 소득이 능력에 맞게 결정된다면, 그것이 굉장히 불평등하더라도 결국 정당한 게 아니냐고 주장할 수 있습니다.

그런데 '소득'이 아니라 '부'로 가면 얘기가 약간 달라질 수 있습니다. 부에서 얻는 소득이란 게 정당한 생산에서 나오는 경우도 있죠. 하지만 금융자산의 경우엔 그렇지 않을 때가 많습니다. 대표적인 게 컴퓨터 프로그램을 활용해 아주 빠른 속도로, 100분의 1초로 주식을 거래하면서 돈을 버는 것입니다.

류이근 시차를 이용한 초단타 매매를 말하시는군요.

신관호 그런 식으로 부를 축적하는 게 능력에 따른 것인지 잘 모르겠습니다.

류이근 그 경우에도 프로그래밍을 익혀 컴퓨터 자판에 있는 엔터 키를 열심히 누를 수 있는 능력의 결과물이라고 얘기할 수도 있을 것 같네요. (웃음)

신관호 이런 게 사회에 얼마나 기여하는지 모르겠습니다. 약간의 정보 우위를 이용해서 하는 건데, 사회에 공헌하는 것 같지 않습니다. 능력이라는 게 결국 사회에 대한 공헌의 정도에 의해서 평가되어야 하지 않겠습니까? 또 하나 미묘한 문제는 '부의 대물림'입니다.

류이근 피케티는 21세기를 '세습자본주의'로 규정하잖아요.

신관호 임금소득은 대물림 할 수 없습니다. 즉 아버지의 임금소득이 높더라도 자식의 임금소득이 자동으로 높아지지는 않습니다. 하지만 부는 대물림 할 수 있습니다. 지나친 부의 대물림 자체가 정당하지 않다고 봅니다. 물론 자식도 나의 일부라고 얘기하는 사람도 있죠. 그래서 정당하다고 할 수도 있지만, 그 부분은 이론異論의 여지가 상당히 많습니다. 다만, 앞서 얘기했듯 소수에게 더욱더 부가 집중돼 소득불평등이 악화되었다는 증거는 그리 있어 보이지는 않습니다.

류이근 교수님께서 인구 문제에 많은 관심을 갖고 책도 내고 논문도 썼습니다. 피케티가 성장 제약 요인으로 인구 증가율 감소를 얘기합니다. 토머스 맬서스의 우울한 전망도 얘기합니다. 사람들이 대충 짐작하듯 인구가 고령화하면 생산 가능 인구가 줄어드니 성장률이 떨어지지 않나요? 그런데 인구 증가율 감소와 성장, 불평등이 어떤 관계에 있는지 궁금합니다.

신관호_ 인구 증가율 감소는 성장을 둔화시킵니다. 고령층을 증가시키고, 이 때문에 소득불평등에도 영향을 주겠지요.

류이근_ 피케티는 자본수익률 r이 경제성장률 g보다 크다($r>g$)고 봅니다. 그런데 반대로 성장률이 상대적으로 자본수익률보다 더 높아지면 불평등이 감소하는데, 인구 증가율이 감소하면 성장률이 줄어든다는 측면에서, 인구와 불평등 문제를 보는 것 같습니다. 인구 증가율이 부의 상속에도 영향을 끼치잖아요.

신관호_ 맞아요. 피케티는 인구 증가율이 감소하면 성장률도 감소한다고 봅니다. 자본수익률이 성장률보다 크면 불평등이 커진다고 봅니다. 그런데 저는 그 주장을 완전히 받아들이지 못하겠어요. r이 g보다 크다고 해서 과연 그렇게 될까 의문입니다.

류이근_ 교수님은 장기적으로 자본수익률이 성장률보다 크다는 것 자체를 동의하기 어렵다고 하셨잖아요.

신관호_ 그렇습니다. 물론 제가 전 세계 장기 시계열 통계를 다 보지 않았습니다. 적어도 우리나라에는 성장률 g가 떨어지면서 자본수익률 r이 유지되는 현상이 보이지 않는다고 했습니다. r이 g보다 크다고 해서 부의 집중도가 더 커지냐는 것을 피케티가 엄격하게 보여준 것은 아닌 것 같습니다.

이론적, 경험적으로 그렇습니다.

고령화가 성장률을 떨어뜨리는 측면에는 저도 동의합니다. 하지만 고령화 때문에 '성장률이 떨어지니 불평등이 커질 것'이다? 저는 솔직히 잘 모르겠습니다.

류이근_ 끝으로 사람들이 피케티를 읽으면서 어떤 부분을 주의해서 읽어야 한다고 보시는지요?

신관호_ 자본의 역할을 너무 강조하지 않았나 싶습니다. 부의 대물림도 얘기하고, 자본에 의해서 생기는 소득불평등도 얘기하지만, 미국이나 한국이나 아직까지는 자본에 의한 소득불평등보다 노동소득에서 생기는 불평등이 최근의 소득불평등 악화 현상에 더 영향을 주었다고 봅니다. 피케티는 최상위 소득층인 1퍼센트나, 0.1퍼센트의 소득 집중에 관심이 너무 쏠려 있는 것 같습니다. 하지만 한국에선 중산층 몰락이 상당히 중요한 문제입니다. 이 부분에도 관심을 가져야 합니다.

신관호

서울대학교 경제학과와 동 대학원을 졸업하고 UCLA에서 박사 학위를 받았다. 2001년 계량경제학회에서 수여하는 김태성 학술상과 2002년 한국경제학회에서 수여하는 청람학술상을 받았으며, 현재 고려대학교 경제학과 교수로 있다.

세계화와 신자유주의로 본 피케티와 불평등

INTERVIEW

인터뷰이 **이강국**_리쓰메이칸 대학교 경제학부 교수

소득분배를 연구 주제로 삼는 학자는 많지 않다. 경제학자를 찾기란 더 힘들다. 특정한 경제, 사회 현상과 접목시켜 분배를 계속 연구하는 경제학자는 더더욱 드물다. 이강국 리쓰메이칸 대학교 경제학부 교수는 이런 면에서 특별하다. 그는 세계화와 신자유주의가 불평등에 어떤 영향을 끼쳐왔는지를 주로 연구해왔다. 《가난에 빠진 세계》(책세상, 2007) 등을 펴낸 것도 그의 이런 연구와 고민이 결과를 맺었기 때문이다. 그가 《21세기 자본》의 한국어판을 '감수'까지 하게 된 건 어쩌면 당연한 일인지 모른다.

대부분의 경제학자에게 분배는 주된 관심사가 아니다. 하지만 분배에 대한 이들의 관점은 놀랍도록 유사하다. 이들은 분배보다 성장, 국가의 개입보다 시장의 자율을 선호한다. 분배 문제에 있어선 조세정책보다 교육 기회 확대를 통한 성장 사다리 구축 등을 선호한다. 이런 면에서 정치적, 제도적 노력을 통해 보다 적극적인 불평등 개선이 필요하다고 보는 이강국

교수는 경제학계에서 그리 많지 않은 진보적 분배론자이다.

또한 일본에서 학생들을 가르치는 그의 시야는 좀 더 넓고 신선하다. 피케티를 둘러싼 논란이 다른 나라에선 어떻게 진행되는지 들려준다. 외부자의 시선으로 한국에서 벌어지는 논쟁 방식을 우려하며, 일본에서는 차분하면서도 실리적인 태도로 피케티를 받아들인다고 전하는 대목은 우리 자신을 돌아보게 한다.

이 교수는 피케티의 학문적 성과뿐만 아니라 그의 정치경제학적인 연구 방식을 높게 평가했다. 그러면서도 비판과 조언을 아끼지 않았다. 그는 피케티가 주류 방법론을 차용해 불평등 동학을 설명하면서 동시에 난관에 부딪히고 있다고 지적한다. 자본수익률이 높게 유지되는 이유 등을 설명할 때 더 적극적으로 정치적, 제도적인 방법론을 써야 한다고 조언한다.

이 인터뷰는 8월 19일과 24일 두 차례에 걸쳐 서울에서 진행되었다.

피케티 패닉

류이근__ 교수님께서 《21세기 자본》의 한국어판을 감수하셨잖아요. 어떤 인상을 받으셨는지 궁금합니다.

이강국__ 제가 학자로서 가장 인상 깊었던 부분은 피케티가 방대한 데이터를 수집해서 자본주의에 내재한 불평등의 동학에 관해 연구했다는 점입니다. 커다란 학문적 기여라고 할 수 있습니다. 역사적 데이터를 쌓아서 기본 법칙을 도출하고, 거대한 규모로 불평등 동학을 보여준 건 굉장히 의미 있는 작업입니다. 지금까지 주류 경제학자들이 하지 못한 일이죠. 이들의 쿠즈네츠적인 전통[1]은 벌써 끊겼어요.

하지만 피케티는 그런 고민을 계속해왔습니다. 물론 피케티 혼자서 한 건 아니죠. 수년 동안 다른 학자들과 협업을 해왔습니다. 그 연구 결과물들을 이번에 책으로 내놓은 거죠.

한국에서 피케티에 대해 오해하는 게 있습니다. 전국경제인연합회(전경련) 이런 데서 콘퍼런스한 것을 보면, 피케티가 누군지도 제대로 모르는 분들이 있습니다. 그러면서도 비판적인 코멘트를 하죠. 그런데 피케티는 이미 2000년대부터 미국 유명 경제 저널이나 거시경제학계에서 뛰어난 학자로서 인정받아왔습니다.

류이근 갑자기 떠오른 스타가 아니란 말씀이시군요?

이강국 네. 내공이 굉장히 깊은 학자입니다. 또 한 가지 인상적이었던 점은, 저는 경제학이란 게 단순한 학문이 아니라고 봅니다. 현실을 이성적으로 분석해 더 좋은 사회를 만들어가려는 노력이 있어야 한다고 봅니다. 피케티가 이런 입장을 견지하는 게 꼭 배울 만한 자세라 생각했습니다. 책 뒷부분을 보면, 정책 개혁 차원에서 세금 얘기를 하고 있습니다.[2] 자신의 연구에 기초해 사회 개혁의 수단을 강구하는 모습을 잘 보여주죠.

류이근 책이 일반 독자들에게 주는 의미는 무엇일까요?

이강국 일반인들이 잘 모르는 '팩트', 즉 소득뿐 아니라 자본까지 포함하여

---

1 사이먼 쿠즈네츠는 역사적 데이터에 기초해 자본주의의 불평등을 실증적으로 분석했다. 쿠즈네츠적 전통이라 함은 이와 같은 연구 방법을 뜻한다.

2 토마 피케티, 〈제4부 21세기의 자본 규제〉, 앞의 책.

불평등에 대한 역사적인 큰 그림을 보여주고, '불평등이 왜 이렇게 심화되었는지' 설명했다는 점이 큰 의미라고 할 수 있겠죠. 이는 학자에게도 마찬가지이겠지만요.

류이근 책이 미국 등지에서 왜 이리 큰 반향을 불러일으켰다고 보세요?

이강국 훌륭한 연구 업적과 함께, 기본적으로는 수십 년 동안 미국의 불평등이 매우 심각해졌다는 현실을 반영한 것이겠죠. 불평등한 현실과 피케티의 연구가 결합되면서 큰 반향을 불러일으킨 측면이 큽니다. 소득 상위 1퍼센트 지표 등으로 본 불평등이 70년대 이후 크게 악화되었고 이에 대한 대중의 관심이 2008년 세계금융위기 이후 더 커졌어요.

그리고 폴 크루그먼 미국 프린스턴 대학교 교수 등 케인지언이 피케티를 격찬을 해준 측면도 있습니다. 미국에서 이들은 공화당 쪽과 싸워야 합니다. 미국에는 보수 대 케인지언 대결 구도가 있어요. 케인지언 가운데에도 진보파인 노벨 경제학상을 수상한 크루그먼이나 조지프 스티글리츠 컬럼비아 대학교 교수 등은 새로운 '스타'가 필요했을지도 모릅니다. 자신들이 늘 불평등을 얘기해봤자 그렇게 새롭지가 않은 거예요. 그런데 한 프랑스 학자가 300년 치라는 엄청난 데이터를 가지고 와서 카를 마르크스와 비슷한 규모로 불평등을 설명하는 것을 본 겁니다. 역사적으로 미국이 얼마나 불평등이 심각해졌는지 보여준 거죠. 그것도 새로운 연구 방법으로요. 크루그먼 등은 그를 격찬하면서 불평등 주제의 중요성을 부각시키고 싶었던 게 아닐까 싶습니다.

피케티와 신자유주의

류이근 본격적인 첫 질문입니다. 《21세기 자본》에 '신자유주의'란 단어가 한 번도 나오지 않더라고요. 신자유주의와 세계화가 불평등에 미친 영향을 오랫동안 연구해온 교수님께서 이를 어떻게 보셨는지 솔직히 궁금합니다. 사실 주류뿐만 아니라 서구의 학자들이 논쟁할 때 신자유주의란 말 자체를 거의 안 쓰지 않습니까?

이강국 신자유주의는 거시경제학자들이 잘 쓰지 않는 단어입니다. 피케티의 초점은 자본주의의 오랜 역사에서 나타나는 불평등, 소득과 부의 분배 동학을 보여주는 겁니다. 신자유주의는 피케티의 분석 틀에 핵심적으로 자리하고 있는 부분은 아닙니다. 하지만 제2차 세계대전 뒤 30년 동안 지속된 자본주의 황금기가 뒤집히는 과정을 설명하면서 어느 정도 다뤘다고 볼 수 있습니다.

류이근 우리나라에선 학계뿐만 아니라 시민사회 단체 심지어 정치권에서도 신자유주의란 말을 폭넓게 쓰지 않습니까?

이강국 외국에서는 진보적인 '좌파'가 주로 쓰는 단어입니다. 보통 마르크스주의자나 진보적 케인지언이 쓰죠. 케인지언 가운데서도 주류 경제학자에 속하는 이들은 신자유주의란 말을 잘 쓰지는 않아요. 피케티는 주류 거시경제학자입니다. '신자유주의'라는 단어는 그가 쓰는 '언어'가 아닌 셈입니다. 대신 정치적 변화를 이야기할 때, 피케티도 '보수 혁명'이란 말을 씁니다. 피케티도 신자유주의 특징이라 할 수 있는 여러 정책 가운데 감세를 강조하고 민영화의 영향을 분석합니다. 예를 들어서, 고소득층에 대한 감세는 슈퍼경영자나 고소득층이 자신들의 보수를 올리는 인센티브로 작용했다고 얘기합니다. 그래서 소득 상위 1퍼센트나, 0.1퍼센트의 소득이 크게 늘어났다는 겁니다. 피케티는 감세가 끼친 이런 영향을 꽤나 비중 있게 다루고 있습니다.

류이근_ 피케티가 1970년대 후반 이후 불평등 악화의 주된 이유를 설명하면서 사실상 신자유주의 사조가 갖는 특징들을 꼽고 있다고 봐야겠네요. 그런데 신자유주의란 말이 뭔지 짚고 넘어가는 게 어떨까요? 신자유주의라 하면 언뜻 워싱턴 컨센서스Washington Consensus[3], 사유화, 감세 등이 떠오릅니다.

이강국_ 신자유주의란 기본적으로는 국가의 경제 개입을 축소하고 시장의 역할을 확대하는 정책 흐름을 말합니다. 제2차 세계대전을 전후해 국가의 시장 개입이 커졌어요. 케인지언 사상에 기초한 복지국가가 주류가 됐죠. 그러다가 1970년대 스태그플레이션stagflation[4]이 와서 한계가 닥칩니다. 경제 사조도 1980년대부터 본격적으로 새고전파 거시경제학으로 바뀝니다. 합리적 개인의 선택을 강조한 새고전파는 정부의 개입을 가급적 최소화해야 한다고 주장합니다. 이에 영향을 받은 정치인이나 정책 결정자는 이전 복지국가나 케인지언 정책을 철회하죠. 그리고 민영화나 감세, 규제 완화, 대외 개방 정책이 추진되기 시작했습니다.

개방은 개발도상국(개도국)에 특히나 중요한 이슈가 됩니다. 1980, 90년

3 1990년 미국이 남미 국가들의 경제 위기에 대한 해법으로 제시한 정책으로 미국식 시장경제체제를 주요 골자로 한다.

4 물가가 상승하는데 경제성장이 정체되는 현상을 말한다.

대부터 무역자유화나 금융 개방이 개도국에서 강하게 나타났습니다. 국제통화기금 등 국제금융기구는 '추천'이 아닌 '명령'을 내리다시피 했습니다. 이런 현상이 전 세계적으로 퍼져 나갔죠. 금융 규제 완화나 증권화 등으로 금융 부분의 비대화도 함께 나타났어요.

노동시장 유연화도 신자유주의의 특징 가운데 하나인데 우리나라에서는 외환위기 이후 본격적으로 '노동시장 유연화'가 확산됐어요. 비정규직이 크게 늘었죠. 노동시장을 포함한 여러 영역에서 자본과 노동의 협상력이 변했습니다.

1980년대에 미국 등에서 이런 변화가 먼저 나타났죠. 폴 볼커Paul Volcker 미국 연방준비제도이사회 의장이 1979년 기준금리를 급격히 올렸을 때 불황이 오는 걸 모두가 알았어요. 그런데 불황이 오면 그렇게 되듯, 그 중요한 목표는 케인스주의 시기에 강해진 노동자의 힘을 약화시키기 위함이었습니다. 로널드 레이건Ronald Reagan은 또한 항공관제사 등 노조의 파업에 강경 대응했죠. 결국 '보수 혁명'과 신자유주의는 한마디로 노동(자)을 억누르고 자본을 편들어주는 거라 할 수 있습니다.

류이근__ 피케티는 신자유주의를 정면으로 언급하지 않지만 감세가 불평등에 끼친 부정적 효과에 대해선 언급하고 있습니다. 동시에 시장에 내맡기는 게 아니라 국가의 개입이나 사회규범의 중요성을 계속 언급하고 있습니다. 이런 면에서 보면 피케티도 신자유주의에 대한 거부감이 크다고 볼 수 있겠죠?

이강국__ 그렇습니다. 피케티도 당연히 1980년대 이후 불평등을 심화시킨 신자유주의에 대해서는 비판적인 입장이죠. 하지만 그는 프랑스 마르크스주의 경제학자인 제라르 뒤메닐Gérard Duménil 이나 도미니크 레비Dominique Levy처럼 신자유주의를 주된 분석 대상으로 삼고 비판하지는 않습니다. 급진파인 뒤메닐이나 레비 같은 학자는 금융화라든가 노사 관계 등을 연구하면서 신자유주의를 정면으로 비판합니다. 그게 지금 우리가 처한 문제와 위기의 더 큰 원인이라고 보는 거죠.

류이근_ 피케티는 실물 경제에 기초한 자유무역과 경제의 개방성economy openness에 우호적입니다. 하지만 금융 세계화에 대해선 불평등을 악화시킨 원인 가운데 하나로 꼽을 만큼 부정적으로 보는 것 같습니다. 그렇다면 그가 세계화 현상을 금융과 실물을 구분해서 본다고 할 수 있을까요?

이강국_ 피케티는 책에서 전반적으로 금융이든 무역이든 세계화를 정면으로 다루지 않습니다. 그에게 세계화는 부차적입니다. 국내 차원의 소득이나 불평등이 훨씬 더 중요하다고 보는 거죠. 그는 전반적으로는 국제무역이 경제성장에 혜택을 준다는 정도로 이야기합니다. 전면적 경제 개방이 성장에 꼭 도움이 되는 건 아니라고, 특히 외국에 의해 강요된 개방은 좋지 않다고 이야기합니다. 중국 등을 사례로 제시하면서 무역자유화나 개방 자체가 성장에 미치는 플러스 효과가 생각보다는 크지 않다고 얘기합니다. 그렇지만 국제무역이 기술 확산과 이전을 통해서 장기적으로 성장을 높인다는 점은 인정합니다.

하지만 이마저도 그의 얘기에서 큰 줄기가 아닙니다. 무역도 어떤 무역인지를 봐야 합니다. 개도국에서 제조업 수출이 늘어나면 당연히 성장에 도움이 됩니다. 반면 원자재 수출이 크게 늘어나는 것은 장기적으로 성장을 해칠 수도 있죠. 단 무역이 불평등에 미치는 영향은 복잡한데, 전반적으로는 금융 세계화에 비해서는 불평등을 악화시키지 않지만, 그 효과는 조건과 나라에 따라 상이하다는 연구 결과가 많습니다.

류이근 800쪽에 이르는 두터운 피케티의 책에서 한국은 딱 두 번 언급됩니다. 피케티는 한국이나 대만 등 동아시아 국가들이 빠르게 성장했던 이유가 외국자본을 유치해서가 아니라고 말합니다. 외국자본이 아니라 국내 저축을 투자로 전환해서 빠른 성장을 이뤘다고 말합니다.[5] 흔히 외국자본을 유치하면 일자리가 늘어나고 경제성장률이 더 높아질 수 있다는 게 일반적인 인식 아닙니까? 그런데 피케티는 기본적으로 자본이 다른 나라에 가서 성장에 얼마나 기여하는지에 회의적인 시각을 갖고 있는 것 같습니다.

이강국 맞아요. 저도 《다보스, 포르투 알레그레 그리고 서울》(후마니타스, 2005)에서 그런 얘기를 많이 했습니다. 피케티도 그 문제를 잘 알고 있는 것 같습니다. 금융 세계화가 개도국의 경제성장을 높여준다는 뚜렷한 증거가 없어요. 이는 IMF나 주류 경제학 내에서도 인정하고 있죠. 외국자본을 받아들여서 개도국이 성장했는지에 관한 수많은 실증 분석 결과들을 보면 결론은 뚜렷하지 않습니다. 그나마 공장을 짓는 직접 투자는 긍정적으로 나옵니다만, 주식이나 채권 등을 사들이는 외국자본의 포트폴리오 투자는 그렇지 않습니다. 직접투자의 경우에도 무조건 성장률을 높이는 게 아니라, 금융 발전이나 교육 수준 등 바람직한 전제 조건이 있을 때만 가능하다는 겁니다. 정리하자면 외국자본과 성장의 관계는 불명확합니다.

5 토마 피케티, 앞의 책, 90~91쪽.

류 기자께서 잘 지적해주셨는데, 사실 동아시아는 위와 정반대 사례라 할 수 있습니다. 고도성장한 동아시아 국가들이 1960, 70년대에 외국자본을 받아서 성장한 게 아닙니다. 오히려 정부가 국제투자를 규제하며 성공적으로 자본을 통제했기 때문에 성장했다고 할 수 있습니다. 외국자본을 받아들이면 무조건 성장에 도움이 된다는 건 오해입니다. 그나마 그린필드 투자Green Field Investment[6]가 많이 들어오면 공장을 세우고 해서 도움이 되는데, 사실 그런 투자는 매우 적거든요. 외환위기 이후 우리나라에 들어온 대부분의 외국인 직접투자는 인수합병M&A 투자였습니다. 쉽게 말해 우리나라 자산을 사들이는 거죠. 외국자본의 은행 인수가 대표적입니다.

류이근 외국인 투자를 받아들였을 때 성장 효과가 거의 없다면, 그게 불평등에 미친 영향은 어떻게 볼 수 있을까요?

이강국 사실 많은 연구에서 외국인 투자가 불평등에 부정적인 효과를 미치는 것으로 나타납니다. 직접투자가 들어오면 공장이 세워져서 경제에 도움이 될 수도 있습니다. 하지만 거기에 취업한 사람의 임금이 올라가 농촌 지역에 있는 사람과 격차는 더욱 벌어지겠죠. 대표적으로 중국 같은 나라에서 벌어지고 있는 현상을 떠올리면 됩니다. 그밖에 포트폴리오 투자나 은행 대출은 많은 경우 금융 부문을 취약하게 만들고 불안정이나 위기를 일으켜 불평등을 심화시키기도 하죠.

---

6 외국자본이 투자 대상국의 용지를 직접 매입해 공장이나 사업장을 짓는 방식의 투자를 말한다.

신자유주의 확산과 불평등

류이근_ 교수님은 1980년대 이후 많은 나라에서 불평등이 악화된 주된 이유가 신자유주의 확산에 있다고 보세요?

이강국_ 지금까지 나온 연구 결과로 보면, 개도국의 경우 워싱턴 컨센서스 실패 이후 경제성장률은 끌어올리지 못한 채 불평등은 더욱 심해졌습니다. 1990년대 이후 관련 연구들이 많이 나왔어요. 개도국에서도 불평등이 심해졌다는 사실은 세계화를 주장하는 아주 간단한 신고전파 이론과도 배치됩니다. 이들은 헥셔-올린 모델Heckscher-Ohlin model[7]에 따라 무역이 늘어나면 개도국은 빈곤과 불평등이 줄어 더 살기 좋아지고 선진국과 격차도 줄어든다고 봅니다. 그러나 현실에서는 개도국에서나 선진국에서나 불평등이 더 심화되고 있다는 사실입니다. 여러 실증 연구들을 보면 자본과 노동의 소득분배(노동소득 분배율)로 봐도 그렇고 지니계수로 봐도 대체로 그렇습니다. 그 요인들로서는 금융 세계화와 신자유주의 등의 정책 변화, 노동시장의 변화 등 여러 제도적인 요인들이 지적되고 있습니다. 이렇게 볼 때, 1980년대 이후 신자유주의와 세계화가 불평등의 악화에 크게 영향을 미쳤다고 생각합니다. 특히 이러한 제도 변화가 자본을 강화시키고 노동을 약화시켰다는 점에 주목해야 합니다. 신자유주의와 함께 금융 부문이 비대해진 현상도 불평등을 심화시켰죠. 물론 피케티는 이 부분을 정면으로 다루지는 않습니다.

---

7 헥셔와 올린이 고안한 국제무역에 대한 경제모형을 말한다.

류이근 우리나라가 지난 몇 년 사이 많은 나라와 자유무역협정FTA을 체결했습니다. 정부에선 우리나라와 자유무역협정을 체결한 나라의 영토가 전 세계에서 차지하는 비중을 뜻하는 이른바 '경제 영토'가 60퍼센트에 이른다고 크게 홍보해왔습니다. 정부는 성장 효과를 강조하고 반대편에선 농업 등 여러 산업 분야에 피해가 갈 수 있다고 우려하고 있습니다. 더 나아가 자유무역협정이 우리 사회의 불평등 문제를 악화시킬 수 있다는 걱정도 있습니다.

이강국 자유무역협정이 한국 사회의 불평등에 미치는 영향을 정확히 수치로 계산하긴 어려울 겁니다. 반대로 자유무역협정이 성장에 어떤 효과를 가져올지도 계산하기 어렵기는 마찬가지입니다. 다만 우리나라는 개도국처럼 발전 단계에 있는 나라가 아닙니다. 그리고 세계경제는 이미 심각한 침체 상태죠. 이런 점을 고려하면 자유무역협정이 성장은 촉진하지 못하면서 불평등에는 악영향을 미칠 수 있다는 우려는 충분히 제기할 만합니다. 말씀하신 것처럼 한국의 경제 영토가 계속 넓어지고 있어요. 하지만 그게 꼭 좋은 건 아니죠. 2000년대 후반 이미 무역의존도가 100퍼센트를 넘었어요. 그만큼 우리 경제의 수출의존도가 크다는 것이고 대외적인 충격에 취약해진다는 의미이기도 하죠. 이런 식으로 계속 성장한다면, 노동자들한테 미치는 압력이 커질 수 있습니다.

수출 의존적 성장 모델 자체가 자본에 우호적으로 될 수밖에 없습니다. 자본은 많은 경우 노동자들의 임금을 압박하거나 최대한 비정규직을 많이 써서 가격경쟁을 하려고 할 겁니다. 자유무역협정은 자본에 힘을 더 실어줄 겁니다. 사실 더 중요하게 봐야 할 건 자유무역협정을 통한 무역 확대 자체가 아니라 협정에 수반되는 제도적 변화입니다. 예를 들어서 지적재산권 강화, 투자자국가소송제ISD 같은 거죠. 이런 변화가 불평등에 미치는 악영향이 더 클 수 있습니다.

류이근 피케티는 금융 세계화를 소득불평등을 확대시킨 원인 가운데 하나로 꼽죠. 그런데 사람들에게는 금융 세계화가 뭔지 피부에 잘 와닿지 않습니다. 고작해야 도심에서 스탠다드차타드, 씨티은행 지점이 눈에 들어오는 정도일 겁니다. 일상적으로 느끼는 금융 세계화로 인한 변화는 거의 없을 듯합니다. 증시에 외국인 지분이 30퍼센트가 넘는다고 해도 그게 눈에 보이는 건 아니니까요.

이강국 금융 세계화를 측정하는 방법은 여러 가지 있습니다. 자본이 얼마나 많이 국외로 나갔거나 들어왔는지를 유량으로 연간 국민소득과 비교할 수도 있고, 저량으로 재야 한다는 주장도 있습니다. 한국 사람들이 미국, 중국 등 국외에 갖고 있는 자산이 얼마나 되는지에, 외국 사람들이 한국에 보유한 자산이 얼마나 되는지를 더해 국내총생산으로 나누는 겁니다. 이를 기준으로 한 금융 세계화 지수는 1980년대와 특히 1990년대 이후 꾸준히 높아지고 있습니다. 선진국의 경우엔 대외 자산과 대외 부채의 합이 평균적으로 국내총생산의 약 300퍼센트를 넘습니다. 자본의 이동이 금융위기 등으로 일시적으로 줄더라도 뚝 떨어지지 않아요.

금융시장 개방이 제대로 안 됐던 1997년 이전 우리나라의 금융 세계화 지수는 굉장히 낮았어요. 이제는 학자들이 말하지 않더라도 한국에 다양한 형태의 외국자본이 들어온 것을 많은 사람들이 피부로 느낄 수 있습니다. 우리나라의 경우, 해외 자본이 국내 은행을 통제하는 비중이 동유럽과 멕시코 등 라틴아메리카 다음으로 높아요.

외국자본이 국내 은행을 인수한 것도 외국인 직접투자이긴 하지만 '인수합병형 투자'입니다. 앞서 잠깐 언급했지만, 외국인 직접투자라고 하는 것도 그린필드와 인수합병형 투자가 있어요. 또 주식 및 채권 시장에 투자한 국외 자본이 있을 텐데요, 이런 걸 포트폴리오 투자라고 합니다. 2000년대 중반 이후 국채 시장에서 외국인들 비중이 엄청 커졌어요. 이러한 포트폴리오 투자는 일상생활에서 느끼지는 못하지만, 우리의 대외 부채로 봐야 합니다.

류이근_ 우리나라도 얼마 있지 않아 대외 부채보다 자산이 많은 순자산국으로 바뀔 것 같습니다.

이강국_ 어떤 측면에선 우려되는 상황이기도 합니다. 순자산국이란 자본이 국외로 많이 나간다는 말이기도 합니다. 특히 직접투자 형태로 자본이 국외로 나가면 기존 노동자들에게 나쁜 영향을 끼칩니다. 어쩌면 나가는 것 자체보다 나갈 '가능성'이 더 나쁜 영향을 미치죠. 위협 효과threat effect로 작용할 수 있기 때문입니다. 북미자유무역협정NAFTA 체결 이후 미국 기업들은 실제로 멕시코로 공장을 이전하지 않으면서도 이전'할' 것처럼 굴었죠. 멕시코 지도에 동그라미를 쳐놓고서 노동자들한테 보여주는 식입니다. '당신들이 임금을 많이 올려달라고 하면 공장을 옮기겠다'라고 위협하면서요. 실제로 나가지는 않을 거면서 말이죠. 물론 많은 기업들이 국내의 임금 부담 때문에 해외로 공장을 이전하지만, 임금을 무작정 낮추는 대신 생산성을 높이거나 대기업과 관계를 잘 풀어나가는 것이 더 중요하겠죠.

류이근_ 피케티가 금융자본에 대한 통제가 필요하다고 얘기하잖아요. 또

금융자본은 세계화로 인한 지금과 같은 국제 경쟁 환경에서 혜택을 누리고 있다고 말합니다. 하지만 금융 세계화를 정면으로 다루지는 않는 것 같습니다.

이강국＿ 금융 세계화는 피케티의 이론 틀에서 큰 비중을 차지하지는 않아요. 하지만 글로벌 자본세를 불평등을 완화시킬 대안으로 제시합니다. 중국의 자본 통제 사례를 제시하긴 하지만, 자본 통제를 한 국가 차원에서 하기엔 한계가 크니 국가 간 공조가 필요하다고 합니다.

피케티의 이론 틀에 금융 세계화를 충분히 접목시킬 수 있다고 봅니다. 서구 자본이 1970년대 이후 이윤율이 떨어지고 축적이 잘되지 않으니 수익률이 높은 개도국으로 갑니다. 국외로 나간 미국의 외국인 직접투자 수익률이 굉장히 높았어요. 그래서 미국의 엄청난 무역적자로 초래되는 글로벌 불균형global imbalance에도 불구하고 미국이 버틸 수 있었던 거죠. 물론 미국은 기축통화인 달러화를, 또 한 측면에서 군사력도 갖고 있죠. 아무튼 이런 과정에서 해외에서 미국 자본의 자본수익률은 높았습니다. 이런 방식으로 금융 세계화가 세계적인 차원에서 자본수익률을 높인다고 하면 국제적 투자에 기초하여 자본소득이 더욱 높아지고 그로 인한 불평등이 자본 수출국에서 더욱 심화되는 결과가 나타날 수도 수 있겠죠. 이러한 논의는 앞으로 흥미로운 연구 주제가 될 수 있다고 봅니다.

자본주의 황금기 전후의 불평등

류이근＿ 피케티가 자본주의의 역사적 흐름에서 불평등의 동학을 거의 항상적인 불변의 법칙으로 설명하잖아요. 그러면서 제2차 세계대전 이후부터

1980년대 레이건이나 마거릿 대처Margaret Thatcher의 등장 이전까지 약 30년을 예외적인 기간으로 설명하고 있습니다. 이를 어떻게 보셨는지 궁금합니다.

이강국 《21세기 자본》은 책입니다. 대중과 얘기하는 겁니다. 피케티는 21세기를 전망하면서 19세기로 돌아갈 가능성이 높다고 말합니다. 이전 논문과 달리 자신의 주장을 조금 강하게 얘기하는 부분입니다.

피케티가 지난 5월 가브리엘 주크먼 영국 런던정경대LSE 교수와 함께 영국의 《쿼털리 저널 오브 이코노믹스*quarterly journal of economics*》에 기고한 〈자본의 귀환: 1700~2010년 선진국에서 부와 소득 배율〉이란 제목의 논문 등을 보면 《21세기 자본》에 나오는 기본 데이터들이 다 공개돼 있어요. 이매뉴얼 사에즈 미국 캘리포니아 대학교 버클리캠퍼스 교수와는 소득 상위 1퍼센트 분석을, 주크먼 교수와는 자본의 저량 추이를 추계하고 시대별, 국가별로 분석하는 작업을 함께 해왔습니다. 피케티는 기존 학술 논문에서는 데이터 추세를 보여주면서 21세기엔 어떻게 될 것인지와 관련해 정치가 중요하다고 얘기하는 정도였습니다. 그런데 책으로 묶이면서 목소리 톤이 좀 더 높아졌어요.

피케티는 자본주의 역사에서 장기적으로 봤을 때, 제2차 세계대전 이후 30년은 예외적인 시기이고, 21세기 이후 불평등 수준이 그 이전처럼 다시 높아지고 있다고 말합니다. 그런데 역사적인 사실은 자본수익률이 일정하다는 겁니다. 하지만 피케티의 이런 예상이 미래에도 꼭 맞을지는 의문입니다. 자본수익률이 더 빨리 떨어질 수도 있고…… 미래는 쉽게 점칠 수 없습니다. 그는 전후 30년이 전쟁의 쇼크와 정치적 변화 때문이었다고 하는데, 앞으로도 이런 변화들이 나타날지도 모를 일이죠.

일부 주류 경제학자들은 순저축률이 약 10퍼센트라고 하는 그의 주장을 비판합니다. 저도 비슷한 작업을 해봤는데, 저축률 자체도 일정한 게 아니라 성장률의 영향을 받습니다. 즉 성장률이 떨어지면 순저축률도 떨어져요. 그래서 성장률에 견준 저축률의 배율[8]과 동일하다고 볼 수 있는 자본/소득 비율도 피케티가 얘기하는 것처럼 그렇게 높아지지 않을 수 있습니다. 이런 점들을 고려할 때 불평등을 '철의 법칙'이라 생각할 수는 없고 미래는 여전히 열려 있다고 생각합니다.

논란들

류이근 말씀하신 것처럼 자본수익률이 거의 떨어지지 않은 채 일정하게 유지될 것으로 보는 피케티의 주장은 이미 큰 논란거리로 떠오르지 않았나요?

이강국 피케티는 자본이 증가해도 자본수익률이 상당히 느리게 떨어질 거라는 생각을 바탕에 깔고 있습니다. 그렇기 때문에 자본/소득 비율이 상승할 때 자본소득의 몫이 커질 것이라는 거고, 실제로 역사적으로 1970년대 이후가 그랬다는 거죠. 이는 경제학적으로 자본과 노동이 대체되는 대체탄력성이 1보다 크다는 것을 의미합니다. 피케티도 책에서 이를 설명할 때 기술 변화로 자본이 보다 많은 용도에 쓰일 수 있다고 이야기하면서, 자신의 데이터에 기초한 대체탄력성이 1보다 크다고 보고합니다. 그러나 매튜 렁리가 최초로 지적했듯이 피케티는 감가상각을 제한 순생산 데이터를 사용하는데, 이를 일반적인 생산 데이터를 사용한 다른 여러 연구들과 비교

8 자본주의의 제2기본법칙 $\beta = s/g$. s는 저축률, g는 경제성장률을 뜻한다.

해보면 피케티의 대체탄력성이 비현실적으로 높게 나와서 이상하다는 문제가 제기되죠. 로런스 서머스도 이 점을 지적했고, 자본수익률이 피케티가 주장하는 것보다 더 빨리 떨어질 수도 있다고 말합니다. 그러면 국민소득에서 자본소득의 몫도 더 내려가겠죠.

제가 보기에는 피케티가 굳이 주류 경제학의 대체탄력성 개념에 기초하여 역사적 변화를 설명하려다 문제가 빚어진 것으로 보입니다. 피케티도 정치경제학, 세력 간 역학관계, 제도와 정치를 중시하긴 했어요. 하지만 저는 자본수익률이나 대체탄력성은 기술적인 개념보다는 정치적 요인을 더욱 고려해서 설명해야 된다고 봅니다. 1980년대 이후 자본/소득 비율이 커졌는데 왜 자본수익률은 빨리 떨어지지 않았냐고 할 때, 신자유주의 등이 역학 관계를 바꿨다고 볼 수 있거든요. 이전보다 노동자들의 힘은 약해졌고, 금융화가 되면서 자산 시장의 거품이 커졌잖아요. 이러한 정치적 변화가 자본수익률을 상대적으로 덜 떨어뜨렸을 수 있습니다. 세계대전 이후에 이전과 정반대로 나타났던 현상도 똑같이 설명할 수 있을 겁니다.

이런 걸 경제학 모델에 도입하기는 쉽지 않죠. 하지만 노조조직률 등을 자본과 노동의 역관계를 보여주는 변수로 삼아서 통상적인 대체탄력성과 차이가 나는 부분을 설명할 수 있는지 살펴볼 수 있을 겁니다. 이러한 후속 연구들을 생각해볼 수 있을 것 같네요.

류이근＿ 일반인들은 자산과 자본의 개념도 구분하기 어렵습니다. 그런데 피케티는 이 둘을 같은 개념으로 쓰고 있습니다.

이강국＿ 그것도 논쟁의 여지가 아주 큰 부분입니다. 제프리 호지슨Geoffrey Hodgson 교수 같은 분은 고전파 경제학 이전에는 투자될 수 있는 자금이나 소유하고 담보로 사용할수 있는 유무형 자산의 금전적 가치를 자본으로 생각했다고 합니다. 즉 생산과정에 들어가든 안 들어가든 자본이고, 이게 일상의 비즈니스에서 쓰는 자본 개념과 더 유사한데, 애덤 스미스 이후 소유권보다는 물적자본physical capital으로 자본의 관심이 옮겨갔다고 주장하죠. 이러한 물적자본의 자본 개념은 '케임브리지 자본 논쟁'에서 논란이 되었듯 사실 제대로 측정할 수가 없죠. 따라서 호지슨 교수는 피케티가 이전의 자본 개념을 되살렸다고도 지적합니다. 하지만 마르크스를 연구하는 분들은 피케티의 자본 정의는 사회적 관계로서의 자본을 무시하고 몰역사적이라고 비판합니다. 피케티식으로 얘기하면, 이윤의 원천이 자본-노동 관계의 착취에 기인한다는 것이 보이지 않습니다. 예를 들자면 고대 노예제 때의 자본수익도 자본주의 시대와 구별되지 않는다는 것이죠.

마르크스 경제학뿐만 아니라 주류 경제학 쪽에서도 이 부분에 비판적입니다. 이들에게 생산함수에 들어가는 자본이라는 변수는 생산과정에 들어가는 물적자본이죠. 주류 경제학 입장에서 보면 자본과 노동이 얼마나 대체되느냐에 따라서 대체탄력성이 나옵니다. 그런데 금융자산이나 부동산 모두를 자본으로 봐서 생산함수에 넣을 수 있냐는 겁니다. 그런 것도 다 자본이라고 하면 대체탄력성의 개념 자체도 혼란스럽게 되죠. 또 피케티의 자본은 정의상 자산 가격의 변동에 영향을 많이 받죠. 피케티가 300년이라는 장기 데이터를 쓰면 자산 가격의 변동이 상쇄돼 나타난다고 하는데, 확실하지는 않습니다. 지난 몇 십 년 통계를 보면 부동산 거품이 자본/소득 비율과 불평등에 미친 영향이 꽤 크거든요. 그럼에도 불구하고, 피케티도 스스로 강조하듯 그의 자본 개념은 다양한 차원을 가지고 있고, 특히 현실에서 개인들 사이, 즉 부자와 빈자 사이의 불평등의 문제는 이러한 개념의 자본 소유와 더욱 큰 관련이 있다는 점에서 의미가 큽니다.

류이근 피케티도 그런 얘기는 어느 정도 하지 않나요? 1930년대 이후 자산 가격의 하락이 불평등도 하락에 기여했다고 얘기했던 것 같습니다.

이강국 피케티도 자산 가격 변화의 효과를 잘 인식하고 있습니다. 일본은 1990년대 들어오면서 부동산 거품이 붕괴합니다. 이후 일본의 자본/소득 비율은 뚝 떨어져요.

미국 같은 경우만 봐도 자산 가격효과가 최근 수십 년간 자본/소득 비율의 상승에 20~30퍼센트 영향을 미친 것으로 나옵니다. 여러 나라에서 부동산 등 자산의 가격 변동 효과가 꽤 커요. 하지만 이 부분에 대해서도 좌우에서 많은 학자들이 비판하고 있습니다. 부동산 부분을 빼버리면 피케티가 얘기하는 것처럼 자본이 그렇게 커진다는 걸 확인할 수 없다는 겁니다. 만약 그것이 지속 불가능한 버블과 관계 깊은 것이라면 자본주의의 장기적인 동학으로 보기에 어려울 수도 있으니까요. 피케티의 논의 가운데 자본/소득 비율 상승과 불평등의 심화와 관련한 부동산의 역할에 대한 부분은 앞으로 보다 많이 연구되어야 한다고 생각합니다.

빈곤과 불평등

류이근 피케티가 불평등이 왜 나쁜지 정리해서 얘기하는 것 같진 않습니다. 교수님께서는 이를 어떻게 보셨는지 궁금합니다.

이강국 피케티가 프랑스 인권선언을 인용하고 있습니다. 불평등은 공익에 봉사할 때에만 용인된다는 겁니다. 그런데 좀 아쉬운 부분도 있습니다. "그러면 공익은 어떻게 규정할 거냐"라고 물어볼 수 있죠. 피케티도 이를 의식한 듯 책 후반부에 민주주의 얘기를 많이 합니다. 민주적인 토론을 통해서 결정해야 한다는 겁니다. 하지만 다시 "그러면 민주주의의 실체가 뭐냐"라고 했을 때, (답변이) 뚜렷하지 않다는 겁니다. 민주주의란 게 선거로 정부를 선출하지만 돈에 많은 영향을 받습니다. 스티글리츠 교수가 강조하듯이 불평등과 빈부 격차 때문에 부자가 민주주의를 장악해, 민주주의 자체가 제대로 돌아가지 않을 수 있잖아요. 따라서 민주주의에 기초해서 불평등을 어디까지 허용할지 말지 논의를 전개하는 데는 한계가 있을 수 있죠. 물론 경제적으로는 단순하게, 너무 심화돼서 성장까지 해칠 수 있을 정도의 불평등은 나쁘다고 이야기할 수 있겠죠.

류이근_ 빈곤과 불평등은 다른 개념일 텐데요. 빈곤에서 벗어나야 한다는 명제에 동의하지 않는 사람은 없을 겁니다. 그런데 지나친 불평등은 나쁜 거라고 하면서도, 어느 정도의 불평등은 불가피하다는 인식도 많잖아요. 빈곤과 불평등 문제를 잠깐 짚고 가볼까요?

이강국_ 빈곤에도 절대적 빈곤과 상대적 빈곤이 있어요. 불평등은 당연히 상대적 빈곤과 관련이 깊고 선진국의 경우 주로 상대적 빈곤이 문제가 되죠. 그렇지만 저도 경제발전을 연구하지만, 개도국에 가면 하루 1.25달러 미만으로 소비하는 절대 빈곤층이 지구촌에 12억이나 되어서 절대적 빈곤이 여전히 심각한 문제입니다.

개도국이나 전 세계 차원에서 보면 절대적 빈곤 문제가 더 중요합니다. 또 상대적으로 1980년대 이후 많은 나라에서 불평등이 심각해졌는지 모르지만, 절대적 빈곤이 준 것은 사실입니다. 케네스 로고프Kenneth Rogoff 교수는 아프리카가 전보다 잘살고 있다고 얘기합니다. 썩 만족스럽지는 않지만 한 국가 차원이 아니라 전 세계 차원으로 보면 빈곤도 줄고 따라서 불평등도 줄지 않았냐는 겁니다. 그러나 선진국, 후진국 사이의 전반적인 격차는 1980년대 이후 줄어들지 않고 오히려 늘어났습니다. 물론 중국, 인도 등 인구가 많은 신흥국들이 급속하게 성장한 것은 사실이지만 이들 국가 내부의 불평등은 커져왔죠. 따라서, 이 분야의 전문가인 세계은행의 경제학자 브랑코 밀라노비치Branko Milanovic가 전 세계 국가들의 가구 조사 자료로 세계 시민들 사이의 지니계수를 계산해봤더니, 1980년대부터 2000년대 후반까지 전 세계 시민들 사이의 불평등은 매우 높은 수준이고 전혀 줄어들지 않은 것으로 나타났습니다. 결국 세계적 차원에서 절대 빈곤은 줄어들고 있다 해도 여전히 불평등 문제는 아주 심각하다는 거죠.

류이근＿ 피케티는 나라 간 소득 격차는 좀 축소될 것처럼 얘기하지 않나요?

이강국＿ 그건 피케티의 큰 관심 대상이 아닌 것 같습니다. 나라 간 성장은 저처럼 발전경제학을 하는 사람의 연구 주제에 가까울 것 같습니다. 피케티도 사용하는 로버트 솔로의 신고전학파 성장 모형을 아주 간단한 형태로 적용해볼까요? 노동과 자본이 있다고 쳐요. 가난한 나라는 자본이 적습니다. 따라서 자본의 한계생산성이 높아요. 따라서 이 모델에 따르면 가난한 나라는 더 빨리 성장한다는 것을 알 수 있습니다. 이를 '절대적 수렴absolute convergence'이라고 합니다. 그런데 현실은 그렇지 않아요. 100여 개국을 대상으로 1950년대 이후부터 비교 분석해보면, 아프리카나 남미의 많은 후진국들과 선진국의 소득격차는 오히려 커졌죠. 하버드 대학교의 랜트 프리체트Lant Pritchett 교수 같은 학자는 선진국과 개도국 간 격차가 주는 절대적 수렴 현상이 절대 나타나지 않았다는 실증 연구 결과를 내놓기도 했습니다. 그래서 '조건부 수렴conditional convergence' 이론이 등장했죠. 로버트 배로Robert Barro 하버드 대학교 교수 등이 주장한 개념입니다. 가난한 나라는 선진국과 상황이 같지 않으니, 매개변수 자체가 다르다는 겁니다. 예를 들어서, 선진국은 저축률이 높고 인적자본이 크지만 가난한 나라는 그렇지 않다는 것을 감안하는 식입니다. 이런 변수를 다 통제하고 나면 비로소 가난한 나라들의 성장률이 더 높게 나온다는 것이고 이는 일반적으로 현실에서 받아들여집니다.

또한 가장 최근의 신성장 이론은 개도국이 자본의 한계생산성이 더 높을 이유가 없다고 봐요. 기술의 특징과 혁신을 고려하면 자본이 많은 선진국에서 자본의 한계생산성이 더 높을 수 있다는 겁니다. 그러면 선진국이 개도국보다 더 빨리 성장할 수 있다는 거죠. 그런데 1990년대를 지나 2000년대 들어와서 이런 현상에 변화가 생겼다는 주장이 다시 나왔습니다. 신흥국과 개도국의 성장률이 상대적으로 높아져서 수렴이 가속화되었다는 것이죠. 사실 아주 장기적으로 봤을 때, 개도국이 제도적 요인이 잘 갖춰지면 결국 천천히 선진국을 따라잡지 않겠냐는 목소리도 높습니다. 그렇지만 2000년대 이후에는 수출에 기초한 산업화에도 큰 한계가 있고 해서 수렴이 순조롭게 나타날지는 의문스럽습니다.

한국의 자본/소득 비율

류이근__ 피케티가 노동소득보다 자본소득에 더 주목하는 까닭은 뭡니까?

이강국__ 피케티는 자본소득과 노동소득의 불평등을 다 얘기하죠. 그러면서도 책에서 자본소득에 상당히 초점을 맞췄습니다. 이는 아주 중요한 부분인데, 왜냐면 자본소득 자체가 노동소득보다 '집중'이, 특히 상위 1퍼센트 등의 부자들에게 훨씬 더 심하게 나타나기 때문입니다. 즉 자본소득의 불평등이 더 크다는 얘기입니다.

류이근 전체 국민소득을 자본과 노동의 몫으로 나눈다는 게 어떤 의미인가요? 피케티가 말하는 '자본/소득 비율이 크다'는 걸 어떻게 봐야 할지 궁금합니다.

이강국 국민의 90퍼센트, 99퍼센트에 해당하는 보통 사람들은 '월급봉투'를 받아서 생활합니다. 하지만 진짜 부자는 그렇게 돈을 벌지 않습니다. 이들은 일해서 소득을 얻기보다는 큰 재산으로부터 얻는 금융소득이 더 많습니다. 주식의 배당을 받거나 이자 그리고 부동산 임대료 등으로 수억 원씩 소득을 얻습니다. 이들 부자 가운데 재산이 많은 최고경영자들이 있겠죠. 우리가 받는 월급은 노동소득이지만, 진짜 큰 부자는 몇 십억 원어치의 부동산이나 주식을 갖고 있어요. 자산을 팔아서 자본이득을 얻기도 하지만, 그냥 쥐고만 있어도 매달 소득이 나옵니다. 기업이 버는 이윤에다가 이런 것들을 다 더하면 우리나라의 전체 자본소득을 구할 수 있겠죠. 자본소득이 전체 국민소득에서 차지하는 몫도 알 수 있고요. 대부분 선진국에서 전체 국민소득 가운데 통상 3분의 1이 자본소득, 나머지 3분의 2가 노동소득이라고 할 수 있습니다.

피케티는 자본소득을 자본 전체로 나눈 실질수익률이 연간 4~5퍼센트 정도 된다고 봅니다. 그는 소득에 비춰 재산의 크기가 커지고 있으며, 동시에 수익률은 별로 하락하지 않기 때문에 자본소득이 국민소득에서 차지하는 몫도 커졌음을 보여줍니다. 피케티는 이 메커니즘을 막을 자연 발생적 또는 자기 교정적인 기제는 없다고 봐요. 오히려 가만히 놔두면 자본의 크기나 자본소득은 더 커진다는 겁니다. 돈이 돈을 낳는다는 거죠. 문제는 자본소득은 노동소득보다도 훨씬 더 불평등하게 분배되니까, 이렇게 되면 전체적인 불평등이 더욱 악화될 수 있다는 것이죠.

류이근_ 우리나라 가구소득의 원천은 노동소득이 80퍼센트에 이릅니다. 이러한 노동소득이 불평등 악화에 더 큰 요인으로 작용하고 있다는 진단이 많지 않았습니까?

이강국_ 네. 한국은 지금까지 주로 노동소득 불평등을 얘기해왔습니다. 세금 데이터의 한계 때문에 아직까지 많이 알려지지 않았지만, 앞으로는 자본 소유와 자본소득의 불평등 연구가 좀 더 많아질 거라고 봅니다. 이미 한국은 자본소득이 불평등에서 차지하는 비중이 꽤나 클 것으로 보입니다. 최근 정태인 새로운사회를여는연구원 원장이나 류동민 충남대 교수, 주상영 건국대 교수 등이 분석한 바를 보면, 우리나라의 자본/소득 비율 β가 '7(700퍼센트)'이 넘는 것으로 나타났습니다(97쪽 도표 참조). 이는 선진국에 견줘 무척 높은 수준입니다. 주로 부동산의 영향 때문인 듯한데, 이는 곧 우리나라의 자본이 많이 축적돼 있다는 얘기이기도 합니다. 또한 자본소득이 전체 국민소득에서 차지하는 비중 α도 최근 증가하여 약 40퍼센트가 넘는다는 것을 알 수 있습니다. 앞으로는 세금 데이터를 이용하여 자본소득이 얼마나 불평등하게 분배되는지, 즉 상위 1퍼센트 그룹이 자본소득, 즉 배당소득이나 이자소득 등에서 얼마나 차지하는지 등에 관한 연구가 진행되어야 할 것입니다.

류이근__ 한국의 자본/소득 비율이 '7' 이상으로 높다는 게 어떤 의미입니까? 이 수치가 얼마나 객관적인가, 검증 가능한가를 떠나서 좀 더 말씀해 주시죠.

이강국__ 이는 쉽게 말해 한국에 축적된 '민간의 재산'이 많다는 의미입니다. 선진국보다 절대적인 소득수준은 낮지만 소득과 상대적으로 비교할 때 부의 수준은 더 높다는 뜻입니다. 문제는 부가 상대적으로 극히 소수에게 몰려 있다는 거죠. 이 경우 소수의 엄청난 부자들로 인해 사회 전체의 부는 높지만 일반 사람들은 대체로 가난하다는 얘기입니다. 더 자세한 것을 알려면 상속세 통계를 봐야 합니다. 상속세는 전체 자산에 세금을 매기기 때문에 자산과 부의 불평등을 엿볼 수 있습니다.

한국의 최고 부자들은 대부분 상속자입니다. 우리나라에서 전체 100대 부자 가운데 자수성가형보다 상속형이 미국이나 일본보다 훨씬 많습니다. 이를 고려하면 한국이 바로 피케티가 우려하듯, 부의 불평등이 아주 심각한 상속에 기초한 세습자본주의가 되어가고 있는 것이 아닌가 걱정됩니다. 사실 이런 건 잘 보이지 않는 재산 불평등의 문제인데 일반 사람들조차 소득보다 부의 불평등이 더 심할 거라고 짐작은 하고 있죠. 노동소득이 없어도 강남에 아파트나 건물 몇 채씩 가지고 있는 사람들과 비교해보면 되니까요.

류이근__ 소득 상위 10퍼센트로 본 우리나라의 불평등 수준은 미국과 거의 비슷합니다. 불평등이 심각한 상황이라고 할 수 있을 텐데요. 이러한 불평등 악화가 전 지구적 상황이라고 볼 수 있을까요?

이강국__ 사실 세계 최상위 소득 계층 데이터베이스에는 개발도상국 데이터가 별로 없습니다. 제가 일본에서 가르치는 학생들 가운데는 아시아나 아프리카 등 개발도상국에서 온 학생들이 많습니다. 이들 나라에는 피케티가 활용한 데이터가 대체로 없습니다.

그나마 좀 더 많은 나라를 비교할 수 있는 게 지니계수입니다. 각 나라의 가계조사 자료에 기초한 지니계수에 관한 연구들을 모아놓은 곳이 저도 잠시 일했던 유엔 대학United Nations University 산하의 세계개발경제연구소WIDER인데요. 여기에 올라온 자료를 바탕으로 봐도 많은 나라의 불평등이 1980년대 이후 높아지고 있는 추세라고 말할 수 있습니다. 선진국뿐만 아니라 개도국에서도 높아지고 있습니다. 하지만 다 그런 건 아닙니다. 라틴아메리카는 1990년대 중도좌파가 집권한 이후 오히려 불평등이 줄고 있습니다. 따라서 전 세계가 다 '자본주의 기본법칙' 때문에 불평등이 심화되고 있다고 얘기하기가 쉽지는 않습니다.

사실 이러한 지니계수를 사용해서 불평등 심화의 원인을 분석하는 연구들이 많이 있습니다. 그러나 지니계수는 대부분 최근 수십 년 동안의 자료만 있어서 한계도 있죠. 반면, 피케티의 분석은 지니계수에 기초한 기존 연구들과는 분명 차원이 다릅니다. 장기적인 데이터를 통해 자본주의 자체에 내재한 동학이나 법칙을 논의하고 있다는 것이죠. 또한 피케티도 지적하듯이 지니계수로 알 수 있는 건 단편적이라는 게 사실입니다.

정치와 경제

류이근 __ 지난 8월 한국을 방문했던 프란치스코 교황Pope Francis은 불평등을 세계의 새로운 해악으로 간주했습니다. 브라질 빈민의 대부로 불리는 에우데

르 페소아 카마라Helder Pessoa Camara 대주교는 "내가 가난한 사람을 도우면 성자로 불리지만, 그들이 가난한 이유를 물으면 공산주의자로 불린다"라고 말한 적이 있습니다. 프란치스코 교황과 카마라 대주교의 말은 불평등 현상과 이유를 놓고 많은 생각이 들게 합니다.

불평등 해법을 놓고서는 또 어떨까요? 피케티는 소득불평등을 누그러뜨리기 위해선 제도적, 정치적 역할이 중요하다고 강조합니다. 이는 사실 주류 경제학자들이 기피하는 내용 가운데 하나가 아닐까요? 교수님은 불평등 문제에 대한 국가의 적극적 개입과 역할을 어떻게 보시나요? 피케티는 어느 측면에서는 국가의 적극적 개입이란 게 어느 정도 최고 수준에 이르렀기 때문에 '국가의 귀환'은 필요 없다고 얘기하잖아요. 또 다른 측면에서는 누진세 강화와 자본세 도입을 통한 불평등 해결을 얘기합니다. 이는 국가의 적극적 개입을 뜻하지 않습니까? 저는 이 대목에서 다소 헷갈리기도 합니다.

이강국 피케티가 제도적, 정치적 개입을 강조합니다. 저도 그게 맞다 생각합니다. 자본주의와 시장을 제어할 수 있는 것은 결국 민주주의에 기초한 국가의 정책적 노력이니까 말이죠. 그러나 정치적인 논의는 주류 경제학에선 거의 무시된 측면이 있죠. 피케티 책 자체를 높게 평가하고 싶은 부분이기도 합니다. 하지만 이것만 강조하면 경제학 책이 되기 어렵겠죠. 그래서 피케티의 책이 정치적 역학관계와 주류 경제학적 방법론의 균형을 찾다 보니 애매하게 느껴지는 부분이 있습니다. 예를 들어 피케티는 한계생산성 등 주류 경제학의 이론 틀을 비판하지만 그의 기본적인 이론 틀은 신고전파 성장 모델이죠. 피케티가 거기서 발목이 잡힌 측면도 있다고 봐요.

아무튼 피케티가 주류 경제학과 정치 및 제도적 중요성을 강조하는 쪽

사이에서 동요하는 모습도 보이는데, 피케티 스스로가 주류 거시경제학적 토대에 서 있고, 주류 모델에 익숙하며, 또 주류 이론을 써야 서구의 경제학계가 수용하기 쉬울 거라는 점은 이해도 되긴 합니다.

류이근_ 정치나 제도적 요인의 중요성을 강조하는 부분에서 피케티와 교수님의 접점이 큰 것 같습니다.

이강국_ 제도나 정치를 중요하게 생각해야 비관주의에 빠지지 않을 것 같습니다. 피케티가 말한 대로 자본의 크기가 계속 커지면서 불평등이 확대되기만 한다면, 너무 비관적 운명이란 느낌이 들지 않나요? 결국 현실을 바꾸는 건 정치적 과정이고, 역사와 미래는 만들어가는 거죠. 그렇게 보면 미래를 좀 더 낙관적으로 볼 수 있지 않을까 싶습니다. 저는 정치와 경제를 결코 떼어놓을 수 없다고 봐요. 결국 경제도 정치라고 봐요. 경제가 다른 사회과학이나 역사와 분리되려는 것 자체가 굉장히 슬픈 현실이라고 할 수 있습니다. 주류 경제학에선 두 가지를 같이 놓고서 분석을 안 해요. 그러나 현실에서 진공상태의 순수한 시장이라는 것은 없고 경제는 언제나 정치나 제도에 기초해서 작동하거든요. 또 경제도 정치에 영향을 미치니 경제와 정치는 상호작용하는 거죠. 피케티도 강조하듯이, 진정한 의미의 정치경제학이라는 틀로 경제학이 다시 돌아가야 합니다. 경제학 분석에 정치를 넣지 않으면 현실이나 미래를 제대로 분석하지 못할 겁니다.

이런 면에서 한국의 상황은 더욱 심각합니다. 한국은 복지국가란 말만 나왔지 아직까지 제대로 하지 못하고 있어요. 한국의 사회복지는 아주 낮은 수준입니다. 경제협력개발기구에서도 소득이 낮은 터키 등보다 더 낮은 수준입니다. 한국에선 경제를 다룰 때 정치를 더 많이 말해야 합니다. 한국은 세금, 사회복지, 그리고 소득재분배와 관련해서는 국가의 역할이 아직 너무 작습니다. 선진국의 2~3만 달러 수준 때에 비해서도 작죠. 그만큼 한국에서, 특히 불평등의 해결과 관련해서 정치의 역할이 더 커져야 한다고 봐요.

류이근__ 한국 정치에서 '계급 배반 투표'가 계속 나타나고 있지 않나요? 고령, 저소득층, 저학력 층이 보수정당 지지자예요. 사실 한국뿐만 아니라 많은 나라에서 나타나고 있는 사례입니다. 자신들의 계급적 현실과 대선 때 후보를 찍는 정치적 선택이 서로 충돌한다고 할까요?

이강국__ 반공이데올로기나 지역 감정, 그리고 야권의 선거 전략 실패도 있겠지만 정치권에서 얘기하는 게 피부에 와닿지 않기 때문이기도 할 겁니다. 예를 들어서 진보정당 후보가 불평등을 줄이려는 그럴듯한 공약을 내놔도, 유권자들은 '이 사람들이 실제 해결할 수 있을까' 의구심이 드는 거죠. 진보정당이나 야당이 왜 대중에게 다가가지 못하는지를 반성해야 할 문제이기도 합니다. 제 주변에 보수적인 친구들과 얘기해보면, 이들도 불평등이 심해지고 있다는 것을 알아요. 그렇지만 다수의 표가 여당으로 가는 이유는, 세금을 올리겠다는 야당이 '실제 세금을 더 걷어 잘 쓸 수 있을까'란 믿음이 약한 것과도 관련이 있다고 봐요. 우선 진보 진영과 야당의 '실력'도 강화되어야겠죠.

류이근__ 우리나라는 국가에 대한 신뢰가 약합니다. 증세를 하기 어려운 지점 가운데 하나입니다. 세금을 더 내 복지 확대 등에 쓴다고 할 때 사실 중산층 이하 계층이 더 큰 혜택을 받잖아요. 그런데 세금을 걷는 주체인 국가에 대한 믿음이 별로 없어요.

이강국 왜곡된 방식으로 낭비되거나, 정치인들이 '꿀꺽'할지 모른다는 생각을 하는 게 현실입니다. 한국도 국민들이 낸 세금이 어떻게 쓰이는지를 보다 자세하게 알려줄 필요가 있습니다. 4대강 사업처럼 소중한 혈세를 낭비하면 누가 세금을 내고 싶겠어요. 사실 자신이 낸 세금이 얼마나 효과적으로 잘 쓰이고 있는지 모르는 상황에서 세금을 더 내기 불편하잖아요. 스웨덴 등 북유럽 사람들은 국가에 대한 믿음과 신뢰가 강합니다. 이를 바탕으로 복지를 확대하거나 더 탄탄하게 구축하죠. 국가에 대한 신뢰는 이처럼 선순환으로 이어질 수 있지만, 악순환으로 이어질 수도 있어요. 미국의 경우는 잘 안 됩니다. 우리나라는 미국 쪽을 따라가고 있어요. 이를 뒤집어야 합니다. 학자나 정책 결정자도 이런 문제를 좀 더 고민해야 합니다.

류이근 노동소득이 우리나라 소득불평등의 주요한 원인이라고 보는 학자들이 많습니다. 이는 곧 노동시장의 문제이기도 합니다. 노동시장이 이중화됐다고 할 만큼 정규직과 비정규직 또는 직접 고용과 간접 고용으로 나뉘어져, 구조적인 임금 격차를 만들어내고 있습니다. 거칠게 말하면 거의 절반에 이르는 저임금 노동 계층이 있다고 할까요? 그런데 피케티는 선진국에서 나고 자랐습니다. 그는 슈퍼경영자의 출현을 주목하지, 아래쪽을 비중 있게 보지 않더라고요. 위쪽의 소득 확대가 불평등을 키울 수 있지만, 아래쪽에도 큰 원인이 있을 수 있잖아요. 우리나라의 경우에는 더더욱 바닥의 문제를 비중 있게 봐야 하는 건 아닌가요?

이강국 우리나라에서도 데이터가 나오면 자본소득이 불평등에 끼치는 영향이 크다는 게 드러날 수 있어요. 그러면 자본소득을 둘러싼 문제에 대한 비판이 더 커질 겁니다. 상위 1퍼센트, 10퍼센트 소득을 기준으로 보면, 우리나라는 이들의 몫이 아주 커서 일본이나 프랑스보다는 미국에 가깝습니다.

그런데 말씀하신 것처럼 우리 눈에 보이는 더욱더 중요한 문제는 비정규직이나 빈곤 문제입니다. 우리나라는 외환위기란 커다란 충격 이후 비정규직 문제가 커졌어요. 피부로 다가오는 문제입니다. 최고경영자 보수 문제도 있지만, 한국에서는 소득분포 아래쪽의 문제가 더욱 심각하다고 생각합니다.

사실 미국도 하위 80퍼센트의 실질소득은 1970년대 이후 거의 늘지 않았어요. 그나마 가계 차원에서 소득이 늘어난 것은 맞벌이 등을 통해서입니다. 하위 계층의 문제가 미국에서도 지난 30~40년 내내 지속되고 있습니다.

피케티가 최저임금 인상의 효과 등도 얘기하지만, 피케티 책의 초점은 선진국입니다. 그래서 상대적으로 분배에서 하위층 얘기를 그리 많이 하지 않아요. 하지만 우리나라는 아래쪽에 대한 고민을 더 많이 하는 게 필요합니다. 세금뿐 아니라, 최저임금을 높이고 비정규직 문제를 해결하고, 특히 노동자의 힘이 강화되어야 하겠죠. 대기업이나 공기업 등 소수의 좋은 일자리와, 중소기업이나 비정규직 등 다수의 일자리 사이의 임금 격차를 줄이는 방법도 고민해야 합니다. 또한 누진소득세든, 글로벌 자본세든, 그 어떤 세금이든, 성장이든 그 혜택이 아래쪽으로 제대로 내려가게 해야 합니다. 시장에 맡겨두면 안 되니까 세금과 복지를 통한 불평등 완화 노력도 매우 중요하겠죠.

지금도 보수적인 경제학자는 다시 성장률을 높이는 게 답이라고 얘기할 겁니다. 일자리가 해답이라면서요. 물론 그 방법으로 규제 완화나 감세, 개방 등을 이야기하겠죠. 하지만 이는 틀린 주장입니다. 낙수효과는 이미 작동하지 않고, 주류 경제학의 실증 연구를 봐도, 불평등이 커지면 안정적 성장을 저해합니다. 우리나라도 심각한 불평등 상태를 이대로 놔두면 성장률을 떨어뜨릴 요인으로 작용할 여지가 커요. 불평등이 아주 심해지면 라틴아메리카처럼 정치적 불안이나 사회 갈등이 커질 수 있습니다. 그러면 경기는 더욱 나빠지는 악순환에 빠지는 거죠. 1990년대 이후 불평등이 거시경제에 끼치는 부정적 효과를 보여주는 연구들은 많이 나와 있어요.

가난한 집 아이가 똑똑할 수도, 부잣집 아이가 똑똑할 수도 있습니다. 그런데 가난한 아이의 가정은 자본시장에서 돈을 빌리기 어렵습니다. 대출을 받아서 아이를 좋은 학교에 보내기 어려운 겁니다. 부의 불평등이 교육 불평등으로 이어지는 거죠. 경제적 불평등이 사회 전반적인 불평등으로 이어지면 결국 성장 잠재력을 떨어뜨릴 겁니다.

한국은 지금 포용적 성장에서 반대로 가고 있어요. 좀 더 포용적인 정치, 경제 제도가 없으면 기본적으로 혁신이나 투자를 위한 인센티브 제공이 어렵습니다. 이는 중장기적으로 성장 잠재력을 약화시킵니다. 저는 한국의 경제학자들이 고민해야 할 게 바로 이런 거라고 봅니다. 이제 불평등이 거꾸로 성장 잠재력을 떨어뜨리고 있다는 점을 더 고민해야 한다는 거죠. 성장을 위해서라도 불평등을 줄여야 합니다. 한국적 상황에서는 불평등이 줄어들면 소득주도성장론이 이야기하듯 유효수요가 늘어나서 단기적인 경제 회복에도 도움이 될 겁니다.

피케티가 던지는 메시지

류이근 피케티가 책에서 정면으로 비중 있게 다루지는 않지만, 불평등의 심화가 2008년 세계금융위기의 원인으로 보는 인식을 내비쳤습니다. 교수님도 불평등 심화가 금융위기의 한 원인이라고 보는지 궁금합니다.

이강국 불평등이 심해지면 가난한 이들은 빌려서 소비할 수밖에 없습니다. 그러면 금융이 취약해질 수 있습니다. 미국에서 2000년대 초중반 그런 경향이 꽤나 있었다고 봅니다. 하지만 이는 나라마다 다릅니다. 전 세계 데이터로 분석한 연구도 있는데, 사실 그런 식으로는 설명이 잘 안 되는 경우도 많죠. 각 나라의 역사적 특수성을 함께 봐야 합니다. 미국에서 불평등의 심화가 위기의 원인이라는 분석에는 시장 근본주의자들뿐만 아니라 마르크주의자들도 동의하지 않아요. 급진적인 마르크스주의자들은 이윤율 하락을 더욱 강조하죠.

아무튼 논란이 많은 부분입니다. 저는 피케티가 책에서 쓴 것 이상으로 정리하기 어렵다고 봅니다. 아직 답이 나온 게 아닙니다. 미국 소득 상위 1퍼센트가 대공황 전에 가져간 몫과 금융위기 직전 가져간 몫이 거의 비슷한 건 사실입니다. 놀랍다고 할 수 있지만 아직 실증적으로 불평등이 금융위기의 중요한 원인이라고 하기엔 부족합니다.

류이근 피케티가 우리에게 주는 시사점은 뭐라고 보세요? 피케티 책은 주로 프랑스나 영국, 미국 등 선진국을 다루잖아요. 우리나라가 처한 환경은 다르겠지만, 그래도 책이 주는 시사점이 클 것 같습니다.

이강국 제일 중요한 질문이라고 봅니다. 사실 우리나라가 피케티가 주도

하는 세계 최상위 소득 계층 데이터베이스에 최근까지 들어가지 못한 것은 세금 데이터와 그것을 사용한 연구가 없었기 때문입니다. 9월에서야 김낙년 동국대 교수의 연구 결과가 여기에 들어갔어요. 지금껏 세금 데이터가 제대로 공개되지 않았어요. 그러니 국제 연구 대상에 들어가지 못한 겁니다. 피케티 책의 관점에서 불평등을 연구하려면 기본적으로 데이터가 있어야 합니다. 국세청에서 좀 더 신경 써야 할 부분이라고 봅니다.

이미 한국도 소득불평등이 외환위기 이후 많이 악화됐습니다. 그래서 경제민주화의 목소리가 높았지만 선거 때 구호로만 반짝하고 말았습니다. 진지한 연구나 대안을 제시하려는 움직임이 꾸준하지 않은 것이 문제라고 생각합니다. 피케티의 책이 전 세계적인 돌풍을 일으키면서, 우리가 다시 한 번 불평등에 대한 진지한 고민과 정책적 대응을 모색하는 좋은 계기가 될 수 있다고 봅니다.

피케티도 책 후반부에 썼지만, 불평등한 사회 현실과 정치 현실은 떼려야 뗄 수 없어요. 행간을 읽다 보면 그가 정치적 노력이 필요하다고 강조하는 게 눈에 띄죠. 우리나라에 필요한 게 바로 정확히 그겁니다. 결국 어떻게 정치적으로 표출시켜 정책으로 이어가느냐가 굉장히 중요합니다. 시민들과 정치권 쪽에서 고민이 없지 않았지만, 지난 몇 십 년 동안 이런 노력을 제대로 하지 않았습니다. 피케티 책은 이 지점에서 우리에게 경종을 울리고 있다고 봅니다.

류이근_ 얼마나 지속될지 모르지만 한국에서도 반향이 큰 거 아닌가요?

이강국_ 아직 잘 모르겠습니다. 앞서 말씀드린 것처럼 일반인들이 불평등 문제를 얼마나 심각하게 받아들이는지, 피부로 느끼는지가 중요합니다. 또한 피케티 책을 소화시킨 뒤 이를 지지하거나 비판하는 등 학자들의 적극적인 수용 태도가 굉장히 큰 영향을 미칠 겁니다. 보다 급진적인 마르크스주의 학자들은 비판적 입장이 많고, 전국경제인연합회 등 보수 쪽은 '빨갱이'로 보는 시선도 있을 테고, 이데올로기적 비판도 강하게 하고 있습니다. 야당과 진보 세력은 환영하겠지만, 피케티와 비슷한 입장에서 적극 지지하는 유종일 한국개발연구원KDI 국제대학원 교수처럼 진보적 케인지언들이 우리나라 학계에선 소수파입니다. 사실 한국에서 경제학 하는 분들 가운데 대다수는 미국으로 치면 보수적인 학자라 할 수 있습니다. 이들은 대체로 피케티에 비판적이거나 별로 관심이 없을 겁니다. 그 반대편의 아주 소수인 급진적인 학자들도 피케티에 비판적일 겁니다.

앞서 말씀드렸지만, 미국에서 이 책이 큰 인기를 끈 건 많은 학자들이 언론을 통해 극찬을 한 효과가 컸어요. 일반 독자들은 이런 사람들의 서평을 보고 삽니다. 미국의 진보적 학자들이 피케티의 연구가 대중적으로 더 큰 반향을 불러일으킬 수 있도록 많이 노력한 셈입니다. 하지만 미국에서 피케티를 띄웠던 진보적인 케인지언이 한국엔 많지 않아요. 피케티가 한국에서 어떤 반향을 일으킬지 의문입니다. 워낙 유명세를 탄 책이고 한국의 불평등 문제도 매우 심각하니까 큰 관심은 받겠지만, 더욱 중요한 점은 학자들과 정책 결정자들 사이의 생산적인 논쟁으로 이어져야 한다는 거죠. 보수 쪽 학자들도 피케티 연구를 진지하게 받아들여 불평등에 관한 연구를 발전시키면 좋겠습니다.

류이근 교수님은 일본에 계시잖아요. 일본 쪽에서는 피케티를 어떻게 보는지 궁금합니다.

이강국 일본과 한국은 참 달라요. 일본 사람들은 무척 진지해요. 일본에서 거시경제학 하는 똑똑한 젊은 연구자들이 이미 피케티를 많이 연구하고 있습니다. 제가 있는 리쓰메이칸 대학교에서 최근 거시경제학 교수를 새로 뽑는데, 지원자들 가운데 이미 피케티 방식으로 연구한 논문을 쓴 분들이 있었습니다. 일본은 학자들에게 피케티의 연구가 많이 수용된 것과 달리, 언론에서는 많이 보도되지 않았어요. 대중적으로는 한국보다 훨씬 차분합니다. 일본 학자들은 인기 있다고 외국 이론을 바로 받아들이지 않습니다. 굉장히 진지하게 그리고 천천히 이론적으로 자신들의 것으로 만드는 것 같습니다. 일본의 학계, 지식인층은 자신들의 전통을 중시해요. 도쿄 대학교 교수를 하려면 외국이 아니라 도쿄 대학교에서 하는 편이 도움이 됩니다. 피케티의 책도 우리보다 늦은 내년 초쯤에나 일본어로 번역돼 나올 예정입니다.

류이근 끝으로 교수님의 학문적 위치를 어떻게 설정하고 계신지 궁금합니다.

이강국 저는 진보적 케인지언보다는 더 좌파라고 할 수 있을 것 같습니다. 저의 지도 교수는 짐 크로티Jim Crotty 교수였습니다. 마르크스와 케인스를 결합시키는 연구를 했던 분이죠. 저도 그와 비슷하지 않을까 싶네요. 저는 기본적으로 포스트케인지언에 가깝지만 마르크스주의의 관점을 놓치지 않고 싶습니다. 피케티에게도 이런 점이 행간에 느껴지긴 합니다. 사실 그는 경제모델과 수학도 아주 잘하는 주류 경제학자입니다. 주류인 뉴케인지언 거시경제학자들의 진보적 그룹은 피케티를 전폭적으로 지지합니다. 피케티를 어찌 보면 마음은 더 왼쪽인데 몸은 반대쪽에 있다는 느낌도 들어요.

하지만 어떤 학문적 입장이냐 하는 것보다 더 중요한 건 역시 이론적, 정치적 실천이겠죠.

이강국
서울대학교 경제학과와 동 대학원을 졸업하고, 미국 매사추세츠 주립대학교에서 박사 학위를 받았다. 현재 일본 리쓰메이칸 대학교 경제학부 교수로 있으며, 대학원생들에게 거시경제학과 국제금융 등을 가르치고 있다.

PART 3

한국 경제와 글로벌 자본세

피케티 방법론으로 본 한국의 불평등

INTERVIEW

인터뷰이 **김낙년**_동국대학교 경제학과 교수

피케티가 있더라도, 김낙년 교수가 없었다면 우리나라의 소득불평등 실태는 아직까지 제 모습을 드러내지 못했을 것이다. 김 교수는 2012년 우리나라 소득 상위 1퍼센트, 10퍼센트 등이 전체 소득에서 차지하는 비중이 얼마인지, 그 추세는 지난 80여 년 동안 어떻게 변해왔는지를 처음으로 밝혔다. 피케티의 방법론을 빌려 썼다지만, 결코 쉬운 작업이 아니었을 것이다. 한 국가의 전체 소득이 얼마인지를 보여주는 국민계정과 개개인의 소득자들이 얼마의 소득을 얻는지를 엿볼 수 있는 과세 자료를 능숙하게 다룰 수 있어야 하는 건 기본이다. 세법을 이해하고 단절된 과세 자료의 시계열을 잇는 작업은 국민계정에 관해선 국내 최고 전문가인 그에게도 1년 가까운 시간이 필요했다고 한다.

한국의 소득불평등이 미국에 버금갈 만큼 높은 수준이라는 것을 드러낸 그의 연구는, 불평등을 둘러싼 토론과 논쟁에 새로운 '출발선'을 그었다. 그의 연구가 없었다면 전체 소득에서 최상위 계층이 차지하는 비중이 얼마나 되는지 국제 간 비교도 불가능했을 것이다. 김 교수의 연구 결과는 9월 초에 피케티가 주도하는 세계 최상위 소득 계층 데이터베이스에 실렸다.

그는 국내에서 피케티를 가장 잘 이해하는 학자 가운데 한 명이지만, 피케티와 많은 점에서 다르다. 불평등 실태에 대한 진단은 같으나 처방을 놓고선 생각의 차이가 적지 않다. 피케티가 좌파라 한다면 그는 보수에 가깝다. 다만 그는 불평등을 시장에 내맡겨 해결할 수 없다는 점에서 통상의 보수적, 주류적 경제학자와도 거리를 두고 있다. 그는 《21세기 자본》을 놓고 벌어지는 이념적 논쟁을 경계한다. 또한 그 자신이 이념적 논쟁의 전위에 서는 것도 원치 않는다.

이 인터뷰는 동국대학교에서 지난 8월에 진행했다. 그는 한국의 불평등 실태와 추이를 보여주고, 나름대로 원인과 대안에 대한 생각을 들려줬다. 그는 정부에서 발표하는 지니계수 등 공식 지표가 불평등 현실을 제대로 드러내지 못하는 문제점도 들춰냈다.

류이근 피케티가 뜨면서 교수님도 바쁘지 않으세요?

김낙년 요즘 피케티 때문에 대여섯 곳에서 강연을 했거나 강연 요청이 들어왔어요. 출판사에서도 계속 연락이 와요. 피케티 관련 책을 서둘러 내려고 하고 있지요. 한국경제연구원이 이틀에 걸쳐 진행(9월 16일)한다는 프로그램에도 초청받았는데, '피케티 때리기'를 중심으로 판을 짰더라고요. 한쪽은 피케티 열풍에 불을 지피려 하고, 다른 한쪽은 불을 끄려고 하는 형국입니다.

이런 식의 대응은, 피케티로 소재만 바뀌었지 결국 이념 논쟁으로 갈 수밖에 없어요. 그분들 가운데 과연 몇 분이나 피케티의 논문을 제대로 읽었는지 의문입니다. 단순히 그의 말이나 정치적 시사점만 보고서 대응하고 있는 꼴입니다. 결코 생산적이지도 바람직하지도 않습니다. 이념 논쟁의 연장입니다. 좀 더 연구해서 나름 실증적인 근거를 가지고 차분하게 봐야 합니다. 그래야 피케티가 제기하는 문제가 한국에선 어떤 의미가 있는지, 외국과 우리나라는 어떤 차이가 있는지, 미래를 어떻게 전망할 수 있는지 등 좋은 논의로 발전시킬 수 있습니다. 다들 불을 키우거나 끄는 데만 정신이 팔려 있어요.

피케티 쟁점, 불평등의 원인

류이근_ 소방수처럼 불을 끄려는 사람이 있는가 하면 부채질해서 불씨를 키우려는 사람이 있다는 거네요. 도대체 피케티 연구의 어떤 점 때문에 그런 엇갈린 반응이 나온다고 보세요?

김낙년_ 1980년대 이후 영미권에서 소득분배가 악화돼왔어요. 세계적인 현상입니다. 나라마다 조금 차이가 있지만 영미권이 더 심하죠. 기존 가계조사나 이를 바탕으로 한 지니계수로 어느 정도 얘기가 나왔지만, 피케티가 새로운 방법과 자료를 가지고 좀 더 신뢰할 만한 데이터를 제시했습니다. 그것도 아주 장기 시계열입니다. 지금 우리가 어디 서 있는지를, 장기적이면서도 국제적인 관점에서 문제 제기했어요. 막연한 감이 아니라 근거를 가지고 본격적으로 불평등 문제를 제기한 겁니다. 이런 점들이 기본적으로 피케티가 기여한 겁니다. 물론 피케티뿐만 아니라 여러 연구자가 함께 작업해왔죠. 피케티는 이렇게 구축된 새로운 사실 위에서 과연 불평등이 어떤지 논의해보자는 거예요.

그는 불평등을 주로 제도적 문제로 봅니다. 예를 들어 이렇습니다. '한 사회가 불평등을 어느 수준까지 용인할 수 있나'라고 할 때 사회규범이란 표현을 씁니다. 과거 제1차 세계대전 이전 사회에선 불평등 문제를 규제해야 한다는 인식이 거의 없었습니다. 대공황과 제2차 세계대전으로 자본주의 체제 자체의 위기를 겪으면서 인식이 바뀌었죠. 그때부터 불평등을 규제해야 한다는 인식과 필요성이 널리 공유되기 시작했어요. 실제 정책으로 구체화됐고, 불평등을 줄이려는 조치들이 취해졌습니다. 전쟁 탓에 사람들이 죽어나가는데 그 옆에서 어떤 사람들은 부를 축적하고 있는 게 사회적으로 용납되지 않았던 거죠. 그런 건 규제해야 한다는 의견 일치가 이뤄졌어요. 임금 격차에도 여러 정책적 규제가 가해졌습니다.

그러면서 불평등이 줄었죠. 미국, 일본 등 여러 나라에서 그랬습니다. 사회규범이 어떤 특정한 사회 환경에서 생겨났지만 전쟁 이후에도 상당 기간 지속됐습니다. 이를 뒷받침한 제도가 '누진제'였습니다. 단순히 "돈을 더 버는 만큼 세금을 더 내라"는 게 아니라, 그 배경에 사회규범의 변화가 있었던 겁니다. 1970년대까지만 해도 소득세 최고세율이 80퍼센트를 넘었습니다. 미국은 높을 때는 92퍼센트까지 올라간 적도 있었죠. 일본도 상당히 높았어요. 지금 보면 도저히 말도 안 될 것 같은 일이 벌어졌죠. 당시에 왜 받아들여졌냐면, 사회규범 때문입니다. 누진제 등의 제도를 통해서 소득불평등을 제어했습니다. 다만 피케티가 보기에 이 시기는 자본주의 역사에서 아주 예외적인 기간이었습니다.

이 사회규범도 신자유주의 분위기가 확산되면서 약화됐죠. 점점 더 불평등을 용인하기 시작했다는 겁니다. 효율과 경쟁이란 새로운 논리가 나왔습니다. "먼저 파이를 키워야 한다"라는, 공급중시경제학supplyside economics이 대표적입니다. 세금을 낮춰 경제를 활성화하는 게 궁극적으로 세금을 더 늘리는 거라는 주장이 득세했습니다. 피케티는 이런 식의 정책적 변화, 제도적 변화가 불평등을 키웠다고 봐요. 누진제 후퇴를 불평등 확대의 중요한 원인으로 봅니다. 따라서 그의 처방도 다시 누진제를 강화하자는 겁니다.

나라마다 이 처방전을 놓고서 어떻게 대응할지 갑론을박입니다. 아주 첨예합니다. 불을 꺼야 한다는 쪽과, 불을 지펴야 한다는 쪽의 주장이 복지 문제 등과 결합돼 뜨거운 이슈가 되고 있는 겁니다.

류이근__ 약화된 사회규범을 다시 강화시켜야 한다는 피케티의 메시지에, 양쪽이 극으로 갈리면서 반응이 뜨거워지고 있다는 거군요.

김낙년__ 이때 사회규범은 구체적으로 누진세의 강화와 부유세의 도입이겠죠.

류이근__ 하나만 더 묻고 한국의 현실을 얘기해보죠. 언뜻 불평등은 주로 진보적 경제학자, 사회학자의 연구 주제란 생각이 듭니다. 피케티도 좌파라 할 수 있고요. 한국에서 피케티 열풍이 분 뒤 교수님이 가장 주목받는 학자가 된 것 같습니다. 여기저기서 호출도 많이 받고 계시고요. 그런데 교수님도 자신을 보수적 경제학자라고 보진 않으세요?

김낙년__ 류 기자가 전에 그렇게 쓰지 않았나요? 일반적으로 주류 경제학자는 효율이나 경쟁을 상당히 중시해요. 물론 절대화하지는 않죠. 그걸 무시하고 얘기하기 어려워요.

저는 분배 문제는 경제 메커니즘으로 자동적으로 해결된다고 보지 않아요. 특히 복지국가 문제가요. 우리나라도 결국 복지국가로 가고 있어요. 그동안 뒤처진 만큼 빠르게 갈 수밖에 없어요. 따라서 재원을 어디에서 조달해야 하는가의 문제에 부딪치게 되죠. 누가 분담하는가가 문제죠. 피할 수 없는 현실입니다. 사회적 합의를 하려면 먼저 소득의 불평등 실태를 정확히 이해해야 합니다. 이게 전제돼야 분담을 얘기할 수 있어요. 이런 면에서 불평등은 복지국가 이슈와 맞물린다고 봅니다. 그렇기 때문에 그냥 넘어갈 수 없는 중요한 문제입니다.

불평등 문제의 중요성에 비춰 우리나라는 실태를 제대로 드러내지 못해왔어요. 정부 통계가 현실을 오도한 면이 있고요. '팩트'를 드러내는 문제는 경제학자를 넘어서 학문의 기본 전제입니다.

한국의 소득불평등

류이근__ 우리 현실과 피케티의 연구 결과를 가지고 얘기해보죠. 과연 우리가 어디 서 있다고 보세요? 사실 교수님의 연구 결과는 놀라웠습니다. 소득 상위 10퍼센트가 전체 소득의 45퍼센트 가까이 차지하고 있는 것으로 나타났잖습니까.

김낙년__ 사실 저도 결과가 처음 나왔을 때(2012년) 놀랐던 건 마찬가지였습니다. 그렇게까지 심각할 줄은 몰랐으니까요. 소득불평등은 결국 상대적 개념입니다. 이전과 비교해 어떤지, 다른 나라에 견줘 어떤지 등 그 위치가 정해져야 얘기할 수 있습니다. 우리나라 불평등도 추이를 보면 1990년대 중반, 특히 외환위기를 거치면서 크게 증가한 것으로 나타납니다. 그 전까지 불평등도는 낮고 안정적인 수준을 보였어요. 이 또한 놀랄 만한 발견입니다.

누구나 해방 전 식민지 체제하에서는 불평등 수준이 높았을 것으로 생각할 수 있어요. 하지만 그 수준이 어느 정도였는지는 지금까지 몰랐죠. 이번에 그것이 드러났어요. 우리나라의 불평등 추이도 피케티가 제시한 'U자'형을 보이고 있습니다. 외국과 유사한 양상을 보인다는 것도 놀랍지 않으세요? 물론 왜 그런지 이유는 다르죠. 하지만 소득불평등의 장기 추이가 이러한 양상을 보인다는 것은 저에게는 새로운 발견이었습니다. 외환위기 이후 불평등도가 높아졌다는 건 많은 사람들이 지니계수로 어느 정도 얘기해왔어요. 다만 불평등 수준이 경제협력개발기구 회원국 가운데 중간 수준이라는 인식에 머물러 있었습니다. 불평등도가 커지는 것도 상대적으로 완만하다고 봐왔죠. 하지만 제가 연구한 '최상위 소득층이 전체 국민소득에서 차지하는 몫[top income share]'으로 보면 그 속도가 훨씬 더 빠른 것으로 나타납

한국의 상위 1퍼센트와 상위 10퍼센트의 소득 비중

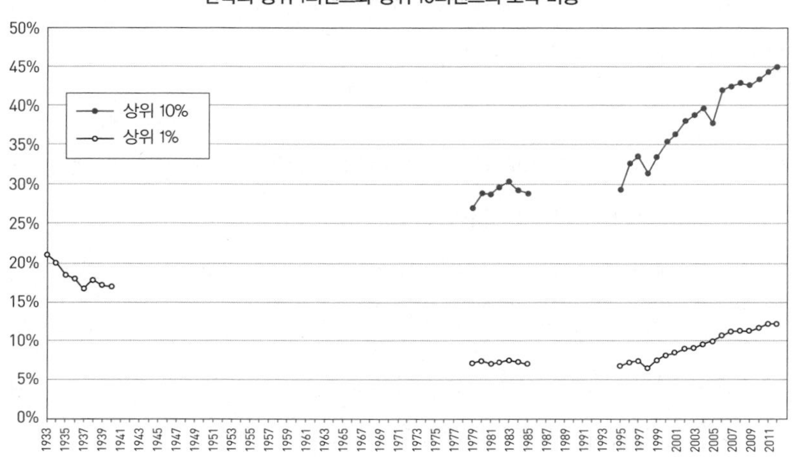

니다. 불평등도도 선진국 가운데 불평등도가 가장 높은 미국 수준에 근접하고 있습니다. 일본이나 유럽과는 멀어지는 양상이고요.

류이근 그렇다면 교수님은 불평등이 왜 나쁘다고 보세요?

김낙년 어느 정도의 소득불평등은 사회적으로 순기능을 하는 측면이 있습니다. 성과가 더 좋은 사람이 더 많은 몫을 가져가는 거죠. 불평등이 없으면 인센티브도 없습니다. 열심히 일하기보다 사회주의 국가처럼 남의 성과에 무임승차하려고 하면, 사회 전체의 효율이 떨어집니다. 그래서 어느 정도의 불평등은 바람직한 측면이 있습니다. 하지만 '도'를 넘으면 안 돼요. 도가 뭔지 되물을 수 있겠죠. 도는 일종의 사회규범입니다. 사회마다, 나라마다 다 다를 겁니다. 상대적이고 문화적인 겁니다. 불평등이 한 사회의 허용 수준을 넘어서면 사회 통합을 깨고 여러 갈등을 유발할 수 있습니다. 분열을 일으켜 사회 전체의 판을 깨는 결과를 초래할 수 있어요. 매우 위험한 거죠. 불평등의 대가는 여러 방면에서 나타날 수 있어요. 불평등 수준이 사회규범을 넘어서면 사회적 합의를 거쳐 정치적으로 대응하고 조정하는 일이 불가피해질 수 있다고 봅니다.

류이근 소득 최상위층으로 본 우리나라의 불평등 수준이 현재 사회규범에 비춰보면 심각하다고 보는지요?

김낙년 절대적 수준에서 얘기하기는 어렵습니다. 다른 나라나 과거에 견줘 현재 상태가 어떤가는 상대적이라고 봅니다. 예를 들어서 우리나라의 소득불평등도가 일본 등보다 높게 나오고, 불평등도가 높은 미국 수준으로 접근하고 있습니다. 그래서 심각하게 받아들이는 거죠.

류이근 교수님의 가장 최근 연구 결과를 보면 2012년 기준 소득 상위 1퍼센트가 전체 소득의 약 12.5퍼센트를 차지하고 있습니다. 또 상위 10퍼센트는 전체 소득의 약 45퍼센트를 가져가는 것을 봤을 때, 절대 수준 자체도 상당히 높지 않은가요?

김낙년 우리나라의 경우 소득 상위 10퍼센트가 전체 소득에서 차지하는 몫이 다른 나라보다 상대적으로 높은 편입니다. 성과주의 보수 체계가 도입되면서 최상위 부자만 높은 보수를 받는 게 아니라 그 바로 아래 계층에까지 확산된다고 볼 수 있겠죠. 상위 1퍼센트 소득의 비중은 옛날보다 높아졌지만 아직 미국에 비해 낮은 편입니다. 그 말은 전체 소득 가운데 우리나라의 상위 1퍼센트에서 10퍼센트 사이 비중이 미국에 비해 상대적으로 크다는 뜻이죠. 일본도 우리와 마찬가지 양상을 보입니다.

류이근 상위 1퍼센트는 약 40만 명인가요?

김낙년 그렇습니다. 상위 10퍼센트는 약 400만 명입니다. 상위 몇 퍼센트라고 할 때 20세 이상 성인 인구(현재 약 4,000만 명) 대비로 말하는 겁니다. 따라서 그 가운데 소득이 없는 비경제활동 인구도 포함되어 있다는 점에 주의할 필요가 있습니다. 만약 소득이 있는 취업자로 한정해서 구한다면 상위 1퍼센트의 인원수도 줄고, 그들의 소득 비중은 줄어들겠죠. 그렇지만 취업자가 아니더라도 재산소득이나 연금소득과 같이 소득이 있는 경우 역시 제외되어버리겠지요. 따라서 많은 나라에서 성인 인구 대비로 소득 비중을 구하고 있고, 이것이 국제 비교에도 편리합니다.

류이근 교수님의 연구 결과를 보면 외환위기 이후 대략 10여 년 동안 급속히 소득불평등이 악화하고 있습니다. 논문에도 언급했지만 그 중요한 이유가 뭡니까?

김낙년_ 먼저 고도성장기에는 불평등이 크지 않았다는 얘기를 하고 싶습니다. 당시엔 성장과 분배가 양립했다고 표현할 수 있겠죠.

류이근_ 피케티는 제2차 세계대전 이후 미국에 견줘 유럽의 불평등이 심각하지 않은 이유 가운데 하나로 유럽의 성장률이 미국에 비해 더 높았다고 얘기합니다. 물론 성장률이 높을 때 불평등이 심각하지 않다고 말하면서도, 누진세 강화 등 사회규범의 중요성을 강조합니다. 유럽의 경우 미국에 비해 불평등이 상대적으로 높지 않은 이유가 1960, 70년대까지 성장 자체가 빨라서 그런지요? 아니면 자본수익률을 낮추려는 사회규범이 강하게 작동했다고 봐야 하나요?

김낙년_ 1980년대 이후에는 유럽과 미국의 소득불평등 수준은 크게 벌어졌지만, 그 이전에는 두 지역의 불평등 차이가 그렇게 크지는 않습니다. 성장률도 비교적 높았고, 불평등을 제어하려는 사회규범도 작동하고 있었다는 점에서 오히려 두 지역은 그 시기에 공통점을 가지고 있지 않았나 생각합니다.

한국 쪽으로 얘기를 돌리면, 먼저 해방 전의 불평등이 왜 컸는지를 알 필요가 있습니다. 그 당시 이민족(일본인)이 와서 더 많은 부를 투자했어요. 그래서 전체 소득 가운데 더 많은 몫을 그들이 가져갔죠. 일본인이 인구에 비해 토지도 더 많이 소유하고 있었습니다. 현지인에 비해 자본과 기술도 더 많이 갖고 있었지요. 원래 식민지 체제에서는 불평등이 심해요. 한국도 마찬가지였죠. 당시 자산의 불평등이 소득불평등의 중요한 이유였습니다. 미국이나 일본과 같은 선진국의 경우 두 차례 세계대전 전에 불평등을 설명하는 중요한 요인이 자본소득이었습니다. 즉 주식이나 토지 등 자본에서 나오는 소득이었죠. 미국 같은 경우 지금은 노동소득이 전체 소득불평등의 큰 요인이지만, 세계대전 이전엔 자본소득이 더 중요했어요. 한국도 그랬죠. 다만 한국의 경우엔 자본을 소유한 게 주로 일본인이란 차이가 있어요. 해방은 그 체제의 청산을 의미합니다. 일본이 철수하고 자본이 남았지만 옛날처럼 기능을 못했어요. 그만큼 가치가 떨어졌죠.

그리고 농지개혁도 있었습니다. 1940년대까지 불평등이 높았다가 해방 직후 낮아졌다고 볼 수 있습니다. 1960년대 초의 불평등 수준은 아주 낮게 나옵니다. 식민지 시기 이질적으로 분화된 사회가 해방 뒤 나름대로 동질적으로 통합된 사회로 나아가면서 불평등이 줄어든 걸로 봅니다. 제대로 식민지를 청산하지 못한 나라의 경우엔 일부 지주 계층에 부가 집중된 경우가 많습니다.

고도성장기에도 불평등 수준이 상대적으로 낮았고 안정적인 추이였어요. 이 시기의 중요한 특징의 하나는 비농업 부문의 고용 창출 능력과 고용 흡입력이 매우 높았다는 사실입니다. 이게 상당 기간 지속됐어요. 농촌 지역에서도 점차 일손이 부족할 정도였습니다. 고도성장을 반짝했다가 지속하지 못하는 나라들이 많아요. 성장해 군불을 때도 윗목까지 온기가 퍼지지 않는 나라가 많았지만, 우리나라의 경우엔 달랐어요. 시간이 걸렸지만 군불의 효과가 농촌까지 번졌어요. 고도성장기에 높은 성장률을 지속했다는 건, 그 혜택을 직접 경험한 사람도 많지만 농촌까지 파급되고, 농촌에서 도시로 올라온 사람이나 도시 판자촌에 사는 사람들에게도 효과가 미쳤다는 애기입니다. 제가 추정한 걸로 보면, 고도성장기 상위 1퍼센트나 하위

90퍼센트나 소득의 증가 속도가 비슷했습니다.

그런데 1990년대 중반 이게 깨졌습니다. 여러 이유가 있어요. 그 가운데 하나가 저는 기술과 산업구조의 변화라고 봐요. 쉽게 말하면, 중국과 같은 저임금 국가와 교역하기 시작하면서 나타난 변화입니다.

소득불평등의 원인

류이근＿ 그 부분을 더 말씀하기 전에, 교수님께서 외환위기 이후 소득불평등이 심해졌다고 하셨는데요, 외환위기가 우리 경제에 구체적으로 어떤 영향을 미쳤다고 보십니까? 교수님은 우리나라의 불평등 악화 이유를 설명할 때 '세계화'를 주요한 요인으로 꼽지만, 피케티는 그렇게 보지 않는 것 같습니다. 아시겠지만 그는 개방 자체가 성장에, 불평등 완화에 도움이 된다고 하잖아요. 물론 피케티가 신자유주의란 용어를 쓰고 있진 않습니다. 하지만 그는 1980년대 이후 미국과 영국을 중심으로 불평등이 커진 원인으로 감세나 사유화 확대 등을 꼽는데 반해, 불평등을 확대시킨 결정적 요인으로 세계화를 꼽지 않습니다.

김낙년＿ 저는 세계화가 다양한 방식으로 영향을 끼쳤다고 봐요. 때로는 반대 방향으로도 영향을 미쳐요. 우리나라는 세계화의 가장 큰 혜택을 입은 나라 가운데 하나입니다. 세계화는 물건을 다른 나라에 판다는 것뿐만 아니라, 지식과 기술의 전파를 뜻합니다. 우리나라는 옛날에 몰랐던, 선진국이 축적해놓은 기술과 지식에 쉽게 무임승차할 수 있었습니다. 중국도 마찬가지입니다. 우리가 중국에 앞서 세계화를 경험한 거죠.

세계화가 바닥에 있던 여러 나라를 성장시켜 불평등을 떨어뜨리는 데 결정적이고 중요한 역할을 했다고 봅니다. 오히려 세계화가 안 되고 일부 선진국만 발전해서 다른 나라에 지식과 기술이 파급되지 않았다면 어땠을까요? 불평등은 더 커졌을 겁니다. 지식과 기술이 파급돼나가면서 일부 나라가 선진국을 '따라잡기' 하는 겁니다. 물론 그렇게 하지 못하는 나라들이 있죠. 이는 세계화가 불평등 개선에 기여하지 못하는 부분이기도 합니다. 하지만 따라잡기가 가능했던 나라는 불평등 격차가 축소됐어요. 저는 세계화가 그 격차를 줄이는 중요한 엔진이라고 봅니다.

다른 한편으로 미국의 아이폰 수출을 사례로 얘기할 부분이 있습니다. 아이폰을 만드는 제조업은 중국 등 다른 나라입니다. 팍스콘이 만들죠. 공장이 미국에 있었다면 근로자들은 미국 중산층 대열에 합류했을 겁니다. 그런데 공장이 국외로 빠져나가 중국에 중산층을 만들고 있어요. 미국에 남은 것은 아이폰을 디자인하는 등 고급 서비스 분야입니다. 그 외에도 미국에서도 새로운 일자리를 만들고 소득이 창출되기도 하죠. 예를 들어 쓰다가 고장이 난 아이폰을 고치고 관리하는 서비스는 중국이 대체하지 못하겠죠. 그런 일자리는 미국에 남습니다. 하지만 그 일을 하는 사람과 디자인을 하는 사람 사이에 소득 격차는 커질 겁니다. 이미 일자리 상당 부분은 밖으로 빠져나간 상태에서 불평등이 높아지는 거죠.

세계화는 기술이 앞선 나라가 혼자 모든 걸 하는 게 아니라, 비교 우위에 있는 건 자신이 하고 아닌 건 다른 나라에 맡기는 겁니다. 그게 더 효율적이니까요. 물론 이 때문에 불평등이 올라갈 가능성도 있습니다. 세계화가 불평등을 어느 시점에, 어느 방향으로 가게 하는지 나라마다 발전 단계에 따라 달라요.

중국이란 저임금 국가의 등장으로 우리나라에 싼 물건들이 몰려왔어요.

한국 제조업체들은 국내 생산을 포기하고 밖으로 나갔죠. 제조업이 과거 해왔던 고용 창출을 주도하는 역할을 더 이상 하기 어려워진 겁니다. 제조업 일자리가 줄어드니 서비스업 쪽으로 몰려 통닭집을 차리는 등 제 살 깎아 먹기 경쟁을 벌일 수밖에 없는 겁니다. 물론 한국에서도 중국과 교역하면서, 주로 비교 우위를 살릴 수 있는 대기업의 경우, 부를 키우고 소득을 늘렸죠. 하지만 일부는 일자리를 잃으면서 중산층 아래 계층으로 떨어졌습니다. 새로운 소득 원천을 찾기 어려워진 거예요. 이런 비슷한 과정이 사실은 우리나라가 미국에 수출을 늘릴 때, 미국에서도 나타났던 것이죠. 우리나라가 어느 정도 올라서니까 이제는 후발국에게 따라잡기의 대상이 된 겁니다. 그래서 한편으론 미국을 좇는 역할을 하면서 다른 한편으로 저임금 국가로부터 쫓김을 당하고 있다고 할까요.

1990년대 초 중국과 수교를 맺은 뒤 교역을 본격화하면서 값싼 물건들이 많이 들어왔고, 우리나라의 기술발전은 점점 '숙련편향적'으로 바뀌고 있습니다. 한국의 기술이 고도화하는 가운데 그렇지 않은 기술은 다른 나라로 가는 겁니다. 이런 변화로 산업구조도 바뀌고 있습니다. 이제 과거 고도성장 때와 달리 고용을 끌어올리기 어려워진 겁니다. 이른바 '고용 없는 성장'이 나타나는 중요한 이유 가운데 하나죠.

고도성장기엔 고용 창출이 빠르게 이뤄졌어요. 분배 정책이 중요한 이슈가 아니었지만 사실상 분배가 잘 이루어진 셈이죠. 굳이 정책을 쓰지 않아도 성장 효과가 널리 확산됐기 때문이지요. 이에 비해 지금은 성장이 정체돼 분배 문제가 더 첨예한 갈등으로 나타나고 있어요. 1990년대 전후로 우리의 경제구조나 국제적 위상이 변하면서 만들어낸 현상입니다. 우리나라의 불평등이 커진 이유 가운데 하나죠.

류이근_ 교수님은 세계화 이외에도 '성과 보상 시스템' 도입과 '소득세 최고세율의 인하' 등을 불평등을 키운 요인으로 꼽고 계시잖습니까?

김낙년_ 소득세 최고세율을 비롯하여 한계세율이 많이 떨어졌죠. 1980년대만 해도 70퍼센트대였던 최고세율이 지금은 38퍼센트입니다. 야당은 더 올리자고 얘기합니다. 많이 떨어진 게 사실이죠. 그게 어떤 경로로 소득불평등을 높였는지는 생각해볼 필요가 있습니다.

세율이 떨어지면 여러 효과가 나타납니다. 미국의 경우 옛날엔 최고경영자 보수가 올라가도 그 80퍼센트를 세금으로 물었어요. 보수를 더 받아봤자 남는 게 그리 많지 않았죠. 그런데 세율이 떨어지면 상황이 달라지기 때문에 급여를 올리기 위해서 여러 방법으로 지대추구를 하게 됩니다. 피케티는 미국에서 CEO들이 급여가 엄청나게 높아진 것은 생산성을 반영한 것이라기보다는 이러한 지대추구의 결과라고 보죠. 하지만 우리나라에서는 고용된 전문 경영자의 경우 지대추구를 할 수 없어요. 회사의 '주인owner'이 따로 있기 때문이죠. 따라서 앞서 말한 미국과 같은 설명 방식이 우리나라에서는 잘 통하지 않습니다.

이번엔 노동소득과 자본소득을 놓고 얘기해보죠. 미국은 노동소득 불평등이 전체 소득불평등을 주도했어요. 우리나라는 노동소득뿐만 아니라 자본소득이 불평등에 중요한 영향을 끼쳤다고 봅니다. 고소득자가 소득의 38퍼센트만 세금으로 내고 나머지는 저축할 수 있다고 쳐요. 부동산이나 금융자산에 투자할 수도 있죠. 그러면 점차 자본소득을 늘릴 수 있는 여력이 커지겠죠. 한계세율이 떨어지면 자본소득 쪽을 통해서 불평등이 점차 커질 수 있다고 봅니다.

외환위기 이전 대우와 같은 기업의 부채비율이 1,000퍼센트가 넘었어요. 기업들은 자본시장이 아니라 주로 은행에서 돈을 빌려 썼죠. 외환위기 이후엔 이 구조가 급속도로 바뀝니다. 기업들은 부채비율을 떨어뜨리려, 자금을 은행이 아닌 자본시장에서 조달했죠. 자본시장이나 주주가 기업을 어떻게 평가하느냐가 점점 더 중요해지기 시작했어요. 우리나라의 대기업은 '오너 체제'이긴 하지만, 외환위기 이후 영미식 시스템이 부분적으로 도입되기 시작했습니다. 성과주의적인 보수 체계가 빠르게 확산된 것도 그 가운데 하나지요. 기업이 더욱 규모화, 전문화 되자 오너가 다 하기 어려운 상황에서 전문 경영자의 역할이 커지지 않을 수 없습니다. 오너는 전문 경영자에게 경영을 맡기고, 좋은 성과를 내는 사람에게 더 큰 회사를 맡기는 거죠. 이 과정에서 주식매수선택권stock option도 주고 보수 수준도 크게 높아졌죠. 그리고 이러한 성과주의적 보수 체계는 CEO에 그치지 않고 그 아래 중간 관리 계층으로까지 확산되었죠. 이는 우리나라 소득 상위 0.1퍼센트 계층뿐만 아니라 그 아래 계층의 소득 비중이 빠르게 높아진 것과 관련돼 있다고 생각합니다.

미국과 달리 일본의 경우 완전 내부노동시장이라고 해서 신입사원으로 입사한 사람 가운데 나중에 사장이 나옵니다. 최고경영자가 '외인부대'가 아니죠. 미국과 같이 CEO 시장이 형성되지 않으니까 스타 최고경영자가 나오기 어려워요. 일본에선 최고경영자라 하더라도 일반 사원에서부터 승진하여 직원들과 같은 직장 문화를 공유하고 있기 때문에 직원과 큰 차이를 두기 어려운 겁니다. 그래서 미국과는 달리 일본의 최고경영자의 급여는 그렇게 높지 않습니다.

우리나라는 이 점에서 일본과 미국의 중간쯤에 있는 것으로 보입니다. 우리나라에서도 외환위기 이후 대기업을 중심으로 경쟁과 성과 보상 시스템이 들어온 게 소득불평등 증가의 중요한 요인이라 생각됩니다. 하지만 미국과 달리 이 시스템이 전체로 확산된 것은 아니라고 봐야죠.

통계청의 수상한 지니계수

류이근__ 교수님은 최상위 부자들의 소득이 전체 소득에서 차지하는 비중을 통해 우리나라의 소득불평등을 보여주고 있습니다. 또 교수님이 이를 바탕으로 통계청의 가계조사를 보정해 구한 지니계수를 보면 정부의 공식 지니계수보다 훨씬 높게 나옵니다. 우리나라의 불평등 수준이 공식 지표를 기준으로 했을 때보다 더 크다는 얘기입니다. 어느 정도로 수치가 높아지나요? 그 차이를 어떻게 설명할 수 있나요? 가계조사의 문제 때문인가요?

김낙년__ 저는 전체 소득에서 상위 소득자의 몫을 보여주는 지표를 가지고 접근합니다. 이에 따르면 1990년대 중엽 이후 소득불평등 수준이 빠르게 상승하였고, 도달된 수준도 불평등이 높은 영미형 국가의 수준에 근접할 정도로 높아진 것을 알 수 있지요. 그런데 이 결과는 통계청의 지니계수와 양립이 되지 않습니다. 통계청 지니계수로 국제 비교를 하면 시장소득(과세 전 소득)을 기준으로 한 우리나라의 불평등도는 경제협력개발기구 회원국 가운데 가장 낮은 수준으로 나옵니다. 이것을 믿을 수 있겠습니까?

그래서 지니계수를 산출한 원자료인 통계청의 가계동향조사를 검토해 봤죠. 그랬더니 실태와 너무 동떨어져 있는 거예요. 예를 들면 소득이 가장 많은 사람은 연소득이 2억 원이 조금 넘는 정도이고, 그 이상의 소득을 보여주는 샘플은 하나도 없어요. 그 아래도 소득이 높을수록 소득의 포착 비율이 낮아집니다. 금융소득도 대부분 누락했더라고요. 전체 금융소득은 50조 원 정도 되는데, 가계동향조사는 다 합해도 그 5퍼센트에 불과한 2조 5,000억 원밖에 안 돼요. 그래서 저도 처음엔 무척 놀랐어요. 처음엔 제가 계산을 잘못했나 싶었죠. 가계동향조사의 원자료를 가지고 각종 소득이나 가계가 부담한 세금이나 사회보험 부담금 등을 하나하나 따져보았죠. 이 때 국세청의 소득세 자료와 한국은행의 국민계정 통계와 같이 보다 신뢰할 수 있는 통계와 대조해보았는데, 이를 통해 가계조사가 파악한 소득이 실제와 얼마나 괴리되었는지를 알아냈습니다. 그리고 이를 보정할 경우 지니계수가 얼마나 달라지는지도 새로 계산해보았습니다. 물론 자료의 제약 때문에 이러한 시도에 한계가 있지만, 대략적인 수준을 보여준다고 생각합니다. 이에 따르면 우리나라의 지니계수는 2010년에 시장소득 기준으로는 0.415, 가처분 소득 기준으로는 0.371이 나왔습니다. 이것은 통계청의 0.339와 0.308에 비해 크게 높아진 것입니다. 그리고 1990년대 이후의 불평등의 상승 속도가 통계청의 지표보다 빨라진다는 사실도 밝혔고요.

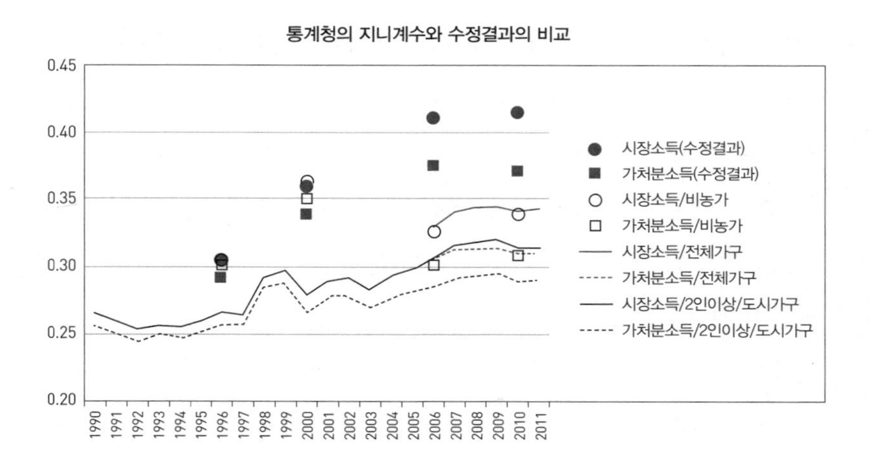

류이근__ 왜 이런 문제가 그동안 제대로 다뤄지지 않았죠?

김낙년__ 그동안 소득분배 연구는 가계조사에 거의 전적으로 의존하면서도 그 조사 자체가 어떤 문제가 있는지를 검토하지 않았어요. 이를 점검하려면 다른 분야의 자료와 교차 체크해야 하는데 그것이 쉽지 않기 때문이죠. 예를 들면, 가계조사와 국세청의 소득 자료를 대조하기 위해서는 가구 단위로 조사된 가계조사의 소득을 개인 단위로 분할해야 합니다. 소득세 자료는 개인 단위로 되어 있기 때문에 둘 다 같은 기준으로 비교해야 하니까요. 그리고 과세 통계를 제대로 활용하려면 세법에 대한 이해가 필요해요. 국민계정 통계에서 통상의 개인소득을 추출해내는 일도 쉽지 않습니다. 관련 분야의 통계를 두루 알아야 가능한 일이기 때문에 가계조사 자체를 검토한다는 발상을 하지 못한 것이라 생각해요.

류이근__ 통계청이 '가계금융·복지조사'를 바탕으로 한 새 지니계수를 내고 있는데요. 새 지니계수는 가처분소득 기준으로 0.353으로 나와 가계동향조사로 산출한 지니계수보다 더 높게 나오긴 합니다.

김낙년__ 아니 지니계수면 지니계수지 '새' 지니계수가 뭡니까? 어쨌든 통계청의 '새' 지니계수는 기존의 발표된 수치보다 훨씬 높게 나오지요. 이를 가지고 경제협력개발기구에서 순위를 매기면 6번째로 불평등이 심한 국가가 될 겁니다.

류이근__ 지난해 《한겨레신문》도 이를 문제 삼아 보도하기도 했죠. 정부에서 새 지니계수를 구한 뒤에도 대선을 앞두고 발표하지 않았다고 지적했습니다.[1]

김낙년 정부의 통계 발표에 정치적 고려가 개입되어서는 안 될 일이죠. 그리고 새 지니계수를 내고 있는 가계금융·복지조사도 샘플 조사이니 만큼 소득분포의 실태를 얼마나 잘 반영하는지 꼼꼼히 따져볼 필요가 있다고 생각합니다.

류이근 가계금융·복지조사는 그래도 샘플이 가계동향조사에 견줘 두 배 이상 많은데요.

김낙년 제대로 된 조사를 위해서는 샘플 수를 늘리는 것도 필요하지만, 피조사자가 자신의 소득을 정확히 파악할 수 있도록 조사 방법을 개선할 필요가 있다고 봅니다. 지금까지 피조사자의 개인 정보가 법으로 보호되고 있기 때문에 자신의 소득을 굳이 줄여서 보고할 이유가 없다고 생각했죠. 그렇지만 제가 구체적인 증거를 제시했듯이 피조사자의 다수는 그렇지 않았음이 드러났습니다. 따라서 통계청은 종래와 같이 피조사자가 작성한 가계부의 정보를 그대로 취합해서는 안 되고, 그 정보의 정확성을 체크할 필요가 있습니다. 이를 위해서는 그들의 근로소득 연말정산 자료나 종합소득세 신고 자료를 이용하는 것이 대안이 될 수 있다고 봅니다.

류이근 사실 진보, 보수 떠나서 불평등 문제는 정권에 불편한 주제 아닙니까? 정부가 지금까지 계속 내오던 공식 통계로 봤을 때 불평등이 심했지만, 학계에서 새롭게 조사해보니 더 낮다고 하면 수용할지 모르죠. 반대로 공식 통계로 본 불평등이 심각하지 않은데 학계에서 제대로 조사해보니 정

---

1 http://www.hani.co.kr/arti/economy/economy_general/611909

부 발표보다 더 심각하다면, 정부가 이를 수용할 까닭이 없지 않나요?

김낙년 제가 그동안 통계청의 가계조사나 지니계수에 대해 여러 차례 의문을 제기했지만, 그때마다 통계청의 대응은 실망스러웠습니다. 예를 들면 통계청은 가계동향조사가 경제협력개발기구 방식을 그대로 따라서 만들었기 때문에 문제가 없다는 얘기만 되풀이합니다. 통계청이 발표하는 통계를 음식에 비유를 하자면, 제가 문제로 삼은 것은 식재료(즉 가계조사 자체)가 부실하다는 것인데, 경제개발협력기구의 조리 방법을 따랐기 때문에 문제가 없다는 식이지요. 부실한 식재료를 가지고 아무리 경제협력개발기구 방식대로 음식을 만든다 해도 부실한 음식이 달라지지는 않겠지요. 그리고 가계동향조사의 문제점이 구체적으로 드러났음에도 불구하고 아직도 그것으로 산출한 지니계수가 정부의 공식 통계라는 입장을 고수하고 있습니다. 통계청이 자꾸 이런 식으로 대응하면 불신만 키워요. 그러다가 투명성을 보이지 못하면 소득불평등 지표뿐만 아니라 다른 지표에 대한 불신으로 확산될 수도 있어요.

류이근 정부의 공식 통계의 신뢰가 떨어지는 문제만은 아닌 것 같습니다. 통계가 현실을 제대로 드러내지 않으면 잘못된 인식에 엉뚱한 정책으로 이어지지 않습니까?

김낙년 기초 데이터가 잘못되면 연구가 오도될 수 있죠. 연구가 잘못되면 현실 인식이 잘못되고, 현실 인식이 잘못되면 잘못된 처방이 나올 수밖에 없지 않나요? 이에 따르는 비용이 너무 커지죠. 통계의 작성과 이용에 정치적 고려를 배제하고 그 과정을 투명하게 하는 것이 중요합니다.

류이근 지금 방식대로 오랫동안 해온 통계의 연속성 때문에라도 쉽게 손을 대지 못하는 측면이 있는 게 아닐까요?

김낙년 그럴 수는 있겠지만, 그것이 종래 가계조사의 문제점을 근원적으로 개선해야 할 필요성을 부인하는 이유가 될 수는 없겠지요. 비록 과거 통계와의 연속성이 단절되더라도 실태에 접근한 통계를 얻는 것이 더욱 절실한 것이 아닌가요? 앞으로도 이를 개선해야 한다는 압박이 더욱 커질 겁니다. 경제협력개발기구가 그동안 불평등 관련 보고서를 작성할 때 지니계수를 지표로 이용해왔어요. 얼마 전부터 상위 소득자의 소득 비중이라는 지표로도 보고서를 내고 있어요. 지난 2011년 〈갈라진 세상Divided We Stand: Why Inequality Keeps Rising〉이란 보고서에 처음으로 하나의 장chapter으로 소개됐죠. 얼마 전에는 이를 최신 정보로 갱신한 보고서를 냈습니다. 거기에는 OECD 회원국의 불평등의 수준과 추이를 비교하고 있는데 우리나라는 빠져 있어요. 이용할 데이터가 없었기 때문이죠. 이번에 제가 작성한 통계가 세계 최상위 소득 계층 데이터베이스에 올라가면,[2] OECD를 비롯한 국제기구의 불평등 보고서에 우리나라도 들어갈 겁니다. 이런 방식을 통해 우리나라의 불평등 실태에 대한 국제적 평가와 인식도 확산되겠죠. 그러면 한국의 소득불평등에 관한 인식이 종래의 지니계수와 충돌하면서 사람들의 인식에 혼란을 줄 수 있어요. 통계청은 이러한 심각성을 아직 인식하지 못하고 있는 듯합니다. 잘못하면 국제적으로도 통계청의 불평등 지표에 대한 불신이 커질 수도 있습니다.

2 지난 9월 2일 김낙년·김종일 교수의 연구 결과가 WTID에 등재되었다(http://topincomes.parisschoolofeconomics.eu).

한국 소득불평등의 민낯

류이근_ 교수님 연구를 보면 정부의 공식 통계보다 우리나라의 불평등이 훨씬 더 심각합니다. 소득 최상위층의 소득 비중을 기준으로 했을 때, 우리나라의 소득불평등이 얼마나 심각합니까?

김낙년_ 각국의 상위층의 소득 비중을 보여주는 WTID의 자료를 보면, 소득불평등이 높은 영미형과 그렇지 않은 유럽, 일본형으로 나눌 수 있지요. 우리나라는 최근 미국이나 영국 수준에 접근하고 있습니다. 외환위기 이전에는 유럽, 일본형에 속했는데, 지난 15년 동안에 소득불평등이 빠르게 높아진 것이지요.

류이근_ 다른 나라들도 현재 경제협력개발기구가 제시하는 통일된 방식으로 지니계수를 산출하고 있지 않습니까? 그걸로 각 나라 간 불평등 수준을 보여주고 비교도 하죠. 그런데 한국은 지니계수 자체가 유난히 문제라는 건가요?

김낙년_ 통계청의 지니계수에 따르면 우리나라는 OECD 회원국 가운데 중간 수준이죠. 가계조사가 상층의 소득을 파악하는 데 한계가 있다는 것은 다른 나라에서도 어느 정도 나타나지만, 앞서 얘기했듯이 우리나라에서의 문제는 특히 심각한 것으로 보입니다. 지니계수와 소득 최상위층의 소득 비중이 모두 이용 가능한 나라의 경우 두 지표의 상관관계를 구해본 연구가 있어요. 두 지표의 수준이나 추이가 매우 밀접한 상관관계를 보이고 있는 것으로 나옵니다. 그런데 우리나라의 두 지표는 그렇지 못한데, 지니계수의 문제 때문이라고 생각합니다.

류이근_ 보통 사람들이 이를 어떻게 받아들일지 모르겠습니다. 지니계수를 신뢰하기 쉽지 않다는 얘기가 나올 수밖에 없겠습니다. 교수님이 조금 전 노동소득과 자본소득을 구분해서 말씀하셨잖습니까. 교수님의 연구 결과를 봤더니, 우리나라 근로소득자 상위 1퍼센트가 전체 노동소득의 7퍼센트를 가져가는데 반해, 전체 소득을 기준으로 하면 상위 1퍼센트가 전체의 12퍼센트가량을 가져가더라고요. 이를 보면 '노동소득에 견줘 자본소득이 불평등의 더 큰 요인이겠구나'라는 생각이 듭니다. 즉 노동소득만을 놓고 봤을 때보다 이자나 배당, 임대료 등 자본소득을 다 더했을 때, 소득불평등이 더 커진다는 거잖아요.

김낙년_ 거기에는 기술적인 문제가 있습니다. 노동소득은 '취업자'를 대상으로 하지만, 전체 소득의 경우엔 '20세 이상 인구'로 합니다. 전체 소득자의 경우가 노동소득자보다 두 배 이상 많아요. 전체 소득자의 상위 1퍼센트가 40만 명이라면 노동소득자의 상위 1퍼센트는 17만 명이죠. 따라서 노동소득자 1등부터 17만 등의 소득 합계가 차지하는 비중과, 전체 소득자 1등부터 40만 등의 소득 합계가 차지하는 비중을 비교하는 셈이니까 기준이 다릅니다. 전체 소득으로 한 불평등도가 높게 나오는 것은 당연한 겁니다.

질문을 오히려 노동소득과 전체 소득, 즉 두 소득의 불평등 증가율을 놓고 봤을 때, '노동소득 쪽 증가율보다 전체 소득 쪽 증가율이 더 빠른가'라고 바꾸는 게 나을 듯합니다. 우리나라에서 노동소득의 불평등도가 커졌지만, 그 밖의 소득을 포함하여 전체 소득의 불평등도 상승은 좀 더 빨랐던 것으로 나옵니다. 다시 말해 자본소득이 우리나라의 불평등 증가에 좀 더 크게 '기여'했다고 볼 수 있습니다. 제가 문답까지 했네요. (웃음)

류이근__ 그런 답변을 기대하고 물어봤던 겁니다. (웃음) 자본소득이 소득불평등 증가에 얼마나 영향을 끼쳤다고 보세요?

김낙년__ 자본소득의 불평등이 좀 더 빨랐지만, 노동소득의 불평등도 중요한 역할을 했죠. 전체 소득에서 노동소득이 차지하는 비중은 60~70퍼센트에 이르기 때문에 노동소득의 불평등이 심화되지 않은 채 전체 소득의 불평등이 높아지기는 어려워요.

류이근__ 노동소득이 가계소득에서 차지하는 비중이 크죠. 그런데 교수님께서도 논문에 인용하셨지만 여러 노동소득의 불평등 원인 가운데 노조의 약화를 꼽는 학자들도 있잖아요. 우리나라의 경우엔 노동시장의 구조와 비정규직 문제가 크지 않습니까? 피케티도 이 부분을 많이 얘기하지 않았지만, 우리나라에선 중요한 문제로 보입니다.

김낙년__ 피케티는 기본적으로 소득 상위자에 초점을 맞추어 보기 때문에 그럴 겁니다. 우리나라는 특히 1990년대 중엽 이후 특히 중국과 같은 저임금 국가와의 교역이 크게 늘어나면서 경제가 성장하더라도 고용 창출력이 예전만 같지 못해요. 낙수효과가 크게 떨어진 것이죠. 소득 구간 중하위층이 좋은 일자리를 구하기가 점점 어려워지고 미래는 불투명해진 겁니다. 비정규직도 늘어나고요. 소득의 추이를 계층별로 보면 성장률이 떨어지는데도 고소득층의 소득은 과거의 성장 추세를 지속해요. 아래로 내려갈수록 성장 추세가 꺾이고, 심지어는 하락하기까지 해요. 역시 저성장 단계로 접어들면서 나타나는 충격이 아래쪽에 더 크게 미친다고 할 수 있습니다.

피케티 레볼루션, 쿠즈네츠 리레볼루션

류이근_ 일반인들에게 피케티가 어떤 식으로 받아들여질지 모르겠습니다. 미국에서 먼저 '피케티 열풍'이 불지 않았습니까. 많이 사서, 읽지 않는 책으로 꼽히기도 했는데요?

김낙년_ 사서 다 읽지 않은 채 그냥 책꽂이에 꽂아놓는 책이라고 하던데요. 우리나라도 그렇지 않을까요?

류이근_ 어쨌든 피케티가 이 시대에 왜 이렇게 주목받고 있다고 보세요?

김낙년_ 미국 불평등도를 보면 스타 최고경영자를 중심으로 최고경영자의 보수는 엄청나게 늘었어요. 미국 경제 잡지 《포브스Forbs》가 내는 상위 100대 기업과 같은 상층에 초점을 맞추면, 최고경영자의 보수는 평균임금의 수백 배에 이릅니다. 그런데 미국 근로자의 평균임금은 1970년대 이후 별로 오르지 않았어요. 보수 격차가 옛날 몇 십 배에서 지금은 몇 백 배가 된 겁니다. 우리나라 같았으면 용인하지 어렵겠죠. 미국은 의외로 이런 걸 용인하는 사회규범이 있어요. 능력이 있어서 그만큼 몫을 더 가져간다고 보는 거죠. 아메리칸드림을 실현한 것으로 보는 겁니다. 물론 아메리칸드림이 미국에서 유효한지는 따로 논의해야 할 사안입니다. 미국에서 이런 불평등 수준이 수십 년 동안 지속됐어요. 이런 상황에서 2008년 금융위기가 일어났습니다. 상황이 어렵게 되니까 불평등을 참기 어렵게 된 거죠. 거기다가 금융위기 이후 최고경영자의 도덕적 해이가 많이 드러났어요. 회사에 실제 기여해서 높은 보수를 가져가는 건지 아니면 지대추구의 결과인지를 놓고서, 즉 보수의 정당성에 대한 사람들의 의문이 커졌어요. 용인할 수 없다는 분위기가 확산됐죠.

류이근 ‘월 스트리트 점령 시위Occupy Wall Street’도 그런 분위기에서 나왔다고 봐야 하겠죠?

김낙년 1 대 99 사회라는 얘기도 나오고요. 피케티가 주목받은 것은 이런 분위기와 조응한 것으로 설명할 수 있을 겁니다.

류이근 학자로서 피케티를 어떻게 평가하세요?

김낙년 저는 피케티가 소득과 부의 불평등에 관한 인식에서 새 지평을 열었다고 봅니다. 폴 크루그먼의 표현을 빌리면 피케티 ‘레볼루션revolution’이라고 할 수 있습니다. 현재 우리가 널리 쓰고 있는 국내총생산, 1인당 소득 통계 있잖아요? 이건 유엔UN이 만든 국민계정체계에 의거해 만들어집니다. 국제 공통입니다. 이걸로 나라 간 시대 간 비교가 가능해요. 시계열 추이를 알 수 있어서 일관되게 변화를 얘기할 수 있습니다. 하지만 소득분배는 국제 비교가 가능하게 정비되지는 않았어요. 그래서 샘플 조사를 써왔습니다. 각 나라마다 샘플 조사를 해요. 우리나라의 경우 약 1만 가구를 대상으로 가계부를 쓰게 하죠. 가계마다 수입이 얼마인지, 매달 뭘 얼마치 샀는지, 세금이나 집세는 얼마를 냈는지 등을 적어요. 이들 조사 가구가 전체 가구를 대표하는 것으로 보죠.

우리나라의 경우엔 초기에는 조사 대상 범위가 좁았어요. 도시의 근로자 가구에서 출발해서 전국의 모든 가구로 확대된 게 2006년 이후입니다. 선진국은 일관된 조사가 이루어진 기간이 더 길지만, 그렇다고 아주 멀리 올라가지는 않아요. 이를 바탕으로 산출한 지니계수가 소득불평등을 보여주는 대표적 지표였죠. 이러한 가계조사에 의거해서 불평등을 연구해왔고, 불평등에 대한 인식이 형성돼왔어요.

그런데 가계조사를 할 때 당신의 소득을 적도록 하면 제대로 적을까요? 과세를 위한 소득을 신고할 때에는 만약 소득을 줄여 신고한 것이 드러나면 처벌을 받잖아요. 그에 비해 가계조사의 경우 그렇다고 해서 처벌하기 어렵지요. 그러다 보니 소득을 제대로 드러내지 못하는 경우가 많아요. 매달 가계부를 쓸 때 귀찮기도 하고요. 금융소득이 얼마인지 보통 자신도 모를 때가 많거든요. 자신의 사생활을 드러내지 않으려 하잖아요. 그 결과 소득이 실제보다 적게 조사되는 겁니다. 우리나라에서는 특히 고소득층의 경우 이러한 문제가 심각하다는 점이 드러났는데, 다른 나라도 정도의 차이는 있지만 크게 다르지 않을 것으로 생각합니다.

피케티는 가계조사 대신에 과세 자료를 이용해 새 지평을 열었어요. 과세 자료는 샘플 조사가 아니고 전수 조사이기 때문에 장점이 많죠. 샘플 조사에서는 10분위 정도 이상으로 세분하기 어렵지만, 과세 자료는 상위 10퍼센트를 다시 상위 1퍼센트, 0.1퍼센트, 0.01퍼센트로까지 세분해서 볼 수 있습니다. 물론 과세 자료에도 문제가 없는 게 아니죠. 가장 큰 게 탈세 문제입니다. 탈세가 되는 만큼 소득이 파악되지 않죠. 과세 자료를 이용할 때 이로 인한 왜곡이 어떠할지에 대해서는 항상 주의할 필요가 있습니다. 그런데 자신의 소득을 신고하는 경우에는 탈세의 여지가 있지만, 근로소득과 같이 세금이 원천 징수되는 경우에는 탈세가 어렵습니다. 이 경우의 과세 자료는 실태를 거의 반영한다고 봐야죠. 그런데 지금까지 왜 과세 자료를 소득분배 연구에 쓰지 못했냐면, 소득이 면세점 이하인 사람들이 파악되지 않기 때문입니다. 위쪽만 알고 아래까지 포함한 전체의 소득분포를 알 수 없었죠. 그래서 제대로 활용하지 못했어요.

거슬러 올라가자면, 불평등 연구에 과세 자료를 활용할 수 있다고 생각한 사람은 사이먼 쿠즈네츠였어요. 그 뒤 잠자고 있던 것을 피케티가 살려냈습니다.

류이근_ 반세기 만에 깨워낸 거군요.

김낙년_ 쿠즈네츠가 1950년대 쓴 논문의 아이디어는 '최상위 소득자는 과세 자료로 가장 잘 파악할 수 있다'는 거였습니다. 분모, 분자로 얘기해보죠. 분자에 들어가는 상위 1퍼센트에 해당하는 사람들의 소득 합계는 과세 자료에서 구할 수 있습니다. 이에 비해 분모에 들어가는 전체 국민의 소득은 면세자들이 많기 때문에 과세 자료로 잘 파악이 되지 않습니다. 그래서 분모의 전체 소득은 GDP와 같은 국민소득 통계를 이용합니다. 국민소득에는 기업소득도 포함되어 있는데, 이로부터 통상의 소득 개념과 부합하는 개인소득을 추출할 수 있어요. 그렇게 해서 분모와 분자를 구하면 전체 소득에서 상위 1퍼센트가 차지하는 몫이 나오는 겁니다. 방법적인 면에선 피케티가 쿠즈네츠를 계승하고 있습니다.

류이근_ 그러면 '피케티 레볼루션'이 아니라 '쿠즈네츠 리re레볼루션'이라고 말할 수 있겠네요.

김낙년_ 방법뿐만 아니라 자료에서도 피케티는 쿠즈네츠에게 큰 빚을 지고 있지요. 지금은 대부분의 나라에서 국민소득 통계가 잘 정비되어 있지만, 이러한 국민소득 통계가 정비되는 데 가장 기여한 사람도 바로 쿠즈네츠이니까요. 그런데 과세 자료는 보통 전체 납세자를 소득 구간별로 나누어 각

구간의 납세자 수, 소득액, 세액 등을 보여줍니다. 그런데 이로부터 우리가 관심을 갖는 상위 1퍼센트나 10퍼센트의 소득을 곧바로 구할 수는 없죠. 만약 과세의 원자료가 있으면 쉽게 구할 수 있겠지만 말씀드린 대로 다 공개하지 않아요. 피케티는 '파레토 보간법'을 써 소득 구간을 필요에 따라 나누어요. 각 구간 내의 소득분포가 파레토가 고안한 함수를 따른다고 가정하고 있는 거죠.

이러한 접근 방법에서는 큰 차이가 없지만 그 결과의 해석에서는 크게 다릅니다. 쿠즈네츠는 제1차 세계대전부터 제2차 세계대전 직후인 1948년까지를 관찰했어요. 이 시기에 소득불평등이 떨어지는 것을 보고 그는 경제성장과 소득불평등은 역U자 양상을 보인다는 가설을 제시했죠. 경제성장 이전에는 불평등이 낮았다가 성장이 가속되면서 불평등은 커지고 성숙단계에 들어서면 줄어든다는 겁니다. 그가 관찰한 기간은 선진국의 성숙단계에 해당하는 것으로 보았죠.

그런데 피케티는 쿠즈네츠가 관찰한 시기보다 훨씬 이후까지 포함한 불평등도의 장기 추이를 보이고 있지요. 그 결과는 쿠크네츠와는 반대로 U자 양상을 보여 선진국의 불평등도는 제1차 세계대전 전후에는 매우 높은 수준이었던 것이 제2차 세계대전까지 급속히 떨어진 후 근래에 다시 불평등도가 급등하는 추이를 보인다는 겁니다. 쿠즈네츠는 경제성장과 소득불평등을 연결시켜 설명했지만, 피케티의 설명은 전혀 다릅니다. 자본주의는 소득불평등이 심화될 수밖에 없는 속성을 가지고 있음을 보이고 있는데, 불평등이 낮아진 시기는 이 속성이 발현되지 못하게 막은 누진과세를 비롯한 제도적 장치 때문으로 해석합니다. 그리고 이러한 제도적 장치가 약화되자 다시 불평등이 높아진 것으로 보죠.

이와 같이 새로운 사실의 발견은 새로운 해석을 낳게 되죠. '피케티 레볼루션'이라고 한 것은 가계조사의 한계를 넘어 상위층이 전체 소득에서 차지하는 비중과 같은 새로운 지표를 가지고 불평등 추이를 '매우' 장기간에 걸쳐 보여준다는 사실입니다. 그뿐만 아니라 그의 방법을 많은 나라에 적용하여 국제적 비교가 가능하게 됐습니다. 소득은 물론이고 부의 불평등에 대해서도 마찬가지 접근이 가능합니다. 그는 소득과 부의 불평등 추이를 프랑스대혁명 때로 거슬러 올라가 보여줘요. 이를 이용해 새롭게 자본주의의 불평등 동학을 만들어낸 거라고 할 수 있어요. 불평등을 보는 사람들의 관점을 상당히 바꾸었다고 해야겠죠.

류이근 '파레토 보간법'을 좀 쉽게 설명해주세요.

김낙년 파레토 분포는 20 대 80 사회를 떠올리면 돼요. 파레토 분포의 계수에 따라 30 대 70이 될 수도 있죠. 이 현상은 소득분배에서만이 아니라 일반적으로 관찰할 수 있어요.

이탈리아 경제학자인 빌프레도 파레토가 자산 즉 부의 불평등을 설명하기 위해서 데이터를 분석하다가 이를 가장 잘 설명할 수 있는 함수를 만들어낸 겁니다. 그게 바로 '파레토 분포'입니다. 파레토 분포란 것은, 예를 들어서, 20 대 80이라면, 20퍼센트가 전체 부의 80퍼센트, 다시 그 20퍼센트 가운데 20퍼센트가 80퍼센트 부의 80퍼센트를 가져간다는 겁니다. 이걸 '프랙털fractal 구조'라고 불러요.

통신사의 휴대폰 사용량을 예로 들어볼까요. 보통 많이 쓰는 사람이 많이 쓰고, 적게 쓰는 사람은 적게 써요. 보통 사용자의 20퍼센트가 전체 사용량의 80퍼센트를 써요. 그 가운데 다시 20퍼센트가 80퍼센트를 쓰는 식이죠. 사회 및 자연 현상에서 많이 관찰됩니다. 소득분포뿐만 아닙니다.

파레토 분포를 가정하면 과세 자료의 소득구간을 필요에 따라 분할할 수 있어요. 예를 들어서, 과세 자료로 소득 1억 원이 넘는 자들이 전체의 1.2퍼센트에 해당하고 그들의 소득 합계가 전체 소득의 13퍼센트를 차지하고 있는 것으로 되어 있다고 쳐요. 그리고 소득이 2억이 넘는 자들은 전체의 0.6퍼센트에 해당하고 그들의 소득 합계는 전체의 7퍼센트라고 해요. 이 경우 상위 1퍼센트는 1억 원과 2억 원 사이에 있고, 이들의 소득 비중은 7퍼센트와 13퍼센트 사이의 값을 갖겠죠. 이때 위의 파레토 분포를 가정하면 이 구간에서 파레토 계수를 구할 수 있고, 이를 적용하면 상위 1퍼센트의 소득 비중을 구할 수 있게 됩니다. 다른 나라나 다른 시기의 과세 자료도 이런 방식으로 상위 1퍼센트의 소득 비중을 구하게 되면 서로 비교가 가능하게 되는 것이죠. 이를 보간법이라고 해요. 파레토 분포와 같이 특정 분포를 미리 가정하지 않고서도 보간할 수 있는 방법이 있어요. 이 방법은 앤서니 앳킨슨이 영국에 적용한 적이 있어요. 저는 그 방법으로도 한국에 적용해봤는데 결과가 파레토 보간법과 거의 차이가 나지 않아요. 또 과세 원자료를 공개한 나라도 있는데, 원자료를 이용하여 구한 상위 소득 비중은 파레토 분포로 추정한 것과 거의 차이가 없어요.

류이근 피케티가 쓴 방법론이 실증적으로나 다른 방법론과 비교해서도 상당히 설득력이 높다는 말씀이시군요.

김낙년 그렇습니다. 각각의 방법을 적용한 결과가 들쑥날쑥한 게 아니라, 안정적으로 나옵니다. 통계적으로 '탄탄robust'하다고 할 수 있죠.

류이근__ 피케티가 불평등을 보는 사람들의 관점을 어떻게 바꿨다고 보세요?

김낙년__ 주류 경제학자에게 불평등 문제는 중심적인 이슈가 되기 어렵습니다. 그들은 생산에 기여한 만큼 상응해 보수가 주어진다고 봐요. 불평등은 시장이 잘 작동한다면 사회적 이슈가 될 문제는 아니라고 보는 거예요. 불평등은 인센티브로 작용한다고도 보죠. 더 열심히 노력하게 하는 유인이라는 겁니다. 이렇게 보면 불평등은 해결해야 할 사회적 문제가 되지 않는 거죠. 피케티의 관점에 빠져 있으면 소득과 부의 불평등이 아무리 심화되더라도 그 실태를 인식하기도 어렵게 됩니다. 피케티가 문제로 삼고 있는 것은 바로 이 점입니다.

피케티는 경제모델이 엄격한 제한 속에 성립할지 모르지만, 실제 현실은 구체적 데이터를 가지고 검증하고 따져봐야 한다고 봅니다. 그는 미국 매사추세츠 공과대학 교수로 있으면서 분배를 중요한 문제로 생각했는데 대부분의 미국의 경제학자들은 그 문제에 별로 관심이 없었던 거예요. 실망한 그는 프랑스로 돌아가서 소득과 부의 불평등에 관한 역사적 자료를 모아 분석하는 작업을 한 겁니다. 그의 방법은 거기에 동참하는 많은 학자들의 참여를 이끌어낼 수 있었죠. 그 결과는 경제학자들이 보통 모델로 생각했던 것과는 상당히 다르게 나왔어요. 새로운 문제 제기가 되었고, 기존 발상을 바꾸는 계기가 됐다고 봅니다.

우울한 전망과 글로벌한 해법

류이근__ 피케티 책이 어떻게 보면 우울하지 않습니까? 길게 보면 자본수익률 r이 항상 경제성장률 g보다 높다는 거잖아요. 그러면서 자본의 몫은 점점 더 커질 수 있다는 겁니다. 이게 바로 자본주의 동학이라는 건데요. 우리나라의 경우 고도성장기가 끝났잖습니까. 성장률이 계속 떨어지면서 저성장 시대로 진입하고 있지 않나요? 교수님은 성장을 통해서 불평등을 완화시킬 수 있다고 보는지, 아니면 자본수익률을 떨어뜨려서 완화시킬 수 있다고 보는지요? 너무 이념적, 철학적 질문인지 모르겠습니다.

김낙년_ 사실 저는 피케티 주장 가운데 그 부분에 대해서는 좀 더 검증이 필요하다고 생각해요. 피케티가 책을 내면서 이전의 논문을 쓸 때와는 달리 '거대 이론grand theory'과 같은 얘기들이 들어가게 됐어요. 자본주의의 기본법칙과 같은 것 말이죠. 자본수익률이 경제성장률보다 높아지는 경향을 가진다는 것도 그렇습니다. 특히 경제성장률이 떨어져 저성장의 단계로 들어서도 자본수익률은 일정한 수준을 유지한다는 것인데, 이를 통해 자본소득이 노동소득보다 더 크게 늘어나게 된다는 것을 설명하고 있죠. 그런데 경제성장률이 떨어지면 자본수익률도 그 영향을 받지 않을 수 없겠죠. 그리고 자본이 축적되어 자본량이 많아지면 그 수익률이 떨어지는 것이 자연스럽다고 생각해요. 수요와 공급의 원리는 시대를 초월하니까요.

류이근_ 피케티는 장기적으로 자본수익률이 4퍼센트 안팎에 이른다고 보지 않나요?

김낙년_ 경제성장률은 이미 잘 알려져 있지만, 우리나라의 자본수익률을 산출하기는 쉽지 않을 것으로 생각합니다. 자본의 규모를 추정하는 데에도 자료상의 수많은 한계에 부딪칠 것이기 때문입니다. 예를 들면 그의 자본 속에 포함되어 있는 토지만 보더라도 그 가치를 일관된 시계열 자료로 구하기는 어렵습니다. 더구나 토지 가격 상승으로도 자본이 크게 늘어날 수 있는데, 자본수익률을 구할 때 이것을 어떻게 볼지 개념상의 문제도 있다고 봅니다. 이 문제는 토지 가격이 상대적으로 높은 일본이나 한국에서 특히 문제가 될 수 있다고 봐요. 노동소득과 자본소득을 분할하는 것도 간단하지 않습니다. 즉 피케티가 상정하고 있는 자본주의 법칙이 한국에서 어떻게 나타났는지를 실증적으로 검토하는 것은 앞으로의 과제라 할 수 있습니다.

그런데 우리나라는 고도성장을 장기간 지속해왔지만 이미 저상장 단계에 들어섰습니다. 인구 고령화 등도 감안하면 앞으로의 전망도 밝지는 않습니다. 그럼에도 불구하고 복지에 대한 기대와 복지 재원 수요는 더욱 커지고 있습니다. 양쪽에서 더블펀치를 맞고 있는 형국이라 할 수 있죠. 분배를 둘러싼 논란이 격화되다 보면 제로섬 게임으로 갈 수 있어서 걱정입니다.

류이근_ 피케티도 그런 방식에 반대하던데요?

김낙년_ 그렇기 때문에 성장 능력, 즉 경제의 잠재 성장 능력을 키우는 게 중요합니다. 일반적인 얘기이지만, 우리나라는 경제에서 서비스업이 차지하는 비중이 다른 나라에 비해 낮은 편입니다. 제조업 비중이 상대적으로 크기 때문이죠. 이를 뒤집어 보면 서비스업에서 부가가치를 키울 수 있는 여력이 그만큼 크다고 볼 수 있죠. 제조업 제품의 경우 국제적 경쟁에 노출되어왔기 때문에 이미 높은 수준을 유지하고 있지요. 이에 비해 우리나라 서비스업의 질은 그렇지 못합니다. 서비스는 여러 형태로 제도적 보호를 받고 있어요. 그렇다 보니 국제적 경쟁에 노출되지 않는 경우가 많아요. 예를 들면 의료 분야의 개방을 놓고서도 정치적 입장의 차이 때문에 제도를 바꾸기가 여간 힘들지 않습니까? 교육의 경우는 또 어때요? 우리나라만큼 교육에 엄청난 자원을 퍼붓고 있는 나라가 드물다고 생각하지만 그 효율은 높다고 생각되지 않아요. 교육제도를 개선하여 성장 잠재력을 높일 수 있는 여지는 그만큼 크다고 봅니다. 결국 이러한 제도 개선을 주도할 수 있는 정치가 문제이긴 하지만, 서비스업의 발전이 앞으로의 경제성장에 중요한 과제가 된다고 봅니다.

류이근＿ 우리나라는 고도성장기가 끝난 뒤에도 2000~2008년 연평균 5퍼센트씩 성장했습니다. 2008년 세계금융위기 이후 연평균 3퍼센트씩 성장한 것에 견주면 높지 않나요? 그런데 말씀하셨던 것처럼 외환위기 이후 불평등이 커졌어요. 외환위기 이후 5퍼센트씩 성장했는데도 소득불평등이 크게 악화됐다는 것을 어떻게 보시는지 궁금합니다. 서비스업 경쟁력 강화 등을 통해 성장 잠재력을 끌어올린다 해도, 인구구조 등 구조적 변화 때문에 5퍼센트 이상 높이는 것은 불가능에 가까워 보이는데, 잠재성장률을 끌어올린다는 게 실제 분배를 얼마나 개선시킬지 의문입니다.

김낙년＿ 저는 좋은 일자리를 많이 만드는 게 분배 문제에서 중요하다고 봅니다. 과거에는 제조업이 고용 창출을 주도하면서 연관 서비스업도 발전시켜왔어요. 제조업이 앞으로도 그런 역할을 키워가기를 바라지만, 한계가 보여요. 경제 전체의 비중에서 보았을 때 앞으로 서비스업에서 좋은 일자리를 많이 만드는 것이 중요합니다. 전통적 서비스업은 이미 포화 상태가 되었지요. 좁은 지역에 통닭집이 몰려 제 살 깍아 먹기를 하고 있죠. 이런 상황이다 보니 대개 창업한 지 몇 년 안에 문을 닫습니다. 결국 앞서 얘기했듯이 제도를 바꾸어 서비스업의 경쟁력을 구조적으로 높이는 시도가 필요합니다.

류이근 피케티 같은 경우 소득불평등을 가만히 놔두면 계속 커진다고 하잖아요? 제도적으로 접근해서 해결해야 한다고 합니다. 대안으로 제시하는 게 '소득세 최고세율의 인상'과 '자본세' 도입입니다. '글로벌'한 차원에서 자본세를 도입하자고 하는데 현실성이 있다고 보는지요? 한국에서 고도성장기 이후 소득불평등 악화의 원인 하나가 소득세의 누진성 약화인데, 이걸 강화하자는 주장에 대해선 또 어떻게 생각하는지 궁금합니다.

김낙년 세금을 크게 '소득에 부과하는 것'과 '자산에 부과하는 게' 있다고 쳐요. 두 계통 가운데 전자는 기법이 정교하게 발달해왔습니다. 요새 웬만한 소득은 대부분 포착됩니다. 전산화가 많이 됐습니다. 주유소 아르바이트를 한 번 해서 번 소득도 국세청이 다 파악하니까요. 이런 의미에서 소득세는 상대적으로 정비가 잘돼 있죠. 세금을 거둬들이는 비용도 크지 않아요. 하지만 부에 대한 과세는 구멍도 많고 소득세에 비해 아직 정비가 부족한 편입니다. 그리고 소득세는 그해에 번 소득에 부과하는 것이지만, 자산에 대한 과세는 그해에 소득으로 실현된 것이 아니기 때문에 반발이 클 수 있습니다. 과거 논란이 되었던 '종합부동산세'를 생각해보면 알 수 있지요. 그리고 부에 과세하려고 하면 다른 나라로 도망갈 수도 있고요.

류이근 그래서 피케티도 글로벌한 차원에서 자본세를 부과하자는 거 아닙니까?

김낙년 그렇다 하더라도 공조가 쉽지 않습니다. 글로벌 부유세는 기술적으로 쉽지 않아요. 그건 피케티도 잘 알아요.

소득을 잘 포착하면 그 배후에 있는 자산을 포착하는 셈이 됩니다. 현재 우리나라는 자산으로부터 얻은 소득이 충분히 포착되지 않거나 분리과세에 그치는 경우가 있습니다. 따라서 자본소득에 대한 세금을 잘 정비할 필요가 있어요. 복지 재원이 필요하면, 거기에 맞춰 세금을 더 내거나 필요하다면 누진세를 강화하는 것이 부유세보다 더 효과적이라고 봅니다.

류이근 피케티는 '자본세 도입이나 누진세 강화'를 해야 한다면서도 국가가 필요한 재원을 더 많이 확보하는 식으로 접근해선 안 된다고 합니다. 자본의 무한 증식 동학에 제동을 거는 차원에서 필요하다고 하는데, 어떻게 생각하세요?

김낙년 현재 우리나라의 상황에서는 두 가지가 분리되기 어렵다고 생각합니다. 복지 재원을 확충하는 일이 앞으로 피하기 어려운 과제이니까요.

류이근 사실 피케티의 대안은 한국 사회뿐만 아니라 다른 나라에서도 뜨거운 논쟁거리입니다.

김낙년 소득분배 문제는 복지와 증세와 같은 민감한 문제와 떨어질 수 없는 이슈입니다. 대선의 중요 쟁점이 될 수 있다는 의미에서 대통령 자리가 왔다 갔다 하는 문제라고도 할 수 있겠죠. (웃음)

경제사의 가교

류이근 교수님은 어느 경제사상적 계보에 속하는지 궁금합니다. 물론 좌파나 케인지언은 아니시겠죠?

김낙년 류 기자가 신문기사에서 나보고 우파 경제학자라고 했잖아요. (웃음)

저는 학부 시절 주류 경제학 강의를 듣는 한편, 마르크스 경제학도 공부했어요. 일본에서 유학하면서 박사 과정 시험을 볼 때 제가 선택한 게 마르크스 경제학이었습니다. 경제사를 전공하는 데 마르크스 경제학이 도움이 될 것으로 생각했어요. 사회를 구조적으로 인식하는 데 강점이 있다고 생각해요. 그렇지만 다른 한편 마르크스 경제학의 방법은 개인주의에 입각해 있지 않아요. 자본가 '톰'과 노동자 '앨리스'가 있다면, 그 톰이나 앨리스는 개인으로서 톰과 앨리스가 아닙니다. 자본가 대표 또는 노동자 대표일 뿐입니다. 그렇다 보니 계급적 이해관계라든지 그 본질적 성격만 부각되고 개인의 다양하고 또 모순될 수도 있는 행동을 드러내기 어렵습니다. 분석 틀 속에 개인의 인센티브가 들어오기 어렵죠. 그래서 구체적이고 다양한 상황을 분석하기 어렵게 된다고 봐요. 이런 점에서는 주류 경제학의 개념과 이론이 사회를 분석하고 이해하는 데 강력한 도구가 된다고 생각해요.

제가 낙성대경제연구소에서 우리나라의 경제성장이 어떻게 가능하였을까를 화두로 하여 역사적 연구를 하고 있을 때에는 우파 경제학자라고 인식되었던 같아요. 그러다가 최근 소득불평등에 관한 논문을 잇따라 발표하니까 저의 학문적, 정치적 입장이 무엇인지 혼란스럽다고 하는 기자들이 있어요. 경제성장이나 소득분배는 모두 중요한 연구 주제라고 생각하는데, 이것을 가지고 우파 또는 좌파로 보는 것은 말이 안 된다고 생각해요. 언론에서 종종 그런 경우가 있는데 학자를 평가할 때 정치적 잣대로 이해하려는 것은 바람직하지 않다고 봅니다.

류이근 교수님은 주로 경제사 쪽을 해오지 않았나요?

김낙년 네. 한국 근현대 경제사를 전공하고 있지요. 경제사는 경제학과 역사 연구의 양쪽에 걸쳐 있기 때문에 각각의 장점을 잘 활용할 수 있다고 생각해요. 그렇지만 현실에서는 양쪽 모두로부터 경원시되는 경우가 많아요. 예를 들어 한국사를 전공하는 학자들은 종종 저와 같은 경제사 연구자를 좋아하지(?) 않는 경우가 많습니다. 아마 경제사 연구자들이 경제학의 개념과 방법을 많이 사용하는 것이 낯설고, 그들 생각에 역사 연구답지 않다고 보는 것 같아요. 그들의 한국사 이해는 민족주의적으로 경도된 경우가 많은 데 비해 경제사 연구자들은 보편주의적인 입장을 견지하는 경우가 많죠.

한편 경제사 연구자들은 경제학자와도 소통이 잘 되지 않는 경우가 있죠. 경제사 연구는 경제적 요인을 중시하지만 긴 역사를 보면 제도나 정치 사회적 변화가 역사의 경로에 중요한 영향을 미친다고 생각하죠. 따라서 경제뿐만 아니라 정치나 사회, 문화도 중요하고 이들 간의 상호작용을 살펴볼 필요가 있다고 보죠. 경제학자들은 자신들의 관심을 이러한 비경제적 요인으로 확장하기 어렵다고 생각해요. 물론 경제사 연구자 가운데에도 자신이 전공하는 좁은 시기와 사례 연구에서 좀처럼 벗어나려고 하지 않는 경우가 있죠. 이 경우도 마찬가지로 다른 분야의 연구와 소통하기 어렵다고 봅니다.

경제사 연구의 중요한 강점은 장기적이고 국제 비교적 관점을 제공한다는 것입니다. 예를 들면 한국의 근현대사는 1세기 남짓한 기간 동안에 전통 사회, 식민지 체제, 해방 후에는 남북한 체제와 같이 여러 차례 체제 변화를 겪었고, 각 시기마다 경제적 성과가 다릅니다. 각 시기의 다른 체제 또는 제도가 경제성장에 어떤 역할을 했는지를 의도치 않게 마치 실험을 해 본 것과 같은 셈이죠. 자연과학에서는 실험을 통해 인과관계를 밝히고 있지만, 사회과학에서는 그것이 사실상 불가능하죠. 그런데 마치 남한과 북한을 역사와 문화가 동일한 것으로 통제한 후 실험을 했다고 볼 수 있습니다. 시기를 거슬러 올라가 식민지 체제나 전통 사회를 현재와 비교할 수 있으면 한국 사회를 더욱 잘 이해할 수 있게 됩니다.

그동안 제가 소장으로 있는 낙성대경제연구소는 한국의 장기 역사 통계를 정비하는 공동 연구를 통해 지난 100년에 걸쳐 한국 사회의 궤적을 수량적으로 드러내는 연구를 해왔습니다. 현재의 문제가 어떤 추이를 거쳐왔는지, 나아가 다른 나라와 비교하여 어떤 차이를 보였는지를 구체적으로 보이려는 것이죠. 이를 통해 현재에 대한 이해를 폭넓게 할 수 있다고 봅니다. 또 경제학과 다른 학문 분야 간에, 또는 경제사 연구자와 경제학자 사이에 소통과 가교 역할을 할 수 있기를 기대하고 있습니다. 제가 피케티의 방법을 통해 소득불평등 지표를 제시할 때에도 현재뿐만 아니라 자료가 허용하는 1933년까지 소급하여 장기 통계를 제시하려는 것도 이러한 관심에서 나온 것입니다.

류이근_ 주류 경제학에서 한계생산성이론을 일종의 '신줏단지'로 '모시고' 있지 않습니까. 불평등 문제도 산출에 기여한 만큼 제 몫을 가져간다고 보는 데 익숙하죠. 피케티는 책에서 이를 비판적으로 얘기합니다. 그런데 현실은 어떤가요?

김낙년_ 모든 경제학 논리가 다 마찬가지이지만 매우 엄격한 전제 위에 서 있습니다. 전제가 만족되지 않으면 결과도 달라집니다. 불평등 문제를 볼 때에도 마찬가지라고 생각해요. 그러한 경제학의 모델은 하나의 지침이나 방향타로는 유용하지만, 현실을 이해하기 위해서는 데이터를 가지고 상황을 면밀히 따져봐야겠죠.

류이근_ 많은 학자들이 모델에 집착하는 게 엄격한 성립 조건이 있음에도 불구하고 보편성과 항상성에 대한 추구 때문이 아닌가요?

김낙년_ 이론을 주로 하는 사람은 그렇겠죠. 저는 경제사를 연구하고 있어서 그런지 연구의 출발은 이론이 주는 통찰이나 시사로부터 시작하는 경우도 있지만, 데이터를 면밀히 들여다보면서 당초의 인식이 점차 수정되는 경우가 보통이죠. 또 데이터를 정합적으로 이해하려는 과정에서 당초에는 생각지도 못했던 새로운 인식에 도달하는 경우가 오히려 많습니다. 일반적인 얘기가 되겠습니다만, 이론이나 모델의 나침판이 없이 데이터를 보면 연구가 어디로 가는지 알 수 없는 경우가 생기겠죠. 그렇지만 이론이나 모델을 앞세워 데이터를 면밀히 따져보는 일을 소홀히 하면 현실은 잘 드러나지 않습니다. 장기 역사 통계를 많이 만져본 저의 경험으로 말씀드리면 데이터 속에는 생각보다도 훨씬 많은 정보가 있습니다.

김낙년
서울대학교 경제학과를 졸업하고 도쿄 대학교 대학원에서 경제학 박사 학위를 받았다. 경제사학회 회장을 역임했고, 낙성대경제연구소 소장을 맡고 있다. 한국 소득불평등의 실태를 밝힌 성과가 최근 WTID에 등재되었다. 현재 동국대학교 경제학과 교수로 있다.

피케티의 해법과 조세 정책

INTERVIEW

인터뷰이 **강병구**_인하대학교 경제학과 교수

우리나라에 조세 전문가는 넘쳐난다. 세무사, 회계사 등은 전문적인 지식으로 세금 문제를 다룬다. 조세를 전문적으로 연구하는 학자들도 많다. 대체로 이들 조세 전문가는 보수적이다. 세금을 어떻게 쓸 것인가는 둘째 치고, 가급적 적게 걷자는 쪽이다. 조세 전문가들에게 피케티의 접근은 두 가지 점에서 다소 불편할 수 있다. 하나는 불평등을 줄이는 핵심 수단으로 조세 정책을 제시한 것이다. 이는 다수의 조세 전문가들에겐 낯설거나 불편한 주장이다. 조세 전문가뿐만 아니라 대다수 경제학자에게도 불편한 명제이다. 순진하게 '래퍼 곡선'을 믿는 전문가는 많지 않겠지만, 기본적으로 세금의 증가는 경제의 효율성을 떨어뜨린다고 보는 인식이 강하기 때문이다. 또 다른 하나는 소득세 최고세율을 80퍼센트로 올려야 한다거나, 자본세를 도입하자는 피케티의 주장이다. 이에 대해선 현실성이 없다는 게 조세 전문가들의 대체적인 평가이다.

강병구 인하대 교수는 조금 다르다. 한국재정정책학회 회장을 맡고 있을 만큼 그도 조세 전문가이다. 하지만 그는 늘어나는 복지 재원 마련을 위해선 세금을 더 걷어야 한다는 쪽이다. 복지 확대는 불평등 축소와 크게 다르지 않은 말이다. 분배와 성장의 선순환을 만들어야 한다는 그의 관점은 분명히 진보적이다. 이는 그가 참여연대 조세재정센터장을 맡고 있는 이유이기도 할 것이다. 그는 현실 정책에 끊임없이 발언하고 대안을 제시해왔다.

소득이 높을수록 더 높은 비율을 세금으로 내는 누진세 체계를 강화하고, 부동 및 유동 (순)자산에 자본세를 부과하자는 피케티와 그의 제안이 한국 상황에서 어떤 의미가 있는지를 강 교수가 짚어줬다.

8월 13일과 31일 두 차례에 걸쳐 인터뷰를 했다. 이 인터뷰는 세금과 소득재분배가 어떤 관계에 있는지에 대한 이해도 넓혀줄 것이다.

한국 경제학계의 시선

류이근 《21세기 자본》은 주류 경제학의 기지인 미국 경제학계에 대한 피케티의 도전 같다는 느낌이 들었습니다. 주류 경제학계가 현실을 도외시한 채 수리적 모형에 갇혀 있다고 비판하잖아요. 우리나라 경제학계는 피케티의 비판으로부터 자유로운가요?

강병구 피케티는 부와 소득의 불평등에 관한 '경제결정론'을 경계하고, 경제과학economic science보다는 정치경제학political economy이라는 표현을 더 좋아합니다. 경제학자들이 쓸모 있게 되려면 다른 사회과학 분야와 더 긴밀하게 협력해야 한다는 그의 주장에 전적으로 동의합니다. 피케티가 매사추세츠 공과대학에서 경험했던 미국 경제학계의 학풍과 비교했을 때, 우리나라 경제학자들은 현실 문제에 좀 더 관심을 갖고 있다고 봐요. 지나치게 추상적이고 수학적인 분석보다는 경제문제에 대한 실체적 접근을 중시하는 경향이 있습니다.

류이근＿ 너무 후하게 평가하신 건 아닌가요?

강병구＿ 피케티가 한국 경제학자들과 얘기하면 미국에서 느낀 실망감보다 덜할 거라 봅니다. (웃음)

류이근＿ 우리나라 경제학계의 문제 하나가 학자 대부분이 미국에서 주류 경제학을 공부하고 왔다는 것 아닙니까? 학풍도 규제 완화와 시장의 메커니즘을 중시하는 쪽으로 너무 쏠려 있는 건 아닌가요?

강병구＿ 유학파도 미국 박사가 압도적 다수죠. 미국의 경제 학풍이 아무래도 정부의 역할보다는 시장을 중시하는 경향이 있어요. 시장의 기능과 정부의 역할이 적절하게 조화를 이루어야 하는데, 시장만능주의가 문제라고 생각합니다. 다행히 2008년 세계금융위기 이후 경제학계에서도 자성의 목소리가 나오고 있습니다. 그런데 미국에서 공부했다고 다 시장만능주의자는 아닙니다. 미국 유학파 가운데서도 정부의 적극적인 역할을 주장하는 학자들도 많아요.

류이근＿ 조세와 재정 쪽 학풍이 특히나 보수적인 것 같습니다.

강병구＿ 조세, 재정 정책은 직접적으로 소득과 부의 재분배를 초래하기 때문에 사회적이고도 계층적 관점에서의 접근이 필요합니다. 그럼에도 신고전학파를 주류로 하는 미국의 학풍은 방법론적 개인주의를 중시하고, 조세 체계의 평가에 있어서도 공평성보다는 효율성을 중시하지요. 공평성의 문제는 가치 판단이 필요한 영역인데 과학으로서의 경제학을 강조하다 보니 자연스럽게 보수적 성향을 띠는 것 같습니다. 효율성의 경우에도 개인의 합리적 선택에만 주목할 경우 사회 전체의 효율성을 간과하는 '구성의 오류'에 빠질 수 있지요.

류이근 조세, 재정 쪽 연구자들이 보기에 피케티 책이 불편하지는 않았을까요? 피케티는 세제를, 불평등을 완화하는 아주 중요한 도구로 제안합니다. 상당히 진보적이랄까요?

강병구 학자에게 보수, 진보의 잣대를 들이대는 것은 적절하지 않을 수도 있습니다. 다만, 현재의 분배 상태가 사회 구성원들의 일반적 가치 기준에 비추어 불평등하고 사회의 발전을 제약한다면, 불평등을 완화하려는 시도들은 진보적으로 평가될 수 있을 것입니다. 그런데 피케티는 정작 불평등 자체보다는 정의로운 사회질서를 만들어나갈 수 있는 제도와 정책이 자신의 주된 관심사라고 하죠. 문제는 어떠한 상태를 정의롭다고 할 수 있느냐 하는 것이지요. 사실 정의의 개념은 보편성과 특수성을 동시에 갖는 개념이기 때문에 불평등을 바라보는 시각과 정도는 사회마다 다를 수 있습니다.

피케티의 과세 방안과 한국의 현실

류이근 피케티는 세제는 중립적 수단이라면서도, 누진세제가 불평등을 완화하는 데 큰 효과가 있었다고 말합니다. 지금처럼 가다간 불평등이 계속 심화될 수 있으니, 조세정책으로 이를 제어해야 한다고 말합니다. 글로벌 자본세가 필요하다거나 소득세 최고세율이 80퍼센트는 돼야 한다고 제안하는 것도 이 때문입니다. 피케티가 바람직하다고 보는 능력주의와 세제가 어떤 관련성이 있는 건가요?

강병구 피케티는 자본이 소수의 손에 집중될 경우 기업가 정신이 훼손될 수 있다고 봅니다. 예컨대 자산이 소수에게 집중될수록 자산 보유자들은 기업가 정신을 발휘해 창조적인 생산 활동을 하는 게 아니라, '금리생활자 rentier'[1]로 전락할 수 있다는 거죠. 이런 측면에서 세습자본주의에 경고하고 있습니다. 책에서 가장 기억에 남는 문장이 "과거가 미래를 집어 삼킨다"[2]는 것입니다. 상속 및 증여 등으로 부가 계속 집중되고, 거기서 나오는 이자, 배당금, 임대료 등 자본소득이 지배 계층의 생산과 재생산의 기반을 형성하게 되면, 경제의 생산 동력이 떨어진다고 보는 거예요. 피케티는 자본주의 시장경제의 역동성을 유지하기 위해서 오히려 자본에 대한 과세가 필요하다고 봅니다.

80퍼센트에 이르는 높은 최고세율을 제안하는 논리적 근거 하나는 미국 소득 상위 10퍼센트가 전체 소득에서 차지하는 비중이 'U자형'을 그려왔기 때문입니다. 상위 10퍼센트의 소득 비중은 1920년대까지 높아지다가 두 차례의 세계대전과 대공황을 거치면서 낮아졌죠. 1950, 60년대 자본주의 황금기에도 낮은 수준을 유지하다가 1970년대 이후 다시 높아졌습니다. 피케티는 신자유주의 기조 확산으로 소득세 최고세율이 낮아지면서 상

1 이자나 배당 등 자본에서 발생하는 소득이 주수입원인 대부자본가(화폐자본가)를 말한다.
2 토마 피케티, 앞의 책, 690쪽.

위 계층의 소득 집중도가 더욱 커졌다고 봅니다.

미국에서는 소득세 최고세율이 90퍼센트까지 올라갔을 때 최고경영자는 높은 연봉을 받아도 대부분 세금으로 내야 했습니다. 그래서 세율이 높으면 보수를 높일 유인이 적습니다. 반면에 최고세율이 낮아질수록 최고경영자가 협상력을 키워 보수를 높일 유인이 생긴다는 겁니다. 이처럼 최고세율과 상위 10퍼센트 소득 계층의 소득 점유율 사이에 밀접한 상관관계가 있다는 게 피케티의 주장입니다. 그는 최고세율이 낮아질수록 상위 소득 계층으로 소득이 더 집중된다고 봐요. 따라서 상위 10퍼센트, 1퍼센트, 0.1퍼센트에게 소득이 집중되지 않도록 하기 위해선 최고세율을 올려야 한다는 거죠. 그가 말하는 소득세 최고세율 인상의 목적은 세수 증대가 아니라, 상위 소득 계층의 소득 증가를 억제해서 분배 상태를 개선하는 데 있습니다.

류이근 자본과 근로 소득에 대한 과세조차 구분하지 못하는 분들도 많습니다. 우리나라에서 노동소득 이외에 자본소득 등 기타 소득이 있으면 종합소득세를 내지 않습니까, 일반 노동자는 근로소득세만 내고요. 피케티가 말하는 자본세를 쉽게 설명하면 어떨까요?

강병구 소비하고 남는 소득이 쌓여 자산이 되고, 자산에서 부채를 뺀 것이 순자산입니다. 피케티는 바로 금융자산과 부동산 자산을 포함한 국내외의 모든 순자산에 글로벌 자본세를 부과하자고 주장합니다. 소득이 쌓여서 자산이 되고, 다시 자산으로부터 이자나 배당금, 임대료의 형태로 소득이 나옵니다. 그런데 불로소득인 자본소득이 근로소득보다 더 큰 비중을 차지하면 그 사회가 바람직하다 할 수 없겠죠. 우리나라도 자산 분배가 상당히 불평등합니다. 소득불평등보다 더 커서 자산의 지니계수는 0.6이 넘습니다.

우스갯소리로 아이를 좋은 대학에 보내려면 엄마의 정보력과 아빠의 무관심, 할아버지의 재력이 있어야 한다고 하잖아요. 이런 식으로 자산의 불평등은 후세대의 불평등으로 이어져 기회의 평등을 제약합니다. 그래서 자산의 불평등은 소득불평등보다 사회적으로 더 바람직하지 않습니다. 케인스도 지적한 바와 같이 금융소득자가 많아질수록 사회의 역동성이나 조세의 효율성은 물론 공평 과세에도 문제가 생깁니다. 지난 대선 때 진보신당이 '부유세'를 공약으로 내걸었습니다. 피케티의 자본세와 개념적으로 비슷하다고 보면 됩니다.

류이근__ 우리나라 가계의 순자산액 평균이 2억 원이 조금 넘나요?

강병구__ 통계청의 2012년 〈가계금융·복지조사〉 자료에 따르면 2억 6,000만 원 정도 되지요. 상위 1퍼센트 가구의 순자산은 38억 원이고요. 그런데 상위 20퍼센트 가구는 하위 20퍼센트 가구에 비해 순자산이 무려 300배가 넘습니다. 통상 조사 자료는 최상위 계층의 소득과 자산을 잘 파악하지 못하기 때문에 실제로는 이보다 더 큰 차이를 보일 것으로 생각합니다.

과세의 방법들

류이근__ 아무리 고액 자산이라 하더라도 차익을 실현한 게 아닌데도 과세를 한다면 납세자의 저항이 클 듯한데요. 물론 지금도 부동산엔 재산세와 종합부동산세 등으로 과세가 이뤄지고는 있지만요.

강병구__ 그렇죠. 자본세는 소득이 없어도 자산의 가치가 올랐다면 그에 상응해서 과세합니다. 이 때문에 자산 가치 재평가를 비롯해서 시행이 쉽지 않지요. 그런데 정부의 재정 사업으로 개인 재산의 가치가 상승했다면, 그 상승분에 대해 일정한 세금을 부과하는 것은 당연하지 않은가요? 더구나 개인의 재산은 국방, 사법, 경찰 등 다양한 공공서비스에 의해서 보호를 받고 있지요. 정부는 '산타클로스'가 아닙니다. 1994년 7월 29일 헌법재판소가 토지초과이득세에 대하여 헌법불합치 결정을 내릴 때에도, 미실현 소득에 대한 과세는 그 사회가 처한 현실을 감안하여 입법자가 결정할 문제이므로 헌법적으로 문제될 것은 아니라고 했습니다.[3]

류이근_ 피케티도 자본세 시행이 쉽지 않다는 걸 모르진 않을 겁니다. 기본적으로 자본에 대한 과세에 사람들의 거부감이 큰 것 같습니다. 우리나라도 종합부동산세를 도입하면서 사회적 논쟁이 컸죠. 정권이 몇 번 바뀌면서 지금은 거의 무늬만 남았잖아요.

강병구_ 정확히 말하면 자본이 아니라 순자산에 대한 과세를 이야기하고 있는 것입니다. 어려운 문제예요. 2005년 종부세를 시행했을 때도 그런 문제에 부딪혔습니다. 그럼에도 종부세가 도입될 수 있었던 것은 당시 소득불평등의 주된 원인이 부동산 보유의 차이에 있다는 공감대가 형성되어 있었기 때문이지요.[4] 그런데 종부세 수입은 2007년 2조 4,142억 원에서 2012년 1조 1,311억 원으로 반 토막이 났습니다. 종부세가 이명박 정부 감세 정책의 가장 큰 영향을 받았지요.

---

3 헌법재판소 1994. 7. 29. 선고 92헌바 49, 52

4 2004년 국회 재정경제위원회의 〈종합부동산세 법안 검토 보고〉에서는 종합부동산세 도입의 주된 필요성을 "현재 우리 사회가 직면하고 있는 중대한 당면 과제 중의 하나가 소득불균형이며, 소득불균형이 부동산 보유의 차이에 주로 기인한다는 인식하에 이를 해결하기 위한 방안의 하나로 종합부동산세를 도입하는 것은 바람직함"이라고 명시하고 있다.

류이근 근본적으로 자산이 아닌 자산에서 발생하는 소득에 과세하는 게 맞다고 반박하는 분들이 많은 것 같습니다.

강병구 자산에서 발생하는 소득에 완전하게 과세할 수 있다면, 자산 자체에 과세할 필요가 적겠죠. 하지만 자산에서 나오는 소득을 100퍼센트 파악하기 힘듭니다. 그래서 자산에 대한 과세는 소득에 대한 과세를 보완하는 성격이 있습니다.

류이근 교수님, 그 부분을 좀 명확히 해주실 수 있나요? 기본적으로 자산에 대한 과세가 필요하다고 보는지요?

강병구 필요하다고 봅니다. 특히 우리나라와 같이 지하경제 규모가 크고, 차명 계좌를 활용하여 비자금을 관리하거나 탈세를 하는 경우에는 자산으로부터 발생하는 소득에 대해 정상적으로 과세하기가 어렵습니다. 숨겨진 금융자산의 소유 실태를 정확히 파악하기 위해서도 순자산에 대한 과세는 필요하다고 봅니다. 특히 자본시장이 자유화되고 조세회피처를 매개로 역외탈세가 만연하는 경우에는 금융시장의 투명화를 위해서도 자산에 대한 과세가 필요합니다.

류이근 실제 자본세를 내야 할 만큼 국외에 어마어마한 부동산이나 금융자산을 갖고 있는 사람이 몇이나 되겠어요. 과세 대상을 0.1퍼센트의 고액자산가로 한정하면 종부세 대상보다 더 적지 않나요? 피케티가 세금을 엄청나게 걷자고 얘기하는 건 아니라는 걸 분명히 이해할 필요가 있는 것 같습니다.

강병구 그렇습니다. 피케티도 주장하듯이 자본세 도입의 주된 목적은 세

수 증대에 있지 않습니다. 그는 자본세의 도입이 담세 능력과 유인의 두 측면에서 정당화될 수 있다고 주장합니다. 최상위 부유층의 경우 다양한 방식의 조세회피로 인해 실제로 부담하는 세율은 낮기 때문에 소득세에 더해 자본세를 부과할 필요가 있다는 것입니다. 또한 자본세는 재산을 비효율적으로 이용하는 사람으로부터 효율적으로 이용하는 사람에게 이전시키기 때문에도 필요하다고 합니다. 다만, 이상적인 조세체계를 위해서는 자본세와 자본소득에 대한 과세를 적절하게 배합해야 한다고 주장합니다.

또한 자본세의 도입을 통해 자산의 소유 상태를 명확히 파악하는 것도 중요하지요. 왜냐하면 자본세의 도입을 통해 개인의 자산 보유 상태가 투명하게 파악되면, 자본소득의 탈세가 크게 줄어 자본세를 부과할 필요도 낮아지기 때문입니다. 자본소득에 대해 정상적으로 과세하면 자본수익률이 경제성장률을 지속적으로 초과함으로써 발생하는 소득불평등을 완화할 수 있을 겁니다.

류이근__ 자본세라는 게 다른 나라에 자산이 얼마나 있는지 통보받으면 순자산을 따져 과세하면 되잖아요. 피케티가 예시한 것처럼 순자산의 0.1, 0.2퍼센트에 해당하는 자본세를 매길 수 있겠죠. 그런데 외국에 부동산이 있으면 해당 나라에 세금을 내야 하잖아요. 그러면 국적이 있는 나라에 자본세를, 자산이 있는 나라에 재산세를 따로 내야 하는 건지 궁금합니다.

강병구__ 어려운 문제입니다. 특히 금융자산의 경우 소유주와 소재지의 국적 불일치 문제는 더욱 심각합니다. 현재 부동산에 대해서는 '거주지 우선 원칙'을 적용하여 자산이 소재한 국가에 재산세를 납부하고 있습니다. 그러나 금융자산에 대해서도 '거주지 우선 원칙'을 적용하려면 금융기관 간 자료의 공유가 절대적으로 필요합니다. 글로벌 자본세의 과세 방식과 세수의 배분 등은 고도의 국제 협력이 필요합니다. 경우에 따라서는 지역 단위 또는 세계적 차원의 정치 통합을 전제 조건으로 합니다. 피케티가 유로존 '예산의회' 창설을 대안으로 제시한 것도 이런 이유에서입니다.

류이근 조세회피처도 문제가 될 것 같습니다. 룩셈부르크나 아일랜드 등에 10만 달러, 100만 달러를 보관하면 세금도 거의 붙지 않잖아요.

강병구 그래서 부동산보다 사실 금융자산이 더 문제가 됩니다. 금융자산은 쉽게 이동이 가능하니까요. 조세회피처에서는 세금을 거의 내지 않습니다. 우리나라도 최근 '역외탈세'가 문제되고 있습니다. 조세회피처에 페이퍼컴퍼니를 설립하여 비자금을 조성한 후 외국인 투자자를 가장하거나 차명 계좌를 활용하여 자사주를 매입하기도 합니다. 조세 정의뿐만 아니라 기업 지배구조의 개선이라는 경제민주화에도 명백히 위반되는 행위지요.

류이근 소득세 최고세율을 올려야 한다는 피케티의 주장과 달리 우리나라는 불과 얼마 전까지 거꾸로 가지 않았습니까? 이명박 정부 초기 감세로 낮아졌던 소득세 최고세율이 그나마 정권 말 38퍼센트로 인상됐죠. 지방세까지 포함하면 41.8퍼센트입니다. 여전히 피케티가 얘기하는 최적의 소득세 최고세율 80퍼센트와 거리가 멀지만요.

강병구 우리나라도 1974년 종합소득세를 도입할 당시 소득세 최고세율이 70퍼센트였습니다. 그래도 70년대의 연평균 경제성장률은 10퍼센트 정도를 기록했고, 적어도 1990년대 중반 이전까지는 소득불평등이 악화되지 않았습니다. 최근 우리나라의 소득세 최고세율은 경제협력개발기구 회원국 평균을 밑돌고 있습니다. 다양한 비과세 감면 조항으로 고소득자의 실질적인 조세 부담이 낮은 수준입니다. 일본과 미국의 경우도 지방세를 포함한 소득세 최고세율은 2013년에 각각 50.8퍼센트와 46.3퍼센트입니다. '과세표준(공제 뒤 소득)'으로 3억 또는 5억 원을 초과하는 부분에 대해 45퍼센트 정도의 세율을 적용해도 경제성장에는 해롭지 않다고 봅니다.

류이근_ 소득세 최고세율의 인상이 이명박 정부 말기 때 '부자 감세'를 철회하라고 하면서 일었던 시민사회와 야당이 만들어낸 결과라고 볼 수 있겠죠?

강병구_ 그렇지요. 이명박 정부에서 추진된 부자 감세를 철회하라고 줄기차게 요구한 게 어느 정도 반영됐다고 봅니다. 그래도 여전히 2008년 부자 감세 이전으로 회복하기에는 크게 부족합니다. 박근혜 정부에서는 '증세 없는 복지'를 주장하면서 증세에 소극적입니다.

류이근_ 노동소득에 견줘 자본소득에 대한 과세는 더 약하지 않나요?

강병구_ 그렇습니다. 이자 및 배당 소득으로 구성되는 금융소득에 대해서는 2,000만 원까지 14퍼센트를 적용하고, 배당소득에 대해서는 배당세액공제를 적용하고 있습니다. 법인소득에 대해서 부과하는 최고세율은 22퍼센트에 불과할 뿐만 아니라 다양한 공제 및 감면 혜택으로 실제로 납부하는 법인세는 낮은 수준입니다. 예를 들면, 우리나라 매출액 기준 상위 10대 기업의 영업이익 대비 조세 부담 비율은 중소기업 수준인 것으로 알려져 있습니다. 또한 정부는 2014년 세법 개정안을 통해서 임대소득에 대해서도 2,000만 원까지 낮은 세율을 적용하고, 배당소득에 대한 적용 세율도 낮추려 하고 있습니다. 상장주식 양도차익에 대해서는 대주주에게만 과세하고, 파생 금융 상품의 양도차익에 대해서는 아예 과세하지 않습니다.

류이근__ 금융자산을 포함한 자산에 과세하는 자본세의 현실성이 떨어진다는 비판이 많습니다.

강병구__ 피케티도 글로벌 자본세는 "유토피아적 이상"이라고 말합니다. 매우 높은 수준의 국제 협력이 필요하기 때문이지요. 실제로 피케티가 말하는 자본세를 도입하고 있는 나라는 지구상에 존재하지 않습니다. 다만, 프랑스, 이탈리아, 스페인, 스위스 등이 자본세와 유사한 부유세를 도입하고 있습니다. 그나마 스웨덴과 독일은 최근 자본세를 철회했어요. 사실 피케티가 자본세를 주장하는 이유는 자본수익률이 경제성장률을 초과하는 상태가 지속되어 소수의 최상위 계층에게 부가 집중될 거라고 보기 때문입니다. 그렇게 되면 자본주의의 역동성도 사라진다는 겁니다. 현실성을 떠나 이를 막기 위한 불가피한 수단으로 자본세를 제시하는 거죠.

류이근__ 피케티는 누진세가 20세기 중반 소득불평등을 완화하는 데 크게 기여했다고 평가합니다. 하지만 우리나라의 경우엔 세제가 불평등을 떨어뜨리는 효과가 경제협력개발기구 가운데 가장 낮은 축에 속합니다. 한국 아래 멕시코나 칠레 정도가 있을까요?

강병구__ 네. 우리나라는 조세나 이전지출을 통한 빈곤 완화, 소득재분배 효과가 크게 작은 국가로 분류됩니다. 전반적으로 조세체계의 낮은 누진성이 주된 원인이라고 봅니다. 저도 통계청의 〈가계동향조사〉 자료를 가지고 분석해봤더니, 2000년대 중반 이후 소득세 체계의 누진성이 떨어지고 있는 것으로 나타났습니다.

류이근 누진성이란 쉽게 말해 많이 벌면 벌수록 더 높은 비율을 세금으로 낸다는 거 아닙니까?

강병구 네. 누진성의 약화는 조세의 소득재분배 효과를 약화시킵니다.

한국의 조세부담률

류이근 피케티도 1970년대 이후 전 세계적인 소득세의 누진성 약화를 얘기하죠. 최상위 0.1퍼센트 소득자가 실제 소득에서 사회보장세 등을 포함한 세금의 비중이 중산층 심지어 하위층보다 낮은 사례도 제시하죠.

강병구 경제협력개발기구가 국가 간 비교를 위해서 독신자 가운데 10만 달러 소득자가 내는 연간 세금의 비중이 얼마나 되는지 발표하고 있어요. 세금이 소득에서 차지하는 비중을 실효세율이라고 하는데, 우리나라는 굉장히 낮은 편에 속합니다. 이는 우리나라가 소득세의 수직적 공평성이 무척 취약한 국가라는 것을 보여줍니다. 법인세의 경우에도 마찬가지입니다. 최재성 의원이 지난해 국세청에서 받은 자료를 분석해 발표한 보도 자료[5]를 보면, 매출액 기준 상위 10대 기업의 법인세 실효세율이 13퍼센트로 나타났습니다. 거의 중소기업 수준입니다.

---

5 "대기업 실효세율, 최저한세율에도 못 미쳐 최저한세율 올려도, 극소수 대기업에만 해당", 최재성 의원실 보도자료, 2013년 4월 15일 자.

류이근 우리나라의 경우엔 최상위층의 실효세율이 경제협력개발기구의 다른 회원국에 견줘 낮은 편이라고 말씀하셨는데, 사실 준조세準租稅[6]를 포함한 세부담률이 낮은 편 아닌가요?

강병구 네, 그렇습니다. 최상위층이 부담하는 실효세율도 낮고, 전반적인 조세부담률도 낮습니다. 준조세라면 사회보험료 등을 포함할 수 있겠죠. 조세와 사회보험료가 국내총생산에서 차지하는 비중을 국민부담률이라고 하는데, 우리나라는 경제협력개발기구 회원국 평균에 비해 크게 낮은 수준이지요.

류이근 피케티가 책에서 언급하는 미국을 포함한 선진국은 대체로 35~50퍼센트에 이르지 않나요?

강병구 2011년에 우리나라의 국민부담률은 25.9퍼센트로 경제협력개발기구 회원국 평균(34.1퍼센트)보다 크게 낮은 수준이지요. 특히 우리나라는 총 임금에서 조세와 사회보장비가 차지하는 비중이 크게 낮은 국가입니다. 이 비중을 조세격차tax wedge라고 합니다. 조세격차가 작기 때문에 조세가 노동시장을 교란하는 정도가 매우 작은 것으로 평가되지요.

류이근 달리 말해 실질 세 부담이 너무 낮기 때문에 조세를 통한 소득재분배 효과도 가장 낮은 축에 속한다고 말할 수 있겠네요?

강병구 반드시 세 부담이 낮기 때문에 소득재분배 기능이 취약하다고 말할 수는 없지만, 대체로 낮은 조세 부담 수준에서는 적극적으로 재분배 정

6 세금은 아니지만, 세금처럼 꼭 납부해야 하는 부담금으로, 국민연금, 사회보험료, 기부금 등을 말한다.

책을 취하기가 어렵지요. 2000년대 경제협력개발기구의 한 전문가가 우리나라의 조세체계를 분석하면서, 효율성보다 공평성에 주목해서 소득세 체계를 개편해야 한다고 지적한 적도 있어요.

류이근 하지만 대부분의 시민들은 당장 세금 더 내자는 말에 벌벌 떨어요. 세금을 적게 내는 사람들도 그래요. 임금이 낮은 계층은 국민연금 등 4대 보험을 월급에서 떼고 나면 손에 쥐는 게 턱없이 적으니, 아예 4대 보험을 내지 않는 선택을 하는 게 현실입니다.

강병구 그게 사회보험 사각지대가 광범위하게 나타나는 이유 가운데 하나입니다. 자신이 받는 혜택은 직접적으로 눈에 보이지 않지만, 내는 금액은 매달 보이잖아요. 나중에 연금이나 건강보험이나 실업보험을 받는 것보다 당장 세금으로 나가는 게 더 커 보일 수 있습니다.

류이근 사실 우리나라에서 '복지 혜택을 더 받으려면 세금을 더 내야 한다'라고 말하면 아직까지 잘 안 먹히잖아요.

강병구 반드시 그렇지는 않아요. 작년에 국책 연구 기관에서 성인 남녀 1,000명을 대상으로 한 설문조사에 따르면 약 57퍼센트가 복지 확대를 위한 세금 인상에 찬성했습니다. 그런데 문제는 증세 방식에 있어서 부자와 대기업에 대한 증세가 큰 비중을 차지했다는 것입니다. 물론 복지 확대를 원하되 비용 부담은 기피한다고 생각할 수 있지만, 그 이유에 대해 곰곰이 따져볼 필요가 있습니다. 앞에서도 말했지만 우리나라의 고소득자, 고액자산가, 대기업이 부담하는 실질적인 세 부담은 크지 않고 조세체계의 누진성도 낮습니다. 당연히 과세가 불공평하다고 생각하는데 선뜻 비용을 부담하려 하겠어요? 서민과 중산층에게도 증가하는 복지 비용의 일부를 요구하기 위해서라도 공평 과세를 실현하는 게 매우 중요합니다.

류이근 피케티는 누진세가 불평등 완화에 크게 기여했다고 평가합니다. 그런데 우리나라는 세금을 통한 불평등 감소 효과가 적을뿐더러 시민들이 아직까지 그 효과를 제대로 알지도 못합니다. 세금을 더 낸다고 자신에게 복지 혜택으로 돌아올지 확신이 없습니다. 그래서 세금을 더 내야 한다는 사회적 합의를 이끌어내기가 여전히 어려운 상황인 것 같습니다.

강병구 지난 18대 대선을 거치면서 우리 사회는 복지 확충에 대한 국민적 열망을 확인했고, 정치권에서도 복지 제도를 확대하기 위해 노력하고 있습니다. 아직 부족하기는 해도 기초연금, 무상보육, 무상급식, 무상교육 등 보편적 성격의 복지 제도가 확충되고 있습니다. 국민들은 점차 복지를 체감할 것입니다. 문제는 누가 얼마만큼을 부담할 것인가의 문제입니다. 부자 감세 철회도 필요하지만 보편적 복지 제도가 발달함에 따라 서민과 중산층도 복지 비용의 일부를 부담해야 합니다. 그래야만 복지에 대한 권리도 당당히 요구할 수 있지요. 지난 8월 정부가 '제1차 사회보장기본계획'을 발표하면서 '사회보장세'를 언급했습니다. 그동안 시민사회에서 주장해온 '사회복지세'와 비슷합니다.

류이근 생색내기용 아니었나요?

강병구 그럴 수도 있습니다. 하지만 2008년 이명박 정부의 감세 정책 이후 재정지출은 꾸준히 증가하는데 세수는 크게 부족합니다. 최근의 세수 결손은 경기적 요인이기도 하지만 감세 정책의 영향이 크다고 할 수 있습니다.

저출산 고령화, 양극화의 심화를 고려할 때 향후 복지 재정을 중심으로 재정지출은 급격히 증가할 것입니다. 국가 채무에 공기업 부채를 더할 경우 2015년에 총 부채는 1,000조를 넘어설 것으로 전망하고 있습니다. 정부도 더 이상 '증세 없는 복지'를 주장하기 어렵습니다. 정부 입장에서도 보편적 누진세제로서의 사회복지세에 대한 도입 가능성을 열어놓고 증세 방안을 마련하는 것이 부담이 덜할 수도 있습니다.

류이근_ 피케티는 조세부담률이 높은 선진국에서 태어났잖아요. 프랑스의 사회보장료를 포함한 국민부담률이 국내총생산의 40퍼센트가 넘습니다. 이런 나라에서 태어난 시민이 세금에 대해서 갖고 있는 인식과 태도가 아무래도 우리와 다를 것 같습니다.

강병구_ 당연히 그렇습니다. 프랑스는 '고부담 고복지'에 속하는 복지국가인 반면, 우리는 '저부담 저복지' 국가입니다. 아직까지 우리는 선별적 복지의 비중이 크지만, 프랑스는 보편적 복지 제도의 오랜 전통이 있습니다. 특히 역사적으로 우리에게 세금은 미래에 대한 투자로 인식되기 어려운 조세문화의 차이도 있습니다.

류이근_ 그 차원에서 피케티가 사회적 필요에 따른 증세에 동의하지 않는다고 말하는 것 같습니다. 그는 지금보다 세금을 더 걷어야 할 필요성에 대해 잘 모르겠다고 얘기하죠. 물론 의료와 교육 쪽에 혜택을 늘리기 위해서 세금을 더 걷을 수 있지만, 현재 수준에서 크게 늘어나지 않을 것 같다고 합니다. 일종의 세 부담의 현상 유지라고 할 수 있을까요? 당위적으로 복지 확충을 위해 세금을 더 걷어야 한다고 얘기하지 않는 게 인상적입니다.

강병구__ 좀 더 정확히 말하면, 부유한 국가에서 사회적 필요가 세금의 계속적인 인상을 정당화할지 확실치 않다는 것이지요. 왜냐하면 부유한 국가의 시민들은 시장에서의 소비 욕구가 더 크고, 공공 부문이 일정 규모 이상으로 성장하면 조직의 비효율 같은 문제가 발생하기 때문입니다. 물론 이러한 주장은 프랑스같이 '고부담 고복지' 수준에 있는 복지국가들에게는 타당할 수 있지만, 우리에게는 그대로 적용하기 어렵습니다.

류이근__ 피케티에게 세금은 아주 특별한 것 같습니다. 길게는 지난 300년 동안 소득과 부의 집중 실태를 보여주기 위한 핵심 수단으로 세금 자료를 활용했습니다. 동시에 소득과 부의 집중과 편중으로 인한 불평등을 완화하기 위해 세금을 대안으로 제시하고 있어요. 자본, 불평등과 함께 피케티 책의 3대 열쇳말로 읽힙니다.

강병구__ 피케티에게 세금은 자본에 대한 민주적 통제 수단으로서의 의미가 더 크지요. 그는 세금이 경제활동의 규준과 범주를 정하고, 이에 대한 법적인 틀을 부여하는 하나의 방식이기 때문에 그 이상의 의미를 갖는다고 합니다. 또한 세금은 그 자체로 좋은 것도 나쁜 것도 아니며, 문제는 어떤 방식으로 걷어서, 어디에 무엇을 위해 지출하느냐가 중요하다고 이야기합니다. 이러한 주장의 바탕에는 소득과 부의 불평등을 시정하는 수단으로서 세금의 역할이 강조되고 있지요.

세금에 대한 오해와 세금의 역할

류이근__ 화제를 좀 돌려볼까요. 우리나라도 한때 소득세 최고세율이 70퍼센트가 넘었잖아요? 지금은 지방세를 포함하면 41.8퍼센트에 이릅니다. 피케티가 제시한 최적의 누진세 최고세율은 80퍼센트가 넘습니다. 1억 원을 벌면 8,000만 원을 세금으로 내야 한다고 오해할 수 있을 것 같습니다.

강병구__ 간혹 누진세를 잘못 설명하는 사람들이 있습니다. 우리나라를 비롯해 모든 국가에서 시행하는 누진세는 '초과 누진세'입니다. 소득 구간이 높아질수록 높은 세율이 단계적으로 적용되는 방식입니다. 현행 우리나라의 소득세율에 따르면 과세표준으로 1억 5,000만 원을 초과하는 부분에 대해서만 38퍼센트의 최고세율을 적용하고 있습니다. 더욱이 다양한 소득공제를 적용하기 때문에 총 급여에서 실제로 납부하는 세금은 크게 줄어듭니다. 만약 과세표준이 5억 원을 초과하는 부분에 대해 80퍼센트의 세율을 적용한다고 해도 실제 대상자는 많지 않을 것입니다.

류이근__ 대부분의 사람에겐 해당되지 않는 문제이겠군요.

강병구__ 피케티가 예시하는 소득세 최고세율 80퍼센트 적용 대상은 우리 돈으로 환산하면 연간 최소 5억~10억 원 이상 소득자입니다. 실제 2012년 프랑스 대선 때 프랑수아 올랑드 대통령Francois Hollande이 100만 유로(13억 원) 이상 부자들에게 적용할 소득세 최고세율을 70퍼센트로 인상하겠다는 공약을 내걸었습니다. 이들한테 적용할 때도 방금 전 말씀드린 것처럼 소득 전체에 최고세율을 적용하는 게 아니라 100만 유로를 넘는 소득 부분에 대해서만 적용하는 겁니다. 사람들이 최고세율 인상에 거부감을 갖는 건 자신도 언젠가 그만큼 많이 벌 수 있을지 모른다는 기대가 깔려 있기 때문이 아닐까요? (웃음)

류이근__ 세금이 근로 의욕을 감소시킨다거나 경제성장률을 떨어뜨린다는 주장도 강하지 않습니까?

강병구__ 피케티는 누진성을 강화해 소득세 최고세율을 80퍼센트로 올린다고 해서 근로 의욕이나 생산성 등 경제에 별다른 영향을 끼치지 않을 거라고 생각합니다. 저도 실증적으로 연구해본 적이 있어요. 세율이 변하면 세후 소득이 변하게 되는데, 이게 노동 공급에는 어떤 영향을 미치는지 살펴본 겁니다. 저소득 계층은 세율에 좀 반응하는 것으로 나타납니다. 하지만 고소득 계층은 별로 반응하지 않아요. 반응을 하더라도 오히려 세율이 올라가면 노동 공급이 늘어나는 것으로 나타났어요. 실제 고소득 계층은 세금이 조금 올랐다고 해서 일을 그만두진 않잖아요. 한번 생각해보세요. 연봉 5억 원을 받는 사람 입장에서 세금이 올랐다고 해서 일을 더 안 하겠어요?

류이근__ 제2차 세계대전 이후 소득세 최고세율이나 자본에 대한 과세도 급속히 증가하는 것으로 나타납니다. 피케티는 그 원인을 몇 가지로 제시하죠. 최고세율이 벨bell 곡선처럼 올라갔다가 쭉 내려왔는데, 사실 이걸 다시 올리기 힘들다고 얘기하는 사람들이 많습니다. 예전에 미국이나 영국에서 90퍼센트를 웃도는 높은 최고세율이 가능했던 배경 가운데 하나는 경제성장률이 높았기 때문일 텐데요. 이런 측면에서 보면 우리 사회는 최적의 타이밍을 놓친 건 아닐까요? 지난 5년간 평균 성장률은 3퍼센트 언저리입니다. 앞으로 새로운 돌파구 찾지 않는 한 낮은 성장률이 이어질 것 같습니다.

강병구__ 녹록지 않습니다. 제2차 세계대전 뒤 자본주의 황금기에는 높은 성장률을 이뤘기 때문에 최고세율을 높여도 성장에 큰 영향을 미치지 않았는데, 우리나라는 이제 고도성장기가 끝나지 않았냐는 말씀이잖아요? 우리나라의 잠재성장률도 계속 떨어지고 있고요. 저는 역으로 상황이 그렇기 때문에 노동소득 분배율을 높이고, 조세와 재정의 재분배 기능을 강화해서 내수 기반을 확충해야 한다고 생각합니다. 기존의 수출 주도형 경제체제를 내수 기반을 확충하는 방식으로 전환해야 합니다. 그래야 성장도 가능하고 잠재성장률도 높일 수 있다고 봐요. 일종의 '소득주도성장' 전략입니다. 이를 위해서는 시장에서 저임금 노동과 비정규직 문제, 대기업과 중소기업 간 불공정 거래 관행을 개선해나가야 합니다. 세금은 이런 정책을 지원할 수 있는 좋은 정책 수단입니다.

류이근_ 그런 측면에서도 조세체계 누진성의 강화가 필요하다고 볼 수 있겠군요.

강병구_ 피케티에게 누진세는 비교적 시장 친화적 방식으로 불평등을 줄일 수 있는 정책 수단입니다. 더욱이 누진세는 '사회적 국가'의 핵심적인 요소로 사회 정의와 개인의 자유 사이에 형성된 이상적인 타협으로 간주됩니다. 특히 세계화 시대에는 가격경쟁의 부정적 영향이 미숙련 노동자에게 집중될 수 있기 때문에 이를 시정하기 위해서도 누진세가 필요하다는 것이지요. 최근 우리 사회에서도 '소득주도성장'과 '포용적 성장'이 주목받고 있습니다. 누진세는 이러한 성장 전략을 지원하거나 재분배 기능을 강화하는 방식으로 내수 기반을 확대시킬 수 있습니다.

류이근_ 이런 논의를 하기엔 프랑스 등 유럽 쪽과 우리가 처한 환경이 너무 다르지 않나요? 우리나라는 세금에 대한 불신이 너무 큽니다. 앞서 말씀드렸지만, 세금이 자신에게 되돌아온다는 납세자들의 확신이 없어요.

강병구 전통적으로 우리에게 세금은 '수탈'의 개념으로 인식돼왔어요. 사회보장 재원을 마련하기 위해 필요한 게 아니었어요. 특히 일제강점기를 겪으면서 세금은 빼앗기는 것으로 인식됐죠. 세금은 또 1960, 70년대 산업화를 거치면서 저임금 기반의 수출 주도 성장 체제를 뒷받침했어요. 정부는 당시 저임금을 유지하기 위해서 기업이 부담해야 하는 사회보험료 등을 낮춰줬어요. 노동자들에게는 저임금을 보전하기 위해 다양한 소득공제 혜택을 줬습니다. 결국 기업들이 노동자에게 임금을 제대로 지급하지 않은 것을 정부가 소득공제 방식으로 보충해주려 한 거죠. 기업들이 노동자들에게 정당한 임금을 지급하고, 국가는 세금을 제대로 징수하면 됩니다. 하지만 우리나라는 고소득자의 실제 세 부담이 낮고, 세금을 내지 못하는 근로소득자도 30퍼센트 정도에 이릅니다. 그런데 면세점 이하의 근로소득이 전체 근로소득에서 차지하는 비중은 10퍼센트 정도에 불과합니다.

세금이란 국가가 재원을 마련해 개인이 부담해야 할 비용을 사회적으로 부담하는 방식입니다. 고소득 계층은 세금을 더 내고, 저소득층은 적은 세금을 냅니다. 평균적으로 중산층 이하 계층이 부담해야 할 사회비용은 적죠. 그런데 세금은 바로 통장에서 빠져나가는 반면, 혜택은 눈에 잘 띄지 않아요. 이를 혜택과 부담의 비대칭, 인식의 비대칭, 보이는 것과 보이지 않는 것의 비대칭이라고 할 수 있을지 모르겠습니다. 이런 측면에서 복지제도의 발전이 중요합니다. 사람들이 복지를 느껴야 세금의 가치를 인정하거든요. 사람들이 복지를 체감할 수 있다면 달라질 겁니다. 이런 것들이 좀 더 쌓여야 해요. 세제는 하루아침에 바뀌는 게 아닙니다.

류이근 세금의 혜택을 절대적 크기로 보면 저소득층이 적고 고소득층이 더 크죠. 하지만 내는 세금에 견주면 반대입니다. 조세가 한 사회의 불평등 수준을 떨어뜨리는 쪽으로 작용하죠. 세금 내기 이전보다 이후 더 평등한 상태로 가는데, 사람들은 세금의 이런 기능을 잘 인식하지 못해요.

강병구 인식을 잘 못하기도 하고요. 또 세제를 개편할 때 재분배 효과를 높이는 쪽으로 해야 하는데, 그렇게 못하는 측면도 있습니다. 조세체계를 평가할 때는 소득 계층별로 부담과 혜택을 동시에 고려해서 순이득을 따져봐야 합니다. 앞에서 지적했듯이 우리나라 조세의 재분배 기능은 매우 취약하기 때문에 이를 강화시키는 방향으로 가야 하죠.

세법, 이론과 현실

류이근 정부는 매년 세법 개정안을 내놓을 때마다 대기업과 중소기업, 중산층의 세 부담을 구분해 얘기하잖아요. 보통 대기업이나 부자에 견줘 중소기업과 중산서민층의 부담은 더 적고, 혜택은 더 크다고 수치를 내놓고는 있습니다.

강병구 물론 소득 계층별로 세 부담과 복지 급여의 차이로 구한 순편익은 중산층 이하에서 더 크겠지만, 전체 재정지출을 대상으로 할 경우에는 달라질 것입니다. 국세청 자료에 따르면 이명박 정부의 세법 개정으로 2008년부터 2012년까지 총 63조 8,000억 원의 세수가 감소했습니다. 이 가운데 32조 5,400억 원이 중산서민층과 중소기업에 돌아갔다고 하지만, 중산서민층과 중소기업의 규모가 훨씬 크잖아요? 법인세 감세액의 경우에는 70퍼센트 이상이 대기업에게 귀속되었고, 매출액 상위 10대 기업에 대한 세제 혜택도 매우 큽니다. 삼성전자만 해도 약 2조 원가량의 법인세 공제, 감면 혜택을 받아요. 또 삼성전자는 우수한 인력을 뽑아다 쓸 수 있죠. 원화 가치가 뛰면 정부가 시장에 개입해 원화 가치를 떨어뜨려 줍니다. 이런 저런 걸 따져보면 엄청난 사회적 혜택을 받고 있는 겁니다.

류이근 피케티는 기업을 포함해 고액 자산가가 조세회피처에 자산을 보관하는 것은 세금을 내지 않으려는 목적이며, 이는 결국 '도둑질'이라고 표현하는데요?

강병구 기업은 생산, 판매 과정에서 정부로부터 다양한 지원을 받고 있습니다. 잘 교육된 노동력, 도로 항만과 같은 국가 인프라, 낮은 전기요금, 외국환평형기금을 이용한 환율 방어 등 막대한 재정이 투입되는 공공서비스의 혜택을 보고 있지요. 그럼에도 정당하게 세금을 안 내고 조세회피처로 소득을 빼돌리는 것은 도둑질보다 더 나쁩니다.

류이근 최적의 소득세 최고세율이 80퍼센트라고 하는 피케티의 주장을 어떻게 보세요?

강병구 《21세기 자본》이 나오기 전에 이미 버클리 대학교의 이매뉴얼 사에즈, MIT의 스테파니 스탄체바Stefanie Stantcheva와 피케티가 함께 쓴 논문[7]에서 제시된 수치입니다. 정확한 수치는 83퍼센트입니다. 이 논문에서 피케티는 최상위 계층의 소득이 세 가지 경로를 통해 세율에 반응한다고 말합

7 〈최상위 노동소득에 대한 최적화된 과세Optimal Taxation Top Labor Incomes: A Tale of Three Elasticities〉, 전미경제연구소NBER 보고서, 2011.

니다. 노동 공급의 변화, 조세회피 노력, 연봉 협상력이 그것입니다. 이 가운데 피케티는 특히 최상위 계층의 연봉 협상력을 중시합니다. 최고경영층의 연봉 협상에 대한 보상은 이들에게 적용되는 최고세율이 클수록 낮아집니다. 최고세율이 높다면 연봉 인상에 대한 유인이 작아지기 때문이지요. 역사적으로도 소득세 최고세율이 80퍼센트 이상이었던 시대에는 상위 10퍼센트가 차지하는 소득점유율이 낮았지만, 최고세율이 하락하면서 이들의 소득점유율이 높아져, 소득불평등의 원인을 제공했습니다. 반면에 공급 중시 이론의 예측과는 달리 소득세 최고세율의 인하와 최상위 계층의 소득 증가는 생산성을 촉진하지 못한 것으로 평가되고 있습니다.

류이근__ 피케티 자신은 책에서 최적의 소득세 최고세율이 수학적 계산으로 나올 수 있는 것도 아니고, 합리적으로 설명하기도 쉽지 않다고 말합니다.

강병구__ 사실 앞에서 언급한 피케티의 논문에서는 고도의 수학적 기법과 시뮬레이션을 활용하고 있습니다. 그럼에도 피케티는 《21세기 자본》에서 세금을 부과하는 것은 기술적인 문제가 아니라 상당히 정치적이며 철학적인 문제라고 말합니다. 소득 수준별로 부담해야 할 세금의 크기를 결정하는 문제는 민주적 시도를 통해서만 가능하다는 그의 주장에 전적으로 동의합니다. 다만, 높은 수준의 소득세 최고세율이 목표로 하는 것은 부가적인 세수가 아니라 지나치게 많은 소득과 대규모의 상속을 억제하려는 데 있다는 점은 잘 새겨야 합니다.

류이근__ 피케티는 국가의 역할이 과거 어느 때보다 크다고 말합니다. 하지만 재정의 크기를 놓고 보면 우리나라는 '작은 정부' 아닌가 싶습니다.

강병구_ 단지 크기만의 문제는 아닌 것 같습니다. 작더라도 정부가 할 역할을 제대로 한다면 문제가 안 되겠죠. 그래도 여전히 우리 정부의 재정 규모는 21세기 복지국가를 실현하기에 작은 수준입니다. 우리의 소득 수준과 인구사회학적 특성을 고려해도 작습니다. 더욱이 우리의 재정지출 구조는 국방비와 경제 사업의 비중이 크고 사회복지 지출의 비중은 크게 낮아 재정의 효율적 배분에 문제가 되고 있어요.

류이근_ 정부가 2008년 세계금융위기에 이은 유럽발 재정위기 이후 '재정의 대차대조표의 축소 균형'을 너무 중시하는 것 같습니다. 재정의 축소 균형에 맞춰 가급적 쓸 돈도 줄이고 세금을 더 걷는 것도 피하는 것 같습니다.

강병구_ 균형재정에 대한 강박관념을 갖고 있다고 봅니다. 물론 중장기적으로 국가의 재정 건전성을 유지하는 것은 국민경제의 안정적 성장을 위해서 필요합니다. 그런데 우리가 처한 현실을 고려할 때 재정지출의 확대는 불가피합니다. 정부도 내년에 초유의 확대 재정을 편성했습니다. 문제는 어떻게 재원을 조달할 것인가 하는 것이지요. 보다 적극적으로 고민하고 대안을 모색해야 합니다. 그런데 정부는 여전히 '증세 없는 복지'를 주장하면서 소비세와 소득세 위주의 증세를 시도하고 있습니다. 법인세는 불가침 영역으로 설정하고 있는 것 같습니다. 사내유보금을 대상으로 하는 '가계소득 증대세제'도 그 효과성이 의심되고 있습니다. 법인세 최고세율 인상을 포함해서 대기업에 집중된 7조원 이상의 공제 감면을 축소하지 않고서는 재원 마련이 어렵습니다.

류이근__ 그 얘기를 할 때 꼭 곁들여야 할 게 있지 않나요. 오해를 막기 위해, 한국에서 법인소득, 즉 기업소득이 국민소득에서 얼마나 큰 비중을 차지하는지 말해야 하지 않을까요?

강병구__ 우리나라의 국내총생산에서 법인세가 차지하는 비중은 경제협력개발기구 회원국 평균의 1.3배 정도입니다. 기업들의 세 부담이 높다고 하는 것은 사실을 호도하는 것입니다. 우리나라의 법인세수 비중이 높은 것은 노동소득 분배율이 낮고 재벌 대기업으로 경제력이 집중되기 때문입니다. 또 법인세율이 소득세율에 비해 상대적으로 낮아 법인을 선호하면서 법인세 과세 대상이 많기 때문이죠. 결코 개별 기업의 세 부담이 크기 때문이 아닙니다. 이러한 요인들이 복합적으로 작용하여 기업소득은 지속적으로 증가하는 반면 가계소득은 줄어들고 있지요. 기업의 세 부담은 법인 전체가 아닌 개별 기업 차원에서 평가해야 합니다. 실제로 개별 기업의 이윤에서 법인세와 고용주 사회보장기여금이 차지하는 비중을 보면, 우리나라 기업의 조세 비용은 매우 낮습니다. 개별 기업으로 본 세 부담은 얘기 안 하고, 재계에선 자꾸 국내총생산에서 차지하는 법인세의 비중이 높다고만 합니다. 법인의 전체 세 부담이 크다면서 빠져나가려는 거죠.

공급이 수요를 창출하지 않는다

류이근__ 피케티가 조세, 특히 소득세 최고세율과 불평등 추이가 밀접한 관련이 있다고 얘기하고 있습니다. 20세기 후반 계속 떨어지고 있는 소득세 최고세율을 소득불평등도를 키우는 중요한 원인으로 설명하고 있습니다. 교수님도 불평등과 세금은 밀접한 관련성이 있다고 말씀하셨습니다. 세금을 놓고 얘기하기 전 우리나라는 시장 소득을 기준으로 했을 때도 불평등이 아주 큰 나라 아닙니까?

강병구 경제협력개발기구에서 발표하는 개별 국가의 공식적인 지니계수를 보면, 우리나라의 시장 소득 지니계수는 낮은 것으로 나타납니다. 그런데 우리나라에서 불평등도를 측정할 때 사용하는 통계청의 〈가계동향조사〉 자료에는 고소득 계층과 저소득 계층이 잘 포착되지 않기 때문에 지니계수를 낮게 추정하는 한계를 안고 있습니다. 예를 들면, 2012년 배당소득자와 이자소득자 가운데 상위 1퍼센트가 차지하는 점유율은 각각 72.1퍼센트와 44.8퍼센트였는데, 이런 부분이 조사 자료에서는 잘 잡히지 않습니다.[8] 소득불평등도가 1990년대 중반 이후 급격히 증가하고, 최근에는 근로자의 실질임금 증가율이 마이너스를 기록했습니다. 최저임금도 낮은 수준이고, 저임금 근로자의 비중도 경제협력개발기구 회원국 가운데 가장 높은 나라입니다. 더욱이 2000년대 이후 자영업자 소득의 증가폭이 임금노동자보다 떨어지면서 소득 격차도 크게 벌어졌어요. 이 때문에 자영업자를 포함한 근로소득자의 불평등은 더욱 커지고, 우리 경제의 내수 기반을 취약하게 만드는 요인으로 작용하고 있지요.

류이근 최근 정부에서도 내수 기반의 확충에 대한 중요성을 인식하면서, 소득분배가 주목을 받고 있습니다. 불평등과 내수의 관계를 어떻게 볼 수 있는지요?

8 "배당소득, 이자소득 100분위 최초공개, 정부의 배당소득 세제개편안은 맞춤형 부자감세", 최재성 의원실 보도자료, 2014년 10월 8일 자.

강병구_ 고소득층보다는 서민중산층의 소비성향이 크기 때문에 분배 구조의 개선은 곧 내수 기반의 확충과 직결된다고 봅니다. 그렇기 때문에 정부가 시장경제에 개입해 불평등을 개선하기 위해 노력해야 합니다. 가장 적절한 수단이 조세와 재정 정책입니다. 우리 경제는 갈수록 저성장 국면으로 접어들면서 내수 확충이 더 중요해지고 있습니다. 성장 잠재력 확충을 위해서라도 악화된 분배 구조를 개선할 필요가 있습니다. 불평등을 개선하기 위해선 기존의 성장 패러다임에 대한 근본적인 성찰이 필요합니다. 성장의 결과가 사회 구성원에게 공평하게 분배되는 '포용적 성장' 또는 '소득주도형 성장' 체제로 전환해야 합니다.

류이근_ 피케티는 전체 소득에서 최상위 0.1퍼센트나 1퍼센트가 차지하는 소득의 비중이 크면 '경제에도 해롭다'고 말하잖습니까? 왜 그렇게 볼 수 있나요?

강병구_ 경제학자 장 바티스트 세이Jean-Baptiste Say 말대로 "공급이 수요를 창출"하는 게 아닙니다. 오늘날에는 수요 부족이 자본주의 시장경제에서 더 큰 문제가 되고 있습니다. 기업의 경우에도 물건을 생산하면 사는 사람이 있어야 합니다. 공급 측 요인보다는 수요 측 요인이 더 문제이지요. '소득주도형 성장' 정책과 전략이 필요하다는 것도 바로 이런 맥락입니다.

소득 상위 계층의 한계소비성향은 하위 계층보다 낮아요. 따라서 국민소득이 일정하다고 가정했을 때 소득불평등이 커지면 사회 전체적으로 봤을 때 소비가 줄어요. 부자는 소득이 크게 늘어도 한계소비성향이 낮아 소비를 크게 늘리지 않습니다. 반면에 한계소비성향이 큰 저소득층의 소득이 줄면 소비 감소폭이 커집니다. 소득불평등이 확대될수록 시장의 유효수요가 줄어드는 것이죠. 이러한 수요 부족 문제를 시장이 자동적으로 낙수효과를 통해서 조정해나가지 못하면 정부가 개입해야 합니다. 재분배 정책을 펴서 수요 부족의 문제를 해결해야죠.

자본주의 시장경제와 국가의 역할

류이근 피케티는 20세기의 산물인 복지국가나 누진세가 21세기에도 계속돼야 한다고 말합니다. 둘은 20세기 중반 불평등을 낮춘 중요한 수단입니다. 이는 국가 역할의 중요성을 보여주는 말이기도 하고요.

강병구 보다 근본적으로 '사회가 무엇인가, 경제가 무엇인가'라는 질문에서 출발해야 합니다. 성장의 궁극적 목표는 사회 구성원의 행복을 추구하고 삶의 질을 높이는 데 있지요. 그렇다면 소득과 부가 소수에게 집중되는 사회보다 많은 사람이 성장의 과실을 골고루 누리는 사회가 낫겠죠. 자본주의 시장경제가 바람직한 분배 구조를 만들어가는 데 한계가 있다면, 국가가 개입해 시장경제의 취약한 부분을 바로잡을 필요가 있습니다.

그렇게 해서 분배와 성장의 선순환 체제를 만들어가야 합니다. 하지만 현실에선 양극화 현상이 확대되면서 사회적, 정치적 갈등을 유발하고 있습니다. 사회 통합도 저해하고 있습니다. 이게 다시 성장의 발목까지 잡고 있습니다. 불평등이 내수 기반을 위축시켜 직접적으로 경제성장을 저해하는 측면도 있지만, 사회정치적 갈등 구조를 형성해 간접적인 경로를 통해 성장을 저해하는 현상에도 주목해야 합니다.

오래전에 재정학자 리처드 머스그레이브Richard Musgrave는 효율적인 자원 배분, 공평한 소득분배, 경제의 안정적 성장을 정부가 추구해야 할 기본적인 역할로 제시했습니다. 사회 통합은 이러한 기능의 조화된 결과로 볼 수 있지만, 정치적 차원에서 정부가 추구해야 할 또 하나의 임무라고 생각합니다. 이러한 측면에서 피케티가 《21세기 자본》의 〈서장〉 맨 첫 줄에서 인용한 "사회적 차별은 오직 공익에 바탕을 둘 때만 가능하다"[9]는 프랑스대혁명 당시의 인권선언은 시사하는 바가 매우 큽니다. 그는 또 "모든 국민에게 행복을 추구할 평등한 권리가 있다"는 1776년 미국 독립선언문 서문도 인용하고 있지요.[10]

류이근＿ 피케티가 조세 자료 등을 활용해 지난 몇 백 년 동안의 불평등 추이를 보여주고 있습니다. 우리나라도 김낙년 동국대 교수가 시계열의 단절은 있지만 지난 80년 동안 소득불평등 추이를 연구해 발표했습니다. 하지만 여전히 조세 자료를 활용한 연구가 쉽지 않은 환경인가요?

강병구＿ 피케티가 부럽기도 하고, 그의 방대한 작업에 경의를 표하기도 합니다. 그가 200~300년에 걸쳐 자본주의 경제의 불평등을 분석하는 데 각국의 과세 자료가 쓰였습니다. 유용한 조세 정보인데 우리나라는 제대로 공개하지 않고 있어요. 우리나라도 조세 정보를 적극적으로 공개해서 사회적인 문제들을 분석하고 바람직한 해법을 모색하는 데 활용해야 합니다. 사실관계에 대한 정확한 진단이 나와야 올바른 처방을 할 수 있는데, 우리는 조세 정보 접근이 제한적입니다. 조사 자료만으로는 소득분포나 계층별 조세 부담을 정확히 파악하기 힘들어요.

---

9 토마 피케티, 앞의 책, 7쪽.

10 토마 피케티, 앞의 책, 571쪽.

류이근 끝으로 교수님이 어느 경제사상적 흐름에 서 있는지 궁금합니다.

강병구 학자도 현실 문제를 적극적으로 고민하고 합리적인 해결 방안을 모색하는 노력을 해야 합니다. 사실 많은 학자들이 그렇게 하고 있습니다. 결국 사회 이론은 현실을 연구 대상으로 하기 때문에 현실과 괴리된 이론은 존재하기 힘들지요. 다만, 학문적 성향에 따라 인과관계에 대한 해석과 대안의 제시는 전혀 달라질 수 있습니다.

저는 굳이 구분한다면 '케인지언'에 속한다고 할 수 있을까요? 그 안에서도 '뉴케인지언'보다는 '포스트케인지언'에 가깝다고 생각합니다. 제 연구의 중심에는 항상 빈곤과 불평등 문제가 자리하고 있기 때문이기도 하지요.

류이근 사회과학으로서 경제학의 가치중립성을 강조하는 분들도 많습니다.

강병구 특히 신고전학파 경제학에서 가치중립을 강조합니다. 하지만 경제학은 계층 간 이해관계가 충돌하는 사회 현상을 분석의 대상으로 하기에 가치중립적이기 어렵습니다. 학문뿐만 아니라 사람도 가치중립적일 수 없다고 봅니다. 중요한 건 어떤 가치를 갖느냐 입니다.

강병구

인하대학교 경제학과와 동 대학원을 졸업하고 미국 뉴욕 주립대학교에서 경제학 박사 학위를 받았다. 현재 인하대학교 경제학과 교수로 있으며, 한국재정정책학회 회장과 참여연대 조세재정개혁센터 소장을 맡고 있다.

금융 세계화와 최고경영자의 보수

이유영_조세정의네트워크 대표

역외탈세란 소득이나 재산을 '조세회피처' 등으로 옮겨 세금을 내지 않으려는 것을 말한다. 조세회피처를 찾는 부자와 기업이 넘쳐나지만, 이들이 국적을 두고 있는 나라의 영향력은 이곳에 미치지 못한다. 역외탈세는 국경을 벗어나 일어나는 일이라 실체를 파악하기 쉽지 않다. 우리나라에서 이유영 대표만큼 역외탈세를 잘 아는 민간 전문가도 드물 것이다. 그는 역외탈세를 감시하는 국제 조직인 조세정의네트워크의 한국 대표이다.

조세회피처로 소득을 옮기면 어떤 일이 벌어질까? 소득이 많을수록 더 높은 비율의 세금을 내야 하는 누진세 체계가 거꾸로 작동하면서 소득 불평등은 더욱 커질 것이다. 역외탈세는 피케티가《21세기 자본》에서 자본소득으로 인한 불평등 확대와 그 해법으로 제시한 '글로벌' 자본세 도입의 맥락을 이해하는 데 아주 중요한 요소이다. 이 지점에서 이유영 대표의 글은 역외탈세를 좀 더 깊이 있게 살펴볼 수 있도록 해준다.

최고경영자들이 받는 천문학적인 보수를 제대로 알지 못하고선 미국의 소득불평등을 논할 수 없다. 유럽과 한국의 소득불평등을 설명하는 데도 최고경영자의 보수는 점점 중요한 요소가 되고 있다. 최고경영자들의 높은 보수는 노동소득으로 인한 불평등 확대의 결정적인 원인이기 때문이다. 최고경영자가 얼마나 많은 보수를 받는지, 그들의 보수는 어떻게 결정되는지, 엄청난 보수를 받는 게 정당한지 등에 대한 의문은 결국 '분배 정의'에 대한 고민으로 넘어가는 다리이기도 하다.

2008년 세계금융위기 이후 역외탈세와 최고경영자의 보수에 대한 여론과 각국 정부의 관심이 한층 커졌다. 이유영 대표는 두 주제를 둘러싼 가장 최신 논의를 정리해 소개한다.

조세회피처를 좀 더 깊이 있게 이해하고 싶다면 이 대표가 번역한《보물섬*Treasure Islands*》(니컬러스 섁슨, 부키, 2012)을 권하고 싶다. 조세회피처의 역사와 실태, 현장을 다룬 최고의 책이다. 조세회피는 자본의 단순한 일탈이 아니라, 금융 세계화와 자본의 축적, 소득불평등과 관련된 중요한 주제다.

1. 조세회피처와 글로벌 자본세

피케티는 세계 순자산의 불균형 상태, 특히 독일을 제외한 유럽권 국가 대다수와 미국의 순자산이 마이너스 상태임에 주목한다. 쉽게 말해 다른 나라의 가계, 기업, 정부가 유럽권 국가와 미국의 자산을 소유하고 있는 몫이 이들 국가가 다른 나라에 소유한 몫보다 더 크다는 얘기다. 그러면서 이들 국가의 큰 부자들이 금융자산 상당 부분을 조세회피처에 은닉한다고 주장한다.

사실 이는 그리 새로운 주장이 아니다. 클린턴 행정부 때 재무장관 로런스 서머스는 법인 이익이 20퍼센트 상승할 때 법인소득세는 2퍼센트가 하락한다고 언급했다. 주주들 몫이 커가는 상황에서 연방법인세수는 그대로이거나 줄어드는 현상을 지적한 것이다. 게다가 조세회피처를 활용한 공격적인 절세 또는 탈세 행위가 원인이라는 것이 분명하다고 밝히기도 했다. 그는 현직에서 물러난 뒤에도, 이런 현상을 타파하기 힘든 이유로 조세회피처를 이용하는 기업 및 전문가 집단의 영향력이 정부를 압도할 정도로 강력하다는 점을 들었다. 이들이 자신들의 이익을 실현하는 데 장벽이 없는 상태라고 꼬집은 것이다 그럼, 조세회피의 민낯을 들여다보자.

20세기 정치경제의 이면

영국의 경제 주간지 《이코노미스트*The Economist*》는 '월 스트리트 점령 시위'가 힘을 얻었던 지난 2011년 10월, 조세회피처에 대한 관심을 촉구하는 기사를 통해 다음과 같이 지적했다. "'월 스트리트 점령' 운동에 대해 한 가지 비판하자면, 이 운동이 분노의 지점을 명확하게 하고 있지 못하다는 사실이다. 대중의 다수가 역외금융offshore financing의 해악을 알게 되면, 분노의 함성이 더욱 커질 것이다." 역외 자산에 제대로 과세가 되지 않고 있음을 함의하는 기사였다. 역외금융을 통한 조세회피가 상위 1퍼센트와 나머지 99퍼센트 계층 간 갈등을 심화시킬 뿐만 아니라, 금융 투명성을 훼손시켜 금융위기를 일으키는 원인이 된다는 진단이었다.

사실 이러한 우려의 목소리는 십여 년 전만 해도 시장을 비판하는 비주류들의 기우로 치부되어 무시되곤 했다. 지금까지 금융 질서와 교역을 주도하는 국가와 다자 기구는 글로벌 금융 투명성을 해치는 역외금융과 이해관계를 같이해왔다고 해도 과언이 아니다. 역외금융 체제가 세계를 '평평flat'하게 하고, 개별 국가 영역을 뛰어넘은 자본과 기업의 성장을 촉진할 것으로 여겨져왔다. 더 나아가 한 국가를 넘어서 세계 시민의 공리 증진에 기여할 것이란 시각이, 지난 세기에 널리 공유된 이념이었다.

이런 생각엔 좌우 진영이 크게 다를 바 없었다. 역외금융 체제의 척추는 유로달러 시장이다. 이 시장은, 자국 통화를 불신했던 구소련이 런던의 '시티The City'[1] 금융가를 통해 적극적으로 미국 달러를 매집하면서 시작되었다. 즉 중앙은행의 통제를 받지 않고 미국 달러화 거래가 가능해진 것이다. 그런데 문제는 세계 금융시장이 통제할 수 있는 수준을 벗어나 불투명해지기 시작했다는 점이다. 여기에 시티 금융가를 비대하게 만든 것은 (적어도 역외금융과 관련하여) 대처리즘의 충실한 계승자였던 블레어-고든 노동당 정부[2]였다. 또한 미테랑 집권기[3]부터 프랑스 사회당은, 옛 아프리카 식민지를 통해 역외탈세 및 절세 행각을 벌이는 프랑스 다국적기업들의 관행에 동조해왔다. 미국의 경우, 20세기 이래 가장 진보적인 민주당 전국위원회 의장이라는 평을 들은 하워드 딘Howard Dean이, 주지사 재임 시절 버몬트 주를 버뮤다에 버금가는 역외보험[4] 중심지로 육성 발전시켰다.

20세기 다국적기업 출현 이래 적극적 조세전략tax planning의 방법으로, 기

---

1 정식 명칭은 The City of London. 영국 중앙은행을 비롯해 전 세계 주요 금융 회사가 몰려 있는 런던 특별행정구역으로 런던 금융계를 통칭하는 말이다.

2 토니 블레어Tony Blair가 총리로 있던 1997~2007년, 고든 브라운Gordon Brown은 재정부 장관을 지냈다.

3 프랑수아 미테랑Francois Mitterrand은 1981~1995년까지 프랑스 제5공화국 대통령을 지냈다.

4 국내에서 보험업 허가를 받지 않은 외국 보험회사와 체결한 보험계약을 말한다.

업들은 조세회피처로 소득을 옮길 때 이전가격transfer pricing[5]이나 비용분담cost sharing 등의 기법을 쓴다. 이는 막대한 소득을 올린 기업이 해외 법인이 있는 국가나 본사가 위치한 나라의 과세를 피하기 위해 쓰는 기본 테크닉이다.

쉽게 보면 이렇다. 글로벌 기업이 재화를 생산하거나 최종 판매한 지역은 대부분 법인소득세제를 제대로 갖춘 국가이다. 글로벌 기업 입장에서는 이들 국가에 내야 할 세금을 줄이기 위해, 과세권이 미치지 않거나 세금 납부를 연기할 수 있는 조세회피처로 소득을 이전할 유인이 있는 것이다. 그런데 국제사회와 각국 정부의 관련 규정들은 오히려 이런 유인을 실현하는 도구로 오남용되고 있다. 게다가 금융비밀주의[6] 덕분에 기업들은 계좌의 실소유 관계beneficial ownership를 숨길 수 있다. 이로 인해 역외 트러스트[7], 재단, 기타 위장 회사 등을 통해 계좌를 손쉽게 만들어, 세금을 내지 않고도 부를 증식시키고 이전해왔다. 한마디로 누가 어디서 얼마의 부를 축적하고 이득을 취하고 있는지 파악할 수 없는 지하경제가 생겨난 것이다. 또한 조세회피처를 이용하는 기업과 자산가, 그리고 이들에게 '전문 서비스'를 제공하는 업계는 개별 국가의 법과 제도, 행정을 넘어서 기능해왔다.

이렇듯 지난 20세기 글로벌 금융시장 질서는 조세회피를 때로는 적극적으로 때로는 암묵적으로 용인하는 체제였다. 점증하는 우려와 비판의 목소리에도 불구하고, 조세회피처와 역외금융 체제에 고삐를 확실하게 채우는

---

5 다국적기업이 모회사와 해외 자회사 간 거래에 적용하는 가격을 뜻한다. 세금 부담을 덜기 위하여 이전가격을 조작하여 공격적으로 절세를 하거나 조세를 회피하는 방법으로 사용한다.

6 은행이 고객의 신분과 비밀을 철저하게 지킨다는 원칙을 말한다. 대표적으로 스위스 은행들의 원칙이다.

7 역외 트러스트는 신탁 구조로 자산 신탁자trustor, 수탁자trustee, 수익자beneficiary 3자 간의 특별한 신임 관계에 의거하여 설립된다. 특히 역외 조세회피처에서는 신탁자나 수익자의 실소유/수익 관계가 불투명함에도 설립되거나 허용되는 경우가 많아 자산 도피나 부의 변칙적 증여 및 상속에 악용되기도 한다.

것이 사실상 불가능하다고 체념하기에 이르렀다.

영국의 원죄

물론 조세회피처의 연원과 폐해를 따지고 보면, 우선 영국의 책임이 크다. 그리고 미국계 다국적기업들의 적극적 편승 행위가 두드러져 보이는 게 사실이다. 유럽의 전통적인 조세회피처를 제외한 대부분의 조세회피처들은 1930년대 이래 영국의 식민지에서 기원한다. 시티를 중심으로 한 금융자본이 앞다투어 조세회피처를 건설할 때 영국 식민청colonial office은 적극적으로 맞서지 못했다. 오히려 영국은 제2차 세계대전 종전 뒤 식민지들을 독립시키는 과정에서 작은 섬나라들에 대한 통제력을 유지했다. 이러한 정책 탓에 영국이 이들을 오늘날의 대표적인 조세회피처로 키워왔다는 비판도 받고 있다. 특히 그레이트 브리튼 섬 근교의 왕실보호령Crown Dependencies 3개국인 저지 섬, 건지 섬, 맨 섬을 비롯하여 카리브 해 권역에 퍼져 있는 영국령 섬들British Overseas Territories을 중심으로 조세회피처가 성장했다. 일례로 영국 금융가에선 "저지로 가든지 아니면 감옥에 가라Jersey or jail"란 표현이 유행한 적이 있을 정도다. 영국 본토에서 하기 어려운 불법 거래를 하려면, 저지 섬으로 가서 하면 된다는 말이다.

카리브 해의 '보물섬'들은, 미국 남북전쟁 당시 영국 무기 밀매상들의 거점이었던 바하마를 비롯하여, 미국 조직폭력배들의 자금 세탁 및 도피처이기도 했던 케이맨제도와 버뮤다제도 등을 포함하고 있다. 이곳의 금융비밀주의 및 조세회피 체제는 지금도 실제 영향력을 가진 영국의 의지에 따라 철폐될 수도 있고, 개선될 수 있다고 한다. 다마팔라Dharmapala와 하인스Hines

의 2009년 연구 결과에 의하면, 전 세계 30여 개 조세회피처에서 영국식 의회제도를 채택한 경우는 1을 기준으로 했을 때 0.61이란 수치를 보였다. 조세회피처가 아닌 경우 이 수치는 0.30에 불과했다. 조세회피처 가운데 영어를 공식 언어로 채택한 경우는 0.69, 비조세회피처의 경우에는 0.26이다. 조세회피처가 기본적으로 영국의 법제를 채택하고 있는 수치는 0.72에 이른다. 반면 비조세회피처의 경우 그 수치는 0.30으로 떨어진다. 카리브해 일대의 조세회피처 대부분은 영국의 추밀원Privy Council을 최고법원으로 한다. 또한 역외탈세의 강력한 도구 가운데 하나인 신탁회사를 설립하고 운용하는 법적 기반을 영국의 신탁회사인정법Recognition of Trusts Act에 두고 있다.

미국계 다국적기업의 사례

조세회피처를 이용한 미국계 다국적기업들의 공격적 '절세'(또는 탈세로 의심되는) 행위는, 2012년과 2013년에 열린 미 상원 청문회를 통해 그 은밀한 내막이 일부 공개된 바 있다.

우선 애플의 사례다. 애플의 해외 법인들이 있는 아일랜드는 법인세 최고세율이 12.5퍼센트에 이르지만, 다국적기업 유럽 법인을 유치하기 위해 해당 기업과 협상하여 세율을 크게 낮춰주고 있다. 미 상원 조사에 따르면 애플은 2퍼센트 정도의 세율이 적용되는 특혜를 받고 있다. 애플 비즈니스 모델의 강점은 연구 개발 및 마케팅에 있다. 미국 캘리포니아 소재 애플 본사는 연구 개발 및 마케팅 전략 수립에 있어 핵심적 역할을 한다. 애플은 연구 개발로 얻어진 특허와 관련된 '사용권'의 상당 부분을 아일랜드 법인에 이전하여, 미국 외에서 발생한 소득의 거의 대부분을 아일랜드 법인에 귀속시키고 있다. 즉 한국이나 중국, 영국 등 세계 각지에서 발생한 매출 대부분에 대한 납세를 현지 국가에서 하지 않고, 지적재산권 사용료 명목 등으로 아일랜드에 보내고 있는 것이다. 더욱 놀라운 것은 정작 아일랜드에서조차도 2퍼센트대의 세금을 납부하지 않았다는 사실이다. 아일랜드의 조세제도는 해당 기업의 경영 및 지배가 이루어지는 국가에서 조세권을 행사하도록 되어 있다. 이 때문에 애플 아일랜드 법인은 미국 본사에서 경영하고 지배한다는 이유로 현지 납세를 회피한다. 이를 통해 2009년부터 2011년까지 3년 동안 발생한 총 380억 달러의 세전 소득 가운데 납세한 금액은 2,100만 달러에 불과했다. 실효세율(세금/이익)로 치면 0.06퍼센트에 지나지 않는다. 미 상원 청문회에 출석한 애플 조세 담당 임원은 아일랜드 법인의 납세자 신분을 묻는 질문에 미국에서도 아일랜드에서도 납세자 신분을 유지하고 있지 않다고 답변했다. 이는 애플 아일랜드 법인이 어느 국가의 징세권도 미치지 않는 영역에 있음을 공언한 것과 다르지 않다.

마이크로소프트의 사례도 이와 비슷하다. 미 상원 보고서에 따르면, MS는 실질적 연구 개발 활동의 85퍼센트를 미국 현지에서 하고 있지만, 그 산물인 지적재산권 '사용권' 상당 부분을 조세회피처인 푸에르토리코, 아일랜드, 싱가포르 등지로 이전시켜놓았다. 그 결과 MS는 최근 3년간 210억 달러를 역외로 이전시켜 45억 달러에 달하는 조세를 회피할 수 있었다. 미 의회예산처 및 상원에 따르면, 2013년 현재 미국 S&P500 대기업의 현금성 자산의 60퍼센트가 미국 정부의 손이 미치지 않는 역외 조세회피처 등지에 몰려 있다. 그 규모는 약 1조 7,000억 달러에 이른다고 한다. 미국 내로 유입되지 않는 한 세금이 없기 때문에 사실상 연방정부로부터 이자 없는 보조금을 받는 것과 마찬가지다.

고액 자산가의 사례

그러면 고액 자산가 등 개인 납세자들의 조세회피 상황은 어떨까? 《21세기 자본》에서도 언급된 가브리엘 주크먼의 연구에 따르면 전 세계 개인 금융자산의 8퍼센트가 역외에 은닉되어 있다. 각국 정부가 입는 세수 손실이 연간 2,000억 달러에 달한다.[8] 이들 상당수는 외국인으로 위장한 포트폴리오 투자 형식으로 다시 역내 자본시장에 투자되고 있는 것으로 추정된다. 흔히 얘기하는 '검은머리 외국인'은 바로 이들을 두고 하는 말이다. 미국에서는 미셸 핸론Michelle Hanlon 등의 연구[9]로 이런 실태가 밝혀졌고, 우리나라에서도 비슷한 연구 결과[10]가 발표되었다. 특히 우리나라의 경우 투명성이 담보되어야 할 상장 기업조차도, 절대적 영향력을 갖고 있는 비등기임원인 '총수'가 조세회피처를 통해 법인 투자 형식으로 외환 거래 및 해외투자를 한 게 드러났다. 이런 방법으로 비자금을 조성하거나 사익을 추구하는 행위가 여러 차례 당국에 포착되었다. 상장 기업이 총수 개인의 이익 추구를 위한 '도구'로 이용된 것인데, 민주주의 국가에서 있어서는 안 될 일탈 행위이다.

2000년대 들어 특히 금융위기 이후 조세회피처를 통한 탈세가 초래하는 재정적 피해와 시장질서 교란에 대한 우려가 더욱 높아졌다. 이 때문에 미국과 유럽연합EU뿐만 아니라 OECD 차원의 다자적 대응도 빨라지고 있다. 미국의 해외금융계좌신고법이나 EU의 여러 지침, 그리고 OECD의 금

8 Gabriel Zucman, Taxing Across Borders: Tracking Personal Wealth and Corporate Profits, London School of Economics, 2014 August.

9 Michelle Hanlon, et al., An Empirical Analysis of Offshore Tax Evasion, MIT, 2010 November.

10 양철원, 〈조세피난처 외국인 거래의 주가예측력〉, 2014.

융 계좌 정보에 대한 자동정보교환협정 기준은 은닉한 금융자산 정보에 대한 각국 정부의 접근성을 현격히 높여줄 것으로 기대된다. 그러나 이런 조치에도 불구하고 전문 업체가 활용할 수 있는 제도의 허점은 여전히 많다. 일례로 이런 대응책이 마련된다 하더라도, 트러스트 또는 재단을 포함한 다양한 역외 법인 등은 여전히 실소유자beneficial owner 정보를 감출 수 있을 것으로 보인다. 주크먼이 일종의 세계금융정보등기기구world financial registry 설립이 필요하다고 주장하는 것도, 이런 맹점에 대한 고민에서 비롯한 것이다. 어느 나라의 누가, 어디에, 어떤 자산을 소유하고 어느 정도의 소득을 올리고 있는지 가늠할 수 있는 최소한의 장치를 마련하자는 것이다.

피케티의 글로벌 자본세

그렇다면 피케티가 주장하는 글로벌 자본세에 대해 살펴보자. 우선 그가 주장하는 글로벌 자본세는 절실한 희망과 필요에 따른 고민의 산물임에 틀림없다. 역외 은닉 자산의 실소유주를 밝혀, 합당하게 과세하려는 노력이 반드시 이뤄져야 한다. 하지만 여러 논평자들의 의견처럼, 글로벌 자본세와 관련한 국제사회의 의견을 조정하기도 어렵고, 설사 조정된다 하더라도 시행하기에는 기술적 어려움이 상당히 따를 것이다. 서머스가 지적했다시피, 금융자산 가격의 공정한 평가와, 법인의 등록지, 소득의 발생지 및 소득의 원천지 간의 과세권 배분 문제 등은, 여러 제도와 기법을 동원한다고 해도 합의점을 찾기가 쉽지 않아 보인다. 미국과 EU 그리고 OECD가 주도하고 있는 여러 조치들은 서머스가 지적한 난제들을 해결하기에는 모자란 점이 많다. 이런 측면에서 보면 주크먼이 주장하는 세계금융정보등기기구의 설립은 의미 있는 첫걸음이 될 것으로 판단된다. 먼저 부의 세계 편재 실상을 제대로 파악하면, 글로벌 자본세와 맥락을 같이하는 수단을 도입하자는 논의가 뒤를 이을 수 있을 것이다. 물론 이런 논의와 별개로 개별 국가 차원에서 금융 계좌 정보에 대한 자동정보교환협정 체제에 적극적으로 참여해야 한다. 더불어 역외 세원 포착 및 과세에 대한 지속적인 노력을 게을리 해서는 안 될 것이다.

2. 슈퍼경영자는 어떻게 슈퍼리치super rich가 되었나

필자는 피케티가 동료들과 2011년 전미경제연구소 보고서로 발표한 〈최상위 노동소득에 대한 최적화된 과세〉를 보고, 최근 한국에서 불고 있는 '피케티 열풍'의 전조를 경험한 바 있다. 그는 이 논문에서 최고경영진의 높은 보수가 '열심히 일hard work'해서 얻은 것이 아니라, 높은 보수에 우호적인 업계 환경에서 비롯된 것이란 점을 지적했다. 그리고 이러한 '순전히 운이 좋아 얻게 된undeserved' 급여, 즉 '행운의 급여pay for luck'는 1986년 이래 특히 미국에서 낮은 한계소득세율(소득세 최고세율)에 의해 불평등을 심화하는 데 더욱 큰 영향을 미치고 있다고 진단했다. 경제학적으로 설명하면, 최고경영자의 임금 상승은 그들의 한계생산성 향상에서 비롯되는 게 맞다. 세계화 경향과 기술혁신이 가져온 최고경영진의 한계생산성 증대에 맞춰, 기여와 성과에 걸맞게 보상받는다는 의미다. 필자의 은사인 피터 드러커Peter Drucker는 기업의 가치 창출은 오로지 마케팅과 혁신에서 기인한다고 보았는데, 같은 맥락의 애기다.

그런데 이익 극대화를 추구하는 개인에게 동기를 부여하는 요인으로, 피케티는 소득세 최고세율의 하락을 지적한 것이다. 이전에 소득세 최고세율이 높았던 상황에서는, 어차피 보수를 많이 받더라도 상당 부분이 세금으로 정부에 귀속되었다. 구태여 무리하게 높은 보수를 받을 필요가 없었던 것이다. 하지만 레이건 정부가 들어서자 소득세 최고세율이 급감했다. 이 때문에 고액의 보수를 받으려는 유인이 커졌다. 한편 OECD 18개 회원국을 대상으로 1970년대부터 2008년까지 소득세 최고세율의 변화와 최상위 1퍼센트의 소득 비중 변화를 살펴본 논문의 결과도 흥미롭다. 소득세 최고세율이 30퍼센트 이상 하락한 미국, 영국, 포르투갈의 경우, 최상위 1퍼센트 계층의 소득 비중이 각각 9퍼센트, 7퍼센트, 3퍼센트 이상씩 증가했다. 반면 독일, 스위스, 프랑스, 덴마크, 스페인 등 소득세 최고세율의 변동이 거의 없었던 유럽 국가들의 경우에는, 최상위 1퍼센트 계층의 소득 비중 증가율이 1퍼센트 정도에 그치거나 이에 미치지 못했다.

피케티의 논점과 이견들

사실 《21세기 자본》에서 피케티는 위 논문의 논점은 간략하게 언급하고 만다. 대신 그는 부의 불평등을 '지대추구'가 아닌 자본주의의 본질적 측면에서 바라보고 있다. 자본주의는 본질적으로 자본과 노동이라는 양대 생산요소의 역할과 의미가 비대칭적이어서 심각한 불평등을 피할 수 없다는 점에 방점이 찍혀 있다. 마치 베르너 좀바르트Werner Sombart가 《전쟁과 자본주의*War and Capitalism*》에서 전쟁의 파괴적 면모와 창조적 면모를 동시에 주목하며, "창조적 파괴"를 언급했을 때처럼 숙명론적 진단이란 느낌마저 들 정도다.

그러나 불평등 심화가 피케티의 이론 틀이 제시하는 것처럼, 자본축적과 경제성장을 넘어선 자본수익률의 유지로 설명된다는 데에는 다른 의견도 많다. 진보 학계에서 부의 축적과 불평등 심화를 시장경제의 다양한 힘의 조합과, 정책, 경영 관행 등의 변화 추세에 맞춰 설명하는 입장이 대표적이다. 특히 협상력이 강해진 자본이 규제 완화, 특혜성 정책 수혜, 노동조합의 교섭력 약화, 금융 및 조세 관련 우호적 환경 조성 등으로 인해 일종의 지대추구 기회가 늘어났다는 측면에서, 지난 40여 년간 자본수익의 증대와 부의 불평등 심화를 해석한다. 서머스 역시 기술 변화와 더불어 세계화와 관련한 혁신적 기업가들의 비상한 능력과 행운, 경영 기술을 부의 축적과 불평등의 심화의 원인으로 추정하고 있다.

물론 피케티가 조세 등 제도적 요소와 고액 소득자들의 협상력 증대 등의 변화를 완전히 무시하는 것은 아니다. 앞에서 언급한 것처럼, 그는 최고경영자 등 소득 상위계층이 소득세 최고세율 등 조세정책의 변화에 따라 적극적 지대추구 행위를 통해 고액 급여를 책정해왔다고 지적했다. 다만 《21세기 자본》에서는 부의 축적과 불평등 심화를 '자본주의의 피할 수 없는 속성'으로 다소 강하게 제시했다. 이로 인해 시장 및 제도 간 상호 동학에 대한 고찰이 부족하다는 비판을 받는다. 필자는 바로 이런 측면에 주목하여 질문을 던져보고 싶다. "1980년대 이래 미국에서 슈퍼경영자들의 소득 증가와 부의 불평등 심화에 영향을 준 제도적 요인과 시장의 관행은 과연 무엇인가?" 이를 제대로 관찰하고 이해하게 된다면, 피케티식의 암울한 파국적 전망을 막을 수 있는 대응도 가능하리라 생각했다. 필자는 질문에 대한 답으로 최고경영자 보수를 유리하게 설계할 수 있는 '성과급형 스톡옵션 보수'와 '과도한 소득세 최고세율 인하'를 우선 꼽고 싶다.

이상한 노동소득

피케티는 특히 《21세기 자본》에서 1980년대 이후 미국의 불평등 상황을 설명하면서 상위 1퍼센트의 자본소득보다 노동소득의 급격한 증가에 주목하고 있다. 여기서 특히 관심을 끄는 것이 '슈퍼경영자'와 '고액 연봉'의 부상에 대한 고찰이다. 피케티는 20세기 초반 최상위 1퍼센트 계층을 구성하던 '자본소득자 사회'가 21세기가 가까워지면서 "일에 의한 성공과 자본에 의한 성공이 좀 더 균형 잡힌, 덜 극단적인 형태의 자본소득자 사회로 이행했다고도 할 수 있다"[11]는 의견을 제시한다. 그런데 여기서 한 가지 주목해야 할 점은 슈퍼경영자들의 '일에 의한 성공'과 '자본에 의한 성공' 사이의 경계가 명확하지 않을 수 있다는 점이다.[12] 왜냐하면 금융권이든 비금융권이든 '거액의 성과 기반 보수'는 일에 의한 성공과 자본에 의한 성공 양쪽의 성격을 동시에 띠고 있기 때문이다.

일례로 언론에 종종 등장하는 연 수십억 달러의 성공 보수를 받는 헤지펀드 매니저의 사례를 보자. 성공 보수를 운용 관리 자산의 일정률로 받는 매니저는 '일에 의한 성공'을 거둔 게 틀림없어 보인다. 하지만 그가 성과 보수로 받은 일정 자산을 매각해서 '자본이득capital gain'을 실현하면, 이에 대한 과세는 미국 등 앵글로색슨계 국가를 중심으로 일반 소득세가 아닌 '장기자본이득세long term capital gains tax'로 매겨져왔다. 이는 일반 급여 생활자

11 토마 피케티, 앞의 책, 334쪽.

12 이와는 좀 다른 논의이기는 하지만 피케티는 자본소득과 관련한 소득세 신고 통계의 한계에 대해서 언급하고 있다. 최초 자본 취득 경위가 불분명할 수 있고 자본소득 신고액 자체의 정확성도 떨어질 수 있다는 지적이다. 토마 피케티, 앞의 책, 338~341쪽.

의 임금소득에 매겨지는 세금에 비해 현격히 낮다. 비금융권의 경우도 크게 다르지 않다. 슈퍼경영자가 성과 기반 스톡옵션을 부여받아 이익을 실현한 경우, 위의 사례와 마찬가지로 장기자본이득세율 적용 혜택을 볼 수 있게 된다. 물론 스톡옵션을 부여한 기업 입장에서는 '인건비'로 분류하여 과세표준액(과세의 기준이 되는 소득)을 줄일 수 있다. 슈퍼경영자가 스톡옵션을 행사하여 매입한 주식의 경우, 후일 발생하는 배당소득 또는 매매차익은 자본이득이다. 이는 '자본에 의한 성공'이라고도 볼 수 있다. 이런 정황은 상위 1퍼센트 계층에서 위로 갈수록 노동소득이 자본소득에 비해 점점 더 부수적이 된다는 피케티의 논지와 일치한다. 더욱이 최상위 0.1퍼센트 이상 계층의 경우 자본소득의 비중이 훨씬 큰 것은, 자본이득을 얻는 최고위 경영자 집단이 다른 시대에 비해 현격히 늘어난 맥락에서 볼 수 있다. 심지어 상위 0.01퍼센트 소득 집단의 경우 전체 소득에서 자본소득이 차지하는 비중이 연도에 따라 70퍼센트나 80퍼센트에 육박할 것이라 보기도 한다. 더구나 미국의 경우 이런 시점은 슈퍼경영자들이 스톡옵션 행사 및 주식 매도를 통해 대규모 자본이득을 실현한 시기와 일치할 것으로 판단된다. 놀라운 일이 아니다. 최상위층 소득집단의 상당수가 슈퍼경영자들이라면, 이들의 경우 배당소득이나 이자소득은 스톡옵션을 행사하여 매입한 주식의 매매차익으로 얻는 자본이득에 비해 그리 크지 않을 것이다.

한편 상위 소득자라도 위로 올라갈수록 임금 인상 속도가 폭발적으로 증가하는 것도 같은 맥락에서 설명할 수 있다. 미국에서는 기업이 최고경영진 5인이 아닌 직원 전체를 대상으로 연간 10만 달러의 '인센티브 스톡옵션'과 2만 5,000달러의 '종업원주식매입제도employee stock purchase plans'를 활용하여 보수를 책정할 수 있다. 기술 기업들의 성장과 더불어 상위 10퍼센트에서 1퍼센트에 이르는 인력 상당수는 이런 정책 덕에 현격한 노동소득의 증가를 맛볼 수 있었다. 금융권도 마찬가지다. 연 성과금이 10만 달러 가까이 되는 인력들의 임금 또한 일반 노동자들보다 빠른 속도로 인상했다. 그렇지만 이들의 소득 증가는 100만 달러 이상 소득 계층의 인상 속도에는 채 미치지 못한다. 피케티가 말하고 있는 소득 증가의 "'9퍼센트'와 '1퍼센트' 사이의 불연속성"[13]은 해당 집단의 기술 수준 변화 등으로 설명하기 힘들다. 다시 말하면 능력만으로는 이들 계층 사이의 소득 차를 설명할 수 없다. 즉 최고 소득 계층 극소수가 능력 이상으로 지극히 많은 몫을 가져가고 있다는 말이다.

스톡옵션 기반 성과 보수 제도

여기서 슈퍼경영자의 초고액 보수 현상을 가속화한 것으로 지적되는 '스톡옵션 기반 성과 보수 제도'의 유래를 잠깐 살펴보도록 하자. 미국의 경우 특히 1990년대 이래 이 제도가 널리 퍼지면서 최고경영진의 보수가 지나치게 많다는 여론이 높았다.[14] 이미 레이건 행정부 때 소득세 최고세율이 급감한 뒤라 정치권에 대응책 마련을 촉구하는 움직임도 커졌다. 집권이 유력했던 클린턴Bill Clinton 대선 후보 캠프의 기본 구상은, 기업 입장에서 비용으로 처리할 수 있는 임원진 보수를 100만 달러로 한정하고, 초과액은 특정한 성과 목표를 달성한 경우에만 비용으로 인정하자는 것이었다. 후일

13 토마 피케티, 앞의 책, 377쪽.
14 사실 1980년대 초기까지만 해도 최고경영진 보수로 스톡옵션이 활용되는 경우는 거의 찾아보기 힘들다.

대통령에 취임한 클린턴은 1993년 연방세법 개정을 통해 '162 (m)항'[15]을 신설해, '100만 달러+알파'라는 슈퍼경영자 보수 체계의 물꼬를 텄다. 후일 스티브 잡스Steve Jobs의 사례처럼, 연봉은 1달러로 하고 실질적 급여는 엄청난 규모의 스톡옵션으로 받는 일이 흔해지게 된 계기는 바로 여기에 있다. 미국의 유명 기업인들의 통상임금이 100만 달러 언저리에 머무는 경우가 드물지 않은 이유로, 162 (m)항의 영향에 주목할 필요가 있다. 문제는 이러한 성과급형 보수에는 상한액이 없을뿐더러, 기업 입장에서도 전액 '인건비'로 처리할 수 있기 때문에 잃을 게 없다는 점이다. 결국 보수를 책정하는 기업이나 받는 슈퍼경영자 입장에서는 거대한 규모의 '지대추구' 기회가 펼쳐진 것이다.

한편 2005년 하버드 대학교 로스쿨의 한 연구에 따르면, 관련 제도가 도입된 1993년부터 2003년까지 10년 동안 S&P500대 기업의 최고경영진 보수는 약 370만 달러에서 910만 달러로 치솟았다. 여기에는 객관적 성과 지표 달성에 따른 '성과 기반 스톡옵션 정책'이 상당한 역할을 한 것이란 의견이 따랐다. 기업의 실제 성과와는 무관하다는 지적도 나왔다. 최고경영진의 '지배적 협상력'이 영향력을 크게 발휘했을 것으로 봤다. 미국 최대 기업 4개사의 임원성과보수위원회 구성원 다수는 《비지니스위크*Business week*》와의 익명 인터뷰에서 성과 지표의 객관성은 단순히 모호한 기준에 불과하다고 답했다. 그 결과 자신들의 판단에 공정하다고 여겨지면 어떤 제약도 없

---

15 미연방세법Internal Revenue Code of 1986 섹션 162는 "기업 경영 활동에서 발생한 통상적이고 필요한 경비"의 손금산입에 관한 내용을 규정하고 있다. 즉 기업 입장에서는 최고경영진 보수 등 경영상의 경비를 비과세 비용으로 처리를 할 수 있는가 하는 문제에 직결되기 때문에 이해관계가 무척 크다고 할 수 있다. http://www.law.cornell.edu/uscode/text/26/162 참조.

이 성과 기반 스톡옵션 지급 계획을 설계할 수 있다는 것이다. 실제 애초에 제도 도입 시 의도했던 주당수익EPS이나 매출액과 같은 그야말로 객관적일 수 있는 지표가 아니라, 종업원 대상의 연례 조사에서 얻은 '즐거움 지수'가 등장하기도 했고, '업무 헌신도', '개인 성취도', '소비자 만족도'라는 모호한 기준이 출현하기에 이른다. 심지어는 수치 조작 또는 변용 사례까지 다수 발견되어 논란을 일으키기도 했다.

지대추구의 사례

더구나 2011년 미국 워싱턴 D.C. 소재 민간 싱크탱크인 정책연구재단Institiue for Policy Studies이 S&P500대 기업의 연방소득세액과 최고경영진 보수를 파악하여 공개한 보고서는, 슈퍼경영자의 '슈퍼' 급여가 순수하게 능력주의에 기반을 둔 것인지 의문을 갖게 한다. 이 보고서는 해당 500대 기업 가운데 최고경영자 보수액이 가장 큰 상위 100개 기업의 연방법인소득세액을 살펴본 결과, 25개 기업은 연방법인소득세액보다 최고경영자 보수 지급액이 더 크다는 점을 밝히고 있다.[16] 다음 쪽 표는 시장에 공시되는 실적과 거리가 먼 보수 지급 사례들이다. 실제 재능과 노력이 과다 보수에 얼마나 영향을 줬는지 짐작하기도 어려운 지대추구의 대표적 사례들이다.

앞에서 지적했다시피 헤지펀드와 사모펀드의 경우, 펀드매니저들은 고액의 성과급에 따른 세제 혜택도 누릴 수 있다. 예를 들면 펀드매니저가 성

16 보고서 내용 가운데 연방법인소득세 수치는 공시된 재무제표에 근거하여 제시된 것이므로 세무회계상의 실제 납세액과는 차이가 있을 수 있다.

25개 기업의 연방법인소득세액 및 최고경영자 보수액 비교

(단위: 백만 달러)

기업명	연방법인소득세액	최고경영자 보수액
Stanley Black & Decker	183(환급액)	32.6
Ford Motor	69(환급액)	26.5
Chesapeake Energy	0	21
Aon Corporation	16	20.8
Bank of New York Mellon	670(환급액)	19.4
Coca-cola Enterprises	8	19.1
Verizon	705(환급액)	18.1
Dow Chemical	576(환급액)	17.7
Prudential Financial	722(환급액)	16.2
Aeriprise	224(환급액)	16.3
Honeywell	471(환급액)	15.2
General Electric	3333.3(환급액)	15.2
Allegheny Technologies	47	15
Mylan Laboratries	73(환급액)	15
Capital One Financial	152(환급액)	14.9
Wynn Resorts	0	14.6
Marsh & McLennan	90(환급액)	14
Boeing	13	13.8
Motorolla Solutions	7	13.7
Nabors Industries	138(환급액)	13.5
Qwest Communications	14(환급액)	13.4
Cablevision Systems	3(환급액)	13.3
Motorolla Mobility	12	13
eBay	131(환급액)	12.4
평균 수치	304(환급액)	16.7

공 보수로 받은 주식을 매매해 차익을 얻기 전까지는 세금 납부를 연기할 수 있다. 또한 40퍼센트에 육박하는 소득세 최고세율이 아닌 '자본이득'으로 간주된 소득은 15퍼센트의 상대적으로 크게 낮은 세율을 적용받는다. 아폴로 글로벌 매니지먼트의 최고경영자 리언 블랙Leon Black은 2012년 소득이 1억 2,500만 달러였지만, 이 가운데 근로소득세율이 적용되는 임금은 고작 30만 달러에도 미치지 못했다. 물론 나머지는 15퍼센트 세율을 적용받는 '자본이득'으로 간주된 소득이었다.

이런 현실에 대한 비판의 목소리에도 불구하도 대응책은 미미하기만 하다. 고작 보수 책정 시 주주의 영향력 확대나 스톡옵션 회계 처리 기준의 강화 정도를 꼽을 수 있다. 최상위 계층의 조세부담률이 이미 높은 수준이고, 어차피 기업이 부담할 세금이 슈퍼경영자 등 성공한 개인들에게 전가된 것이기 때문에, 국가재정에 미치는 영향은 중립적이라는 입장이 여전히 지배적이다. 즉 파레토 원칙에 근거해서 볼 때, 이런 현상은 사회 구성원 어느 누구도 손해는 보지 않으면서, 슈퍼경영자와 같이 누군가가 이익을 보는 형태의 사회적 향상이므로 긍정적 변화라는 것이다. 하지만 수십 년에 걸쳐 하위 계층의 실질소득은 제자리걸음을 해왔다. 이런 상황에서 최고경영자들이 지대추구 행위로 지나치게 많은 보수를 받고, 그 결과 부의 불평등 현상이 더욱 심화되어왔다는 점에 주목해야 한다. 이런 양상은 굳이 피케티식 파국이 아니더라도, 사회 전체의 지속 가능한 발전에 커다란 장애가 될 것이란 점이 분명하기 때문이다. 부의 불평등 심화 요인으로 지탄받는 관련 제도와 관행 아래에서, 지금은 '누가 이득을 보는가Cui bono?'라는 회의적 질문을 던져야 할 시점인 것이다.

일례로 1억 달러를 상회하는 보수나 퇴직 급여를 받는 최고경영진이 거둔 소득이 납세자에게 손실을 끼치지 않았다고 말하기는 어렵다. 미국 최대 기업 가운데 하나인 월마트의 경우도 사실상 의혹을 비켜가지 못한다. 월마트 주식 50퍼센트가량을 보유하고 있는 월튼 가문은 연간 수십억 달러에 이르는 배당소득을 올린다. 한 발표에 따르면 2013년 월튼 가문이 수취한 배당소득은 약 '31억 달러'에 이른다. 배당소득이므로 39.6퍼센트가 아닌 20퍼센트의 상대적으로 낮은 세율이 적용된다. 40년 넘게 월마트의 배당소득은 지속적으로 증가해왔기 때문에 누적된 부는 천문학적인 규모이다. 그런데 저임금 고용으로 악명 높은 월마트에 고용된 직원 약 150만 명에게 지원되는 연방 및 지방정부의 공적 부조 규모는 연간 '60억 달러'를 상회한다. 또한 월튼 가문은 여러 신탁 구조를 통한 상속 및 증여로 세대 간 부의 이전을 별다른 조세 부담 없이 실현하고 있는 실정이다.

대응책

자본소득의 비대칭적 증가와 부의 불평등 심화에 대해, 피케티는 노동 의욕에 부정적 영향을 끼치지 않으면서 소득세 최고세율을 80퍼센트까지 올릴 수 있다는 의견을 제시한다. 피케티가 제시한 수준까지는 아니더라도, 사회적 합의에 따라 어느 정도 누진적 세율 인상은 가능할 것이다. 물론 더 단기적이고 신속한 대응책도 고안할 수 있다. 이를테면 지대추구로 변질될 수 있는 '고액 보수를 통한 인센티브 실현' 기회를 제한하는 것이다. 우선 미국에서는 성과급형 스톡옵션 제도에 대응하려는 움직임이 보인다. 상원 의원 칼 레빈Carl Levin은 성과급형 스톡옵션에도 통상임금과 같은 100만 달러 상한액(스톡옵션에 따른 비용 처리 상한선)을 두자는 다소 급진적인 입법안을 추진하고 있다. 또 같은 법안에는 스톡옵션에 대한 회계 처리 기법을 강화하자는 내용도 들어 있다. 저평가한 스톡옵션 비용을 재무제표에 반영하여 일반 투자자에게 그릇된 정보를 주고, 반면 세무회계상의 장부에는 고평가하여 세제 혜택을 극대화하는 관행에 제동을 걸자는 취지이다.

이미 고액 급여에 대한 통제를 강화한 제도가 현실화된 사례도 있다. 이른바 '오바마케어The 2010 Affordable Care Act' 법은 2013년부터 건강보험업계 보수의 비용 공제 상한액을 100만 달러에서 50만 달러로 하향 조정했다. 이 상한액은 건강보험업계에 종사하는 최고경영진만이 아니라 모든 급여 대상자에 적용되는데, 스톡옵션 기반 과다 보수액의 비용 공제 혜택을 완전히 제거해버렸다. 막대한 급여소득과 부의 축적이 예상되는 관련 업계 사람들에게 신속하게 시행할 수 있는 제도를 마련한 것이다. 현재 미 의회에서는 다른 업계에도 비슷한 유형의 제도를 도입하자는 의견이 나오고 있다. 한편 민주당이 중산층을 겨냥하여 내놓은 '중산층 활성화 방안Middle Class Jumpstart'은 최고경영자 보수와 관련하여 흥미로운 입법안을 담고 있다. '최고경영자-종업원 공정보수 법안CEO-employee pay fairness bill'으로, 상장 기업의 경우 11만 5,000달러 미만의 종업원 급여를 물가수준 및 노동생산성에 따라 적절하게 인상하지 않을 경우, 100만 달러 이상 지급되는 최고경영진 보수에 대한 비용 공제를 허락하지 않는 내용을 담고 있다.

이러한 대응 방안은 비록 그 효과가 제한적일 수도 있겠지만, 피케티가 주장하는 소득세 최고세율의 인상이나 글로벌 자본세 도입과 같이 당장 실현하기 어려운 근원적인 정책에 비해 논의 확산이나 제도 도입에 훨씬 용이할 것이라 생각한다.

마지막으로, 미국이나 영국에서 '불평등 이슈'는 선거 국면이나 기업발 대형 스캔들, 금융위기 직후 등 여론과 정치권의 관심도가 높을 때 의제로서 큰 폭발력을 보였다. 《21세기 자본》의 논지도 사회적 의제로서 부의 불평등에 대한 관심도가 높은 상황에서 시의성이 높고 반향이 더욱 클 것이란 생각이다. 한 연구에[17] 따르면, 영국과 미국에서 최고경영진의 고액 보

17 Pepper Culpepper, The Politics of Executive Pay in the United Kingdom and the United States, European University Institute, 2012 December.

수 책정과 관련하여 주주들의 영향력을 높이는 규정say on pay을 도입하는 과정에서, 기관투자자나 정부보다 오히려 언론과 대중의 관심이 주요 동력이었다고 한다. 양국 모두 진보 성향의 정부 때 제도가 도입되었지만, 당시 양국 정부는 여론의 향배에 따라 움직이는 수동적인 면모를 보였다. 또한 직접적 이해관계자일 수 있는 기관투자자의 영향력은 여론에 영향을 미치지 못한 것으로 드러났다. 결국 '누가 이득을 보는가?'란 질문을 던지는 시민의 관심과 여론의 힘으로 정부와 의회를 움직여 부의 불평등 심화에 대응하는 제도와 정책을 마련하는 것이 효과적일 수 있다. 우리나라의 경우도 이와 크게 다르지 않을 것이다. 지대추구를 통한 부의 불평등 심화로 피해를 보는 사람도 대중이지만, 이를 막아낼 수 있는 마지막 보루 또한 대중이다.

이유영

클레어몬트 매케나 대학(수학·경제학 전공)와 서던캘리포니아 대학교 애넌버그 스쿨(정보통신경영학 전공)을 졸업하고 피터 드러커 경영대학원에서 MBA(경영학 석사)와 MSFE(금융공학 석사)를, 캘리포니아 주립대학 미헤일로 경영경제대학원에서 레이건 스칼라십으로 MST(기업세무학 석사)를 마쳤다. 현재 영국에 본부를 둔 조세정의네트워크의 동북아 챕터 대표를 맡고 있다.